Intermediate College Korean

대학 한국어 중급

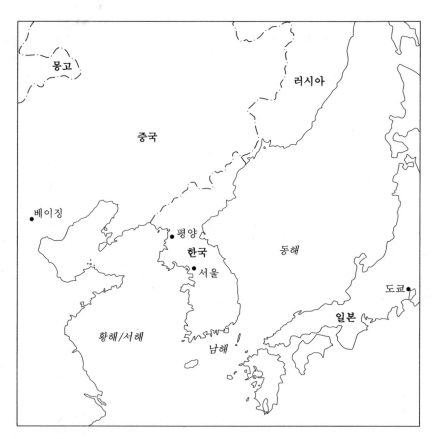

한국과 이웃나라 *Korea and Neighboring Countries*

Intermediate College Korean

대학 한국어 중급

Clare You
Eunsu Cho

University of California Press/*Berkeley, Los Angeles, London*

University of California Press
Berkeley and Los Angeles, California

University of California Press, Ltd.
London, England

© 2002 by
The Regents of the University of California

Library of Congress Cataloging-in-Publication Data

You, Clare.
    Intermediate college Korean = Taehak Han'gugo chunggup / Clare You, Eunsu Cho.
      p. ; cm.
    Includes index.
    ISBN 0-520-22295-4 (pbk. : alk. paper)
    1. Korean language—Textbooks for foreign speakers—English.   2. Korean language—
Study and teaching—English speakers.   I. Title: Taehak Han'gugo chunggup.   II. Cho, Eunsu,
1958–   III. Title.
  PL913.Y595   2002
  495.7'82421—dc21   2001027084

Manufactured in the United States of America

09   08   07   06   05   04   03   02

10 9 8 7 6 5 4 3 2 1

차례   Contents

Preface

Intermediate College Korean is intended to continue the development of the Korean language skills of college students who have had previous training in basic Korean. Through our experience in teaching Korean at all levels, we have found the intermediate level to be the most challenging not only for instructors but also for students. Instructors must adapt to widely varying degrees of language proficiency within a class. Students may under- or overestimate their own linguistic abilities. Some students may speak fluently but be completely unable to read and write in Korean, or vice versa. In contrast to the introductory level, in which students begin knowing nothing and end knowing something, this intermediate-level journey may seem slower and more tedious for both instructors and students because progress is not as immediately apparent.

The intermediate level is, however, a transitional journey that students must make if they are to reach an advanced level of proficiency. To assist in that, this textbook challenges students to improve their vocabulary, syntax, and oral fluency as they read, hear, and talk about Korean cultural themes. Of particular importance at this level of study is the expansion of vocabulary, including the idiomatic applications of words and phrases. This component is the single most important one in learning a language, since knowing or not knowing a word can make a critical difference in one's communicative competence.

Acknowledging language to be a fundamental component of culture, we have chosen to incorporate themes of Korea's physical geography and Korean culture as a contextual setting for each chapter. As the table of contents indicates, the first half of the text includes visits to the major cities, islands, provinces, and historical sites of Korea, while the second half focuses mainly on Korean culture and customs presented in the form of college students' dialogues, anecdotes, short essays, and simple poems.

In general, each of the twenty-seven lessons has four components. The first component is the main text, which includes a short narrative, an accompanying situation dialogue, and, in many lessons, an optional reading (with its own vocabulary list). Only the later lessons (24, 25, 26, and 27) have no dialogue. The second component deals with the lesson's vocabulary. The third component, patterns and grammar notes, highlights the newly introduced idiomatic phrases, sentence endings, patterns, and grammatical points, usually accompanied by examples with English translations for ease of comprehension. Avoiding linguistic jargon, this part of the lesson gives simple explanations when necessary. Some aspects or types of sentences are listed more than once because they are important or vary in usage or because they are difficult to master in one setting—for example, forms of reported speech in Lessons 5, 6, 9, and 20. The final lesson component consists of exercises for reading and listening comprehension, vocabulary usage, and pattern application and suggested topics for group discussion. In several lessons, supplementary notes in English provide information on topics, people, and places introduced in the lesson.

The approach to learning Korean in this text differs in several ways from that in other textbooks:

1. This text draws on the geographic and cultural setting of Korea by following a Korean-American student's life in Korea. It introduces students to current social issues and realistic situations.

2. Through readings and dialogue, it introduces students to college- and adult-level words that are ubiquitous in the news and in the professional world, rather than dwelling on daily survival words. The vocabulary ranges from computer-related language to terms from the martial arts.

3. Each lesson presents both the written and the spoken language, which are quite different in Korean. A third of the lessons include optional reading for those who are more advanced and who want an extra challenge.

4. This text provides maps of Seoul and of Korea, including South Korean major highways, that are useful in certain lessons.

5. In the back of the book, helpful reference materials include a glossary, an index to the patterns and grammar notes, a list of case markers and postpositions, tips on spelling and on spacing in Korean words, verb charts, and a list of connectives.

6. An accompanying workbook and weekly homework packet are available from Clare You: cbyou@uclink4.berkeley.edu and Eunsu Cho: eunsucho@umich.edu. The workbook supplements exercises with additional frequently used vocabulary, classroom activities, and weekly assignments. It includes 100 basic *hanja* (Sino-Korean characters) for optional learning.

Having taught Korean classes using the introductory *College Korean* book, we understand the need for fresh material to expand on the themes of that beginning-level text while maintaining continuity with it. Since we drafted this new text three years ago, we have successfully used it in intermediate-level courses at the University of California at Berkeley and the University of Michigan.

Acknowledgments

The approach in this text originally developed out of our years of experience teaching intermediate Korean language courses. We have tried many of the available textbooks for this level, and we owe much in particular to the ones developed by Korea University, Sogang University, Seoul National University, and Yonsei University. Without them, our task of teaching intermediate Korean would have been even more challenging. Drawing on our use of those books in the classroom, we designed this text for the specific needs of our students. Another important influence, as we shaped the content of this book, was Professor Claire Kramsch of the University of California at Berkeley, especially in her book *Context and Culture in Language Teaching*. Much credit is also due to 국문법 *(Korean Grammar)* by Seung-su Seo and to 한국의 언어 *(The Language of Korea)* by Ik-Seop Lee et al. for our grammatical notes.

We offer our deep gratitude to the many people who provided their direct assistance in finalizing this text. We are grateful to Professor Ki-joong Song of Seoul National University for his critical reading and valuable comments. Our special recognition is due to Kyung-hwan Mo and In-taek Han, graduate instructors at the University of California at Berkeley, for their critical comments, revisions, and proofreading after each classroom trial of the text, and to Jee-hyun Park, lecturer at the University of Michigan for the same task and for last-minute proofreading. We wish to thank our graduate instructors at both universities, Seung-joo Lee and Dae-won Lee of the University of California and Yookyong Lee and Chang-yong Choi of the University of Michigan, for assisting us in various stages of the textbook development. Also, we thank Kay Richards, coauthor of the introductory *College Korean*, for her encouragement and support. Finally, we wish to thank Laura Driussi, Suzanne Knott, Sheila Levine, and Linda Norton of the University of California Press for making this publication possible.

Using the Text

The following is offered only as helpful suggestions for instructors and students who will be using this text. There are many ways to use this book, depending on the instructor's creative pedagogy.

1. PACE OF STUDY

This text is designed for a course that covers about one lesson a week for two fifteen-week semesters. Although there are twenty-seven lessons in all, we have found that they more than suffice for two semesters. In our experience with the text, only twelve or thirteen lessons are covered each semester because holidays or impromptu classroom activities such as skits, simple debates, or speeches intervene and because some lessons require more than a week of coverage. If the instructor wishes to rearrange the order of the lessons or skip a lesson, there should be little difficulty in doing so because each lesson is a self-contained unit.

2. INTRODUCING EACH LESSON

Most lessons begin with a short introductory narrative to set the stage or give background information for a dialogue that follows. This material is followed by the vocabulary needed to comprehend the content of the lesson. We have tried two ways of presenting the vocabulary. Each has worked well. On one hand, the instructor may introduce the vocabulary first, carefully going over the new expressions. This may include even the vocabulary activities in part C of the exercises. After learning the words, students find the content of the lesson easy to understand and interesting. Some instructors may want to give a vocabulary quiz immediately before getting into the lesson. On the other hand, the instructor may read through the lesson with students for the first hour to introduce the content and to provide the meaning of unfamiliar words and any necessary cultural information. Students are expected to internalize the vocabulary by the next day (when they take a short vocabulary quiz).

3. ORAL PRACTICE

The dialogue portion of a lesson is read and practiced by students in pairs (or in groups, according to the number of actors in the dialogue). They do not have to follow the script verbatim as long as they use the newly introduced words, phrases, and/or patterns. In part C of the lesson exercises, students are encouraged to say things in various ways, using as many new and related words as possible. Students may also be assigned to record their dictation of a short passage, the telling of an anecdote, or the reading of an essay, drawing from the suggested conversation topics in part D of the lesson exercises. The audiotapes are reviewed for pronunciation and for grammar and content errors and are returned to students for their review and correction. Students may also present stories or skits they have written or hold discussions or debates on a topic.

4. LISTENING COMPREHENSION

In addition to what is given in sections A and B of the exercises and on the accompanying audiotapes (which are available through the University of California at Berkeley Language Laboratory: LL-DUP@socrates. berkeley.edu or the University of Michigan Language Laboratory Resource Center: flacs@umich.edu), each student could be assigned to make a true-or-false statement based on the reading and to ask the rest of the class to respond. The instructor may also choose to prepare and read a short script or a narration (per the samples in the workbook) based on the content and vocabulary of the lesson; students listen and are checked for their comprehension. Group discussions, oral presentations, role-playing, and skits also provide students opportunities to practice their listening skills as well as their speaking skills.

5. WRITING EXERCISE

Each lesson has a short writing assignment in the homework packet. It can be a summary of the lesson, an opinion on some topic, a simple description, or a letter incorporating the new words, idioms, and structural patterns from the lesson. Also, students should keep a record of any frequent errors they make in spelling, usage, or grammar on tests, homework, and writing assignments so that they can correct and review any problem areas throughout the semester.

6. USING VIDEOS INTRODUCING KOREAN CULTURE

Since the text is about culture, places, and current issues, instructors may be interested in the many informative and relevant videos that are available through the Office of Information at Korean consulates or even at local Korean video shops. Some segments of Korean television news programs, documentaries, or soap operas may be useful, with a careful selection of content and a presentation that is appropriate for the level of the class.

7. SINO-KOREAN CHARACTERS

For today's students of Korean, we have delayed introducing the Sino-Korean (Chinese) characters in depth until the advanced level. However, for students who are interested in taking up the additional task, we provide about 100 basic Sino-Korean characters in the workbook appendix for optional work.

8. REVIEW AND TESTS

A written test every other week covering two chapters on the fifth day of the second week works nicely for the intermediate level, thus leaving the fifth day of the first week for presentations, skits, videos, or other related activities. Some instructors may prefer a weekly test after each chapter. A midterm vocabulary review quiz is also useful for reinforcing students' acquisition of the new words.

These points are merely guides to the users of this book and leave ample room for instructors to alter, improve, and be creative with the lessons.

Abbreviations and Symbols

ADJ.	adjective
ADV.	adverb
A.V.	action verb
D.V.	descriptive verb
HON.	honorific style
N.	noun
V.	verb stem, including both action and descriptive verbs
Vi.	intransitive verb
Vt.	transitive verb

1. Superscript numbers in the narratives and dialogues refer to items in the Patterns and Grammar Notes (문형과 문법) in each lesson.

2. L3, GN6 refers to Lesson 3, Patterns and Grammar Notes, item 6.

3. In Patterns and Grammar Notes, ( ) means either optional or phonologically alternating features, as in -(으)면, -(으)므로, and -(으)래요.

4. In vocabulary lists, [ ] means that the element is a pronunciation, not a spelling.

5. + means "when combined with."

6. / means "or."

7. . . . indicates an unfinished sentence.

8. ——— means "connects to the word similar or opposite in meaning or to the appropriate word or sentence ending."

9. → means "changes to" or "becomes."

10. - identifies suffixes, dependent nouns, and other bound forms.

11. * refers to additional notes or remarks at the end of a section.

12. = means "same as" or "equal to."

13. *Italic* is used for foreign words other than the names of people or places.

14. The romanization in this text follows the modified McCune-Reischauer system used in *College Korean*, with a few changes in the consonants. For personal names and commonly used words, we follow the conventional spelling (e.g., *bibimbap*).

VOWELS

ㅏ	ㅑ	ㅓ	ㅕ	ㅗ	ㅛ	ㅜ	ㅠ	ㅡ	ㅣ
a	ya	ŏ	yŏ	o	yo	u	yu	ŭ	i

ㅐ	ㅒ	ㅔ	ㅖ	ㅘ	ㅙ	ㅚ	ㅝ	ㅟ	ㅢ
ae	yae	e	ye	wa	wae	we	wŏ	wi	ŭi

CONSONANTS

ㄱ	ㄴ	ㄷ	ㄹ	ㅁ	ㅂ	ㅅ	ㅇ	ㅈ
k/g	n	t/d	r/l	m	p/b	s	ø/ng	ch/j

ㅊ	ㅋ	ㅌ	ㅍ	ㅎ	ㄲ	ㄸ	ㅃ	ㅆ	ㅉ
ch'	kh	th	ph	h	kk	tt	pp	ss	tch

제 1 과

비행기에서

서울로 가는 비행기는 크고 넓었다. 현배는 자기 좌석에 편히
앉았다. 비행기는 곧 출발해서 하늘을 날기 시작했다. 창밖에 보이는
푸른 하늘과 흰 구름이 아름다웠다. 현배는 처음으로 한국에 가는
길이다. 여름방학이라[1] 비행기 안에는 빈 자리가 거의 없었다. 현배
오른쪽에는 젊은 부인과 아기가 앉아 있었고 왼쪽에는 중년 남자가
잡지를 읽고 있었다. 현배는 잠을 자려고 했다.[2] 그때 아기가 울기
시작했다.

부인: 학생, 미안해요. 우리 아기가 울어서 시끄럽지요?

현배: 아뇨. 괜찮아요. 애기도 답답하겠어요.

부인: 우리 애기가 착한데 낮잠을 못 자서 이렇게 많이
               우네요.[3]

중년 남자: 학생은 여름방학이라 한국에 가요?

현배: 네. 여행도 하고 한국어도 배울 거예요.[4]

중년 남자: 한국은 처음이에요?

현배: 네. 한국에는 처음이에요. 저는 미국에서 태어났어요.

중년 남자: 한국말을 아주 잘하는데 어디에서 배웠어요?

현배: 주말 한국어 학교에도 다니고 대학에서 배우기도
               했어요. 그런데 아직 잘 못해서 더 배워야 해요.[5]

중년 남자: 한국에 한 일년 있으면 아주 잘 하겠는데요.

     비행기가 서울 인천 공항에 도착해서 현배는 세관을 통과하고
곧 환전소로 갔다. 미국에서 가지고 온 여행자 수표를 우선 백

1

불만 현금으로 바꿨다. (환율이 1000 대 1이어서 100,000 원을 받았다.) 택시나 *리무진 버스*를 타려면 현금이 필요하기[6] 때문이다.

단어   VOCABULARY

가지고 오다	to bring
거의	almost, mostly
곧	immediately
공항	airport
괜찮다	to be all right;　괜찮아요. That's OK. No problem.
구름	cloud
길	way, street;　가는 길 on the way to
날다	to fly
낮잠	noon nap
넓다	to be wide;　넓은 wide
답답하다	to be frustrated
대	to, versus;　천 대 일 1000 : 1
도착하다	to arrive;　도착 arrival
바꾸다	to change, to exchange
밖	outside
받다	to receive
배우다	to learn
백	hundred
보이다	to be seen;　보다 to look at, to watch
-불;　달러 [딸러]	dollar
비행기	airplane
빈	empty;　비다 to be empty
서울	city of Seoul
세관	customs office
시끄럽다	to be loud, to be noisy
시작하다	to begin, to start;　시작 beginning, starting
아기	baby (애기 for colloquial)
아뇨	contraction of 아니오
아름답다	to be beautiful
아주	very
아직	still, yet

앉다 [안따]	to sit
여름 방학	summer vacation
여행	travel
여행자 수표	traveler's check
오른쪽; 바른쪽	right side
왼쪽	left side
우선	first of all, before other things
울다	to cry
이렇게	like this
자기	self, one's own
자리	seat, place, room
젊은 [절믄]	young; 젊다 to be young
좌석	seat
중년	middle age
착하다 [차카다]	to be good-natured, to be good-hearted
창; 창문; 유리창	window
처음	first; 처음으로 for the first time
출발하다	to start, to depart; 출발 starting, departure
크다	to be big, to be large
타다	to ride, to get on
태어나다	to be born
택시	taxi
통과하다	to pass, to pass through
편히	comfortably; 편하다 to be comfortable
필요하다	to be needed, to be necessary
하늘	sky
한-	about; 한 이삼일 about two or three days
현금	cash
현배	Hyun-bae (man's name)
환율 [환뉼]	exchange rate
환전소	exchange office

문형과 문법   PATTERNS AND GRAMMAR NOTES

1. N. + (이)라(서)   "as . . . being," "since it is,"
                              "because it is"

This connective is similar to -(이)기 때문에 or -(이)어서 and is used in presenting a cause, condition, or conviction. -(이)라서 is used more colloquially than -(이)기 때문에 or -(이)어서.

요즘은 방학이라(서) 한가해요.	I am not busy these days because I'm on vacation.
에이미는 제 친구라(서) 자주 놀러 와요.	As Amy is my friend, she often comes to see me.
내일이 친구 생일이라서 선물을 사야 돼요.	Because tomorrow is my friend's birthday, I have to buy a present.

2. A.V. + (으)려고 하다   "to intend to," "to plan to," "going to"

This construction indicates an intention or a plan. (See L17, GN5 in *College Korean*.)

이번 학기에는 한국말을 공부하려고 한다.	I'm planning to study Korean this semester.
내일 비행기 표를 사려고 해요.	I plan to buy the airplane ticket tomorrow.
신문을 읽으려고 했는데, 너무 어려운 단어가 많았어요.	I was going to read the newspaper, but it had too many difficult words.

3. Sentence ending V. + 네요

This informal sentence ending indicates that the speaker is making a remark. The speaker is not trying to inform the listener about something or get a response from him or her.

한국에 온지 한 달이 되네요.	It's been a month since I came to Korea.
아기가 아침부터 이렇게 우네요.	The baby has been crying since morning.
한국에 가면 재미있겠네요?	Wouldn't it be fun if you went to Korea?

4. V. + ㄹ/을 거예요   "I think/expect it will . . . "

This colloquial form of -을 것이에요 is an intimate statement ending for a future or expected event. Implicit in it is the speaker's expectation of what can happen or could have happened. Its formal ending is -ㄹ/을 겁니다, and its intimate short ending is -ㄹ/을 거야.

방학이라 아마 집에 없을 거예요.	Since it's vacation (now), he won't be home.
방학이라 집에 없었을 거예요.	As it was vacation, he must not have been home.
주말이라서 길이 복잡할 거예요.	Because it's a weekend, the roads will be crowded.
주말이라서 길이 복잡했을 겁니다.	Because it was a weekend, the roads must have been crowded.

5. V. + 어/아야 하다   "must," "have to," "should"

    V. + 어/아야 되다   "must," "have to," "should"

Both constructions indicate an obligation or a requirement.

일 학년 학생은 모두 기숙사에 살아야 해요.	First-year students must live in a dormitory.
건강하려면 하루에 한번씩 걸어야 해요.	To be healthy, one must take a walk daily.
한국어를 잘 하려면, 연습을 많이 해야 돼요.	To speak Korean well, one has to practice a lot.
짜지 않은 음식을 먹어야 했어요.	I had to eat bland food.

6. Special use of -이/가 and -을/를

Attention must be given to the choice of case marker or postposition for some verbs that appear to be transitive but in fact are intransitive in Korean. (A transitive verb is one that requires a direct object, and an intransitive verb is one that does not need a direct object.)

a.   Some verbs seem to be transitive in English but require the subject marker -이/가 in Korean: 필요하다 "to need," 되다 "to become," 있다 "to have."

b.   Some verbs seem to be intransitive but require the direct object marker 을/를 in Korean: 가다 "to go," 걷다 "to walk," 날다 "to fly," 다니다 "to attend."

(a) 필요하다:	외국어를 배우는 학생은 사전이 필요하다.	A student who studies a foreign language needs a dictionary.
되다:	도날드는 벌써 선생이 됐다.	Donald had already become a teacher.
있다/없다:	우리도 차가 없어요.	We too have no cars.
(b) 걷다:	아이들이 길을 걷는다.	Children are walking on the road. (아이 child)
날다:	새가 하늘을 난다.	Birds are flying in the sky.

연습   EXERCISES

A. 본문을 읽고 질문에 대답하십시오.
Answer the questions based on the reading.

1. 현배는 어디 가는 비행기를 탔습니까?
2. 현배는 한국에 몇 번 가 봤습니까?
3. 젊은 부인은 왜 미안하다고 했습니까?
4. 한국에서 인천 공항에 도착하면 어디를 통과해야 합니까?
5. 현배는 현금이 왜 필요했습니까?

B. 주어진 문형을 사용하여 대답하십시오.
Respond to the following questions using the given patterns.

1. 오늘 왜 이렇게 비행기에 사람이 많지요? (-이라서)
2. 이번 여름 방학에 무엇을 하세요? (-(으)려고 하다)
3. 이 식당 음식이 어떻습니까? (-네요)
4. 한국 가는데 몇 시간이나 걸려요? (-ㄹ/을 거예요)
5. 오늘 오후 무엇을 하시겠어요? (-ㄹ/을 거예요)
6. 내일 아침에 무엇을 할거예요? (-(어/아)야 하다)
7. 여행갈 때 무엇을 가지고 가요? (필요하다/필요 있다/필요 없다)

C. 단어 연습 Vocabulary Exercises

1. 알맞은 부사를 골라 대화를 완성하십시오.
   Complete the dialogue with the appropriate adverbs.

   > 거의, 곧, 우선, 벌써, 처음

   철수: 극장에 빈 좌석이 _____ 없군요.
   영희: 아, 저기에 두 자리 있어요.
   철수: 더 좋은 자리가 날 때까지 _____ 이 자리에
   　　　 앉지요. (나다 to become available)
   영희: 저는 이 영화관에 _____ 오는데 아주 넓고
   　　　 좋네요. 철수 씨도 이곳이 처음이에요?
   철수: 아뇨, 저는 _____ 다섯 번이나 와 봤어요.
   영희: 이제 영화가 _____ 시작하려고 해요.

2. 알맞은 동사와 연결하십시오.
   Connect with the appropriate verb.

   예: 좌석이 ————— 편하다

   a. 나무가　　　　　젊다
   b. 한국어가　　　　크다
   c. 선생님이　　　　넓다
   d. 자동차 안이　　　쉽다

3. 다음은 현배가 오늘 한 일입니다. 알맞은 동사를 과거형으로
   넣어 문장을 완성하십시오.
   The following is what Hyun-bae did today. Complete the
   sentences with the appropriate verb in the past tense.

   > 출발하다, 도착하다, 통과하다,
   > 시작하다, 끝나다, 바꾸다

   (미국시간) 오후 3시:　　샌프란시스코 공항을 _____.
   (미국시간) 오후 6시:　　저녁식사를 먹기 _____.
   (미국시간) 오후 7시:　　저녁식사가 _____.
   (미국시간) 오후 7시:　　영화를 보기 _____.

(미국시간) 오후 8시: 잠을 자기 _____.
(서울시간) 오후 7시: 서울 인천 공항에 _____.
(서울시간) 오후 7시 반: 서울 세관을 _____.
(서울시간) 오후 8시: 환전소에서 달러를 _____.

4. 알맞은 명사를 골라 문장을 완성하십시오.
    Complete the sentences with the appropriate noun.

    ┌───┐
    │ 여행자 수표, 세관, 환율, 좌석, 공항, 통과 │
    └───┘

    a. 여행할 때는 현금보다 _____가 안전힌다. (안전하다
        to be safe)
    b. 서울 공항에 내리면 _____에서 가방을 조사힌다.
        (조사하다 to inspect)
    c. 달러와 원화의 _____이 1000 대 1 이예요 (원화
        won currency)
    d. 제 동생이 운전면허시험을 _____했어요.
        (운전면허시험 driver's license test)
    e. 어느 _____에서 비행기를 탔어요?
    f. 오늘 비행기 표를 예약했다. 창에 가까운 _____으로
        예약했다.

D. 이야기하기   Conversation Topics

    1. 여행할 때 무엇을 가지고 가겠습니까? 여행에 필요한
        것들을 적어보십시오.
    2. 외국 여행에서 재미있던 또는 어려웠던 경험을 이야기해
        보십시오. (외국 foreign country, 경험 experience)

제 2 과

서울

은영: 여보세요.

현배: 여보세요, 거기 은영이네 집이지요?

은영: 네, 제가 은영인데요.

현배: 은영아, 나 현배야.[1] 잘 있었니?

은영: 응, 현배구나. 난 잘 있었어. 넌 서울 구경 잘 하고 있니?

현배: 아니, 길도 잘 모르고 한국말도 서툴러서 혼자 다니기가 너무 힘들어.

은영: 그래? 그럼 이번 토요일에 나하고 같이 다니자.

현배: 고마워. 어디에서 몇 시에 만날까?[2]

은영: 너희 집이 서울역하고 가까우니까[3] 거기에서 만나자. 서울역 앞으로 12시까지 갈게.[4]

현배: 서울역에서 남산까지 가는데 시간이 얼마나 걸려? 난 남산에 가 보고 싶은데.

은영: 한 삼사 십 분쯤 걸릴 거야. 별로 멀지 않아.

현배: 요즘 비가 많이 오는데, 그 날은 날씨가 좋을까?

은영: 아마 괜찮을 거야. 걱정하지 마. 그리고 많이 걸어야 하니까 편한 신발을 신고 오는 것[5]도 잊어버리지 마.

현배: 알았어. 그럼 그 날 보자. 잘 있어.

은영: 그래, 안녕.

9

(토요일 오후)

현배: 은영아, 안녕. 많이 기다렸니?

은영: 아니, 별로. 서울은 교통이 너무 복잡하지?

현배: 응, 지하철하고 버스가 많아서 무엇을 타야 할지[6] 잘
        모르겠어.

은영: 지하철 타는 것이 좋을 거야. 빨리 가자. 서울은 여기
        저기에 볼 것이 굉장히 많아.

현배: 그런데 서울에 옛날 건물이 있니? 난 하나도 못 봤다.

은영: 그럼. 서울이 600년 동안 한국의 수도였는데. 오늘은
        남산부터 구경을 시작해 볼까?

현배: 그래. 좋아.

단어   VOCABULARY

가깝다	to be close, to be near; 가까운 near
같이 [가치]	together (with)
걱정하다	to worry; 걱정 concern, worry
건물	building
걷다	to walk
걸리다	to take (time)
굉장히	very, enormously, wonderfully; 굉장하다 to be grand
교통	traffic, transportation
구경하다	to see, to sightsee; 구경 sightseeing
그래	Yes, Sure, It'll be . . . , I'll do so.; 그래? Is that so?
그럼	Yeah, Sure, Certainly, Of course, If so, Well then
기다리다	to wait (for)
날	day (used only with modifiers, as in 생일날 birthday)
날씨	weather
남산	Nam-san Mountain
너무	too (much, little)
-네	family (of someone); 홍부네 Hŭngbu's family or home
다니다	to come and go, to walk around, to go around
멀다	to be far

모르다	not to know
별로	(not) very, (not) much (followed by negative verb)
복잡하다	to be complex, to be crowded
비	rain; 비가 오다 to rain
빨리	quickly, hurriedly
서울역	Seoul Station; 역 stop, station
서투르다	to be clumsy, to be unskilled; 서투른 영어 broken English
수도	capital city (Sino-Korean, the formal word for a nation's capital)
시대	time, age
신발; 신	shoes
아마	maybe
여기 저기	here and there
옛날 [옌날]	ancient times, old days
오래되다	to be old, to be a long time (since)
오후	P.M., afternoon
은영	Eun-young (woman's name)
잊어버리다 [이저버리다]	to forget (completely); 잊다 to forget
정말	really, indeed
좋다 [조타]	to be good
지금	present time, now
지하철	subway
–쯤	about
편한	comfortable; 편한 신 comfortable shoes; 편하다 to be comfortable
–하고	with (colloquial for 와/과)
혼자	alone, by oneself
힘들다	to be difficult, to be hard

서울 약도

Map of Seoul

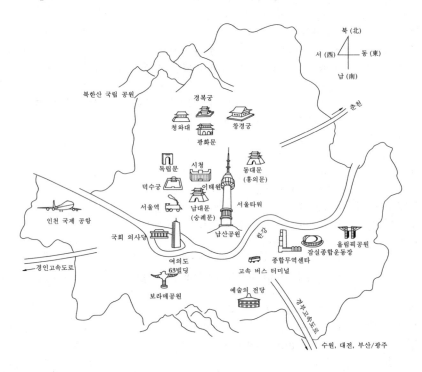

경복궁	Kyŏngbok Palace
고속 버스 터미널	Express Bus Terminal
국회 의사당	The Assembly Hall
인천 국제 공항	Inchon International Airport
남대문/숭례문	South Gate/Sungnye Gate
남산 공원	Nam-san Mountain Park
독립문	Independence Gate
동대문/홍의문	East Gate/Hongŭi Gate
청와대	The Blue House (Presidential Residence)
북한산 국립 공원	Pukhan-san Mountain National Park

서울역	Seoul Station
시청	The City Hall
한강	Han River

읽기 서울 이야기   **EXTRA READING**

서울은 현재 한국의 수도다. 조선 시대부터 지금까지 약 600년
동안 한국의 수도였다. 지금 서울의 모습은 옛날과 많이 다르지만
아직도 옛날의 아름다운 모습을 여기 저기에서 볼 수 있다.
　서울에는 대학교도 많이 있고, 여러 가지 박물관과 옛날 건물도
많이 있다. 서울은 세계에서 일곱 번째로 큰 도시고, 현재 서울에
살고 있는 사람이 천만 명이 넘는다. 서울의 안과 밖에는 아름다운
산이 많이 있고 한강이 서울의 가운데를 흐르고 있다. 한강에는
다리가 스무 개쯤 있는데 지금도 계속 다리를 만들고 있다.
　서울은 교통이 복잡해서 운전을 하면서 구경하는 것이 어렵다.
그래서 서울을 구경할 때는 운전을 하는 것보다 지하철이나 버스를
타는 것이 더 좋다.

가운데	in the middle (of)
강	river
계속	continuously;　계속하다 to continue;　계속되다 to be continued
넘다 [넘따]	to exceed, to be more than
다르다	to be different
다리	bridge; leg
도시	city
만들다	to make
모습	appearance, figure, look
박물관 [방물관]	museum
-번째	rank or position in a series;　첫 번째 first place; 두 번째 second place
산	mountain
살다	to live, to be inhabited
세계	world
스무(개)	twenty (items)
약	approximate, about

어렵다	to be hard, to be difficult
여러 가지	different kinds, various kinds
운전하다	to drive (a car)
이야기	story, tale; 이야기하다 to converse
조선	Chosŏn dynasty (1392–1910)
천만	ten million
한강	Han River
현재	present (time), currently
흐르다	to flow, to run

문형과 문법   PATTERNS AND GRAMMAR NOTES

1.   Nonpolite (intimate or plain) style of speech

In the Korean language, the most important distinction is between the polite style and the nonpolite style of speech. The nonpolite style of speech is also known as intimate style or plain style speech. Nonpolite style speech is used among social equals, by superiors to subordinates, and in intimate relationships.

Nonpolite style speech employs different endings, depending on the tense and sentence type, as follows. (See also the intimate style speech chart below.)

   a.   Statement

Present	지금 돈이 하나도 없어.	I have no money now.
	나는 아직 한국어가 서툴러.	I'm not yet fluent in Korean.
	여기가 서울역이야.	Here is Seoul Station.
Past	어제는 돈이 있었어.	I had money yesterday.
	어제는 추웠어.	It was cold yesterday.
Future	내일은 차가 생길 거야.	Tomorrow I'll have a car.
	그분이 내년에 선생님이 될 거야.	Next year he will become a teacher.

Intimate style speech chart

문장형 Sentence Type	종결어미 Sentence Ending	현재 Present Tense	과거 Past Tense	미래 Future Tense
a. 평서문 Statement	-(어/아). -(이)야.	V. + (어/아). N. + (이)야.	V. + 었 /았어. N. + 이었어. /였어.	V. + ㄹ/을거야. N. + ㄹ/일거야.
b. 의문문 Question	-(어/아)? -니? (-냐?)	V. + (어/아)? N. + (이)야? V. + 니? N. + (이)니?	V. + 었/았어? N. + 이었어?/였어? V. + 었/았니? N. + 이었니?/였니?	V. + ㄹ/을 거야? V. + ㄹ/을 거니?
c. 청유문 "Let's"	-자.	V. + 자.	not applicable (N.A.)	N.A.
d. 명령문 Command	-(어/아). -(어/아)라. -너라/-거라.	V. + (어/아). V. + (어/아)라. V. + 너라/거라	N.A.	N.A.
e. 감탄문 Exclamation	-구나! -다!	V. + (는)구나! V. + (ㄴ/는)다! N. + (이)다!	V. + 었/았구나! V. + 었/았다! N. + (이)었/였다!	V. + 겠구나! V. + 겠다! N. + (이)겠다!

b. Question

Present	한국에서 전화하니?	Are you calling from Korea?
	애가 네 동생이야?	Is this kid your younger sister/brother?
	지금 시간 좀 있니?	Do you have time right now?
Past	언제 왔어?	When did you come?
	그분이 네 선생님이셨어?	Was he your teacher?
	편지 썼니?	Did you write the letter?
	그게 숙제였니?	Was it the homework?
Future	전화 할 거야?	Will you call?
	전화 할 거니?	Will you call?

c. "Let's"

Present	자, 떠나자.	Well, let's take off / leave.
	학교에 가자.	Let's go to school.

d. Command

Present	숙제 해.	Do your homework.
	밥 먹어(라).	Eat your meal.
	집에 일찍 오너라.	Come home early.

e. Exclamation

Present	저 나무 참 빨리 자라는구나!	How fast the tree is growing!
	시간이 빨리 가는구나!	Ah, time goes fast!
	조심해, 차가 온다!	Watch out, a car is coming!
	날씨가 좋다!	The weather is nice!
	이것이 바로 내가 찾던 것이다!	This is just what I am looking for!
Past	너희들, 벌써 밥을 먹었구나.	All of you have already finished your meal.
	숙제를 다 했다. (만세!)	(I) finished all my homework. (Hooray!)

2. V. + ㄹ / 을까(요)?   "would it . . . ?,"
                                  "do you think it will . . . ?"

Although this question generally solicits the listener's opinion, it requires different responses depending on the context of the question.

a. Inviting "yes-no" answer   "would you like to . . . ?,"
                                  "shall we . . . ?"

When the subject is *we*, this question invites the listener's permission or agreement.

이것을 같이 의논해 볼까요?	Shall we discuss this together?
이따 점심 식사를 같이 할까요?	Shall we have lunch together later?

네, 좋아요. 같이 식사합시다.	Yes, that's good. Let's eat together.

b. Asking for an opinion — "do you think . . . ?"

When the subject of the sentence is a third person (*he, she,* or *they*), it asks for the listener's opinion.

김 선생님이 학교에 오실까요?	Do you think Mr. Kim will come to school?
내일은 날씨가 좋을까요?	Do you think it will be nice tomorrow?
아마 좋을 거예요.	Probably it will be nice.

c. Asking for advice — "Which is better . . . ?," "Shall I do this . . . or that . . . ?"

When the subject is *I,* the question asks for the listener's advice.

제가 한가지 여쭈어 볼까요?	Shall I ask a question?
제가 그 분에게 전화해 볼까요?	Shall I telephone him?
공항에 가는데 공항 버스를 탈까요, 택시를 탈까요?	I am going to the airport; shall I take an airport bus or a cab?
택시는 비싸니까 공항 버스를 타세요.	Since a taxi is expensive, please take the airport bus.

3. V. + (으)니까 — "because," "since," "as," "for"

This causal connective often omits 까 and becomes (으)니. It is used with a question or a "let's" sentence.

시간이 없으니까 빨리 가자.	Since we don't have much time, let's go right away.
그 동안 열심히 공부 했으니까 잘 할 거예요.	Since you have studied hard, you will do well.
택시는 비싸니까 지하철을 탈까요?	Since taxi fare is expensive, should we take the subway?

약을 먹으니까 머리 아픈   Because I took the medicine,
   게 없어졌다.   I don't have a headache.

4. A.V. + ㄹ/을게(요)   "I/we will . . . "

This informal and colloquial ending indicates the speaker's intention. It may be used to indicate the intention of just the speaker.

제가 시간을 낼게(요).   I will make time.

제가 다음 주에 또   I will come again next week.
   올게(요).

지금 약 먹을게.   I will take the medicine now.

5. V. + ㄴ/은/는/ㄹ/을 것   "—ing," "to . . . ," "the fact that . . ."

-ㄴ/은/는/ㄹ/을 것 is a noun phrase, as shown in different tenses below:

배우다   to learn

배우는 것   thing(s) being learned

배운 것   thing(s) learned

배울 것   thing(s) to learn

단어를 배우는 것이 많다.   I am learning a lot of vocabulary.

단어를 배운 것이 많다.   I learned a lot of words.

단어를 배울 것이 많다.   I have a lot of words to learn.

Note that, in colloquial usage, 것이 becomes 게.

단어를 배우는 게 많다.   I am learning a lot of vocabulary.

단어를 배운 게 많다.   I learned a lot of words.

단어를 배울 게 많다.   I have a lot of words to learn.

6. V. + 지 알다   "to know if/whether"

   V. + 지 모르다   "not to know if/whether"

알다 and 모르다 verbs use -지 to mean "how to" or "if/whether," as illustrated in the examples below. When a question pronoun, such as 언제, 어디, 왜, 누가, 어떤, 무슨, or 무엇, precedes this construction, the speaker is inquiring when, where, why, who, which, what kind, or what, respectively.

동사 Verb	현재 Present Tense	과거 Past Tense	미래 Future Tense
With D.V.	V.+ㄴ/은지 알다/ 모르다. 톰이 얼마나 큰지 모르니?	V.+었/았는지 알다/ 모르다. 톰이 얼마나 컸는지 모르니?	V.+ㄹ/을지 알다/ 모르다. 톰이 얼마나 클지 몰라.
With A.V.	V.+는지 알다/ 모르다. 톰이 무엇을 읽는지 알아.	V.+었/았는지 알다/ 모르다. 톰이 무엇을 읽었는지 알아.	V.+ㄹ/을지 알다/ 모르다. 톰이 무엇을 읽을지 알아.
With N.	N.+ㄴ/인지 알다/ 모르다. 짐이 학생인지 몰라요.	N.+(이)었는지 알다/ 모르다. 짐이 학생이었는지 몰라요.	N.+ㄹ/일지 알다/ 모르다. 짐이 학생일지 몰라요.

With a descriptive verb

그 비행기가 얼마나 넓은지 아세요?	Do you know how wide the airplane is?
어떤 선물이 좋은지 몰라요?	Don't you know which gift is appropriate?

With an action verb

요즘 창수가 무슨 책을 읽는지 아니?	Do you know what books Changsu is reading?
친구가 오늘 밤에 올지 몰라요.	I don't know whether my friend is coming tonight.

With a noun

그 사람이 누군지 알아요?	Do you know who the man is?
그 사람이 학생인지 모르겠어요.	He may be a student. / I don't know if he is a student.

In past and future tenses

그분이 한국에서 왔는지 알아요?	Do you know whether he came from Korea?
언제부터 서울이 수도였는지 몰라요.	I don't know how long (from when) Seoul has been the capital.

내일 경주가 그 책을   I don't know if Kyung-ju is going to
살지 몰라요.   buy the book tomorrow.

연습   EXERCISES

A. 본문을 읽고 질문에 대답하십시오.
Answer the questions based on the reading.

1. 현배는 혼자 서울을 구경하는 것이 왜 힘들다고 했습니까?
2. 요즘 서울의 날씨는 어떻습니까?
3. 은영이는 현배에게 왜 편한 신발을 신고 오라고 했습니까?
4. 서울은 얼마동안 한국의 수도입니까?

B. 주어진 문형을 사용하여 대답하십시오.
Respond to the following sentences using the given patterns.

1. 요즘 어떻게 지내니? (-(어/아))
2. 저녁은 먹었니? (-(어/아))
3. 무슨 영화를 볼까? (-자)
4. 내일 뭐 할거니? (-(으)니까)
5. 나하고 같이 시장에 갈 수 있니? (그래...-ㄹ/을게)
6. 외국어를 배울 때 무엇이 제일 힘들어요? (-것)
7. 서울역이 어디 있는지 알아? (-지 모르다)

주어진 문형을 사용하여 문장을 완성하십시오.
Complete the sentences using the given pattern and the verb.

8. -는 것, -ㄴ/은 것, -ㄹ/을 것

    a. 음식을 _____은 어렵다. (-는 것, 만들다)
    b. 아무도 영식이가 그 음식을 _____을 몰랐다. (-ㄴ/은 것, 만들다)
    c. 오늘 할 일: 신발을 _____ (-ㄹ/을 것, 사다)
              친구에게 _____ (-ㄹ/을 것, 전화하다)
              한국 뉴스를 _____ (-ㄹ/을 것, 듣다)

C. 단어 연습   Vocabulary Exercises

1. 알맞은 격조사를 골라 문장을 완성하십시오.
Complete the sentences with the appropriate case marker.

-은/는, -이/가, -을/를, -와/과

어제 남산에 다녀 왔다. 은영이_____ 같이 버스를 타고
갔다 왔다. 남산_____ 구경하는데 세 시간_____ 걸렸다.
안내하는 사람_____ 많이 있어서 지도_____ 필요하지
않았다. 은영이_____ 같이 가 주어서 고마웠다. (지도 map)

2. 자영이가 인수에게 여행을 잘 하는 법을 가르쳐줍니다.
   알맞은 동사를 넣으십시오.
   Ja-young is telling In-su some "dos" and "don'ts" for traveling.
   Find an appropriate verb for each of the "dos" and "don'ts."

할 것 *Dos*

예: 버스 번호를 잘
봐야 돼.

a. 호텔에서 쉬어야 돼.

b. 여행자 수표를
_____ 돼.

c. 편한 신발을
_____ 돼.

d. 여권을 잘 가지고
_____ 해.

하지 말 것 *Don'ts*

예: 버스가 지나갈 때 길을 건너면 안돼.

a. 아플 때 너무 많이 _____ 안돼.

b. 관광 할 때 현금을 많이 가지고
가면 안돼.

c. 돌아다닐 때 높은 구두를 신으면
안돼.

d. 여권을 _____ 안돼. (Don't lose
your passport.)

3. 다음 일을 혼자 하겠습니까? 친구와 같이 하겠습니까?
   좋아합니까, 싫어합니까?
   Will you work alone or work with your friend? Would you like
   or dislike to do it?

	좋다/싫다	혼자/같이
서울시내 관광하기	_____	은영이와 같이 하겠다.
운전 면허 시험 보러 가기	싫어한다.____	_____
영화 구경 가기	_____	_____

4. 서울에 가면 어디를 가고 싶어요? 그곳에서 무엇을
   하겠습니까?

When you are in Seoul, where would you like to go? What will you do there?

	Order of preference	*Activity*
예: 남산	첫 번째	케이블카를 탄다
a. 박물관		
b. 콘서트 홀	두번째	
c. 대학교		
d. 한강 다리		
e. 일본 대사관		일본 가는 *비자*를 신청한다

   (대사관   embassy)

5. 다음 단어를 사용하여 '넘다'로 끝나는 문장을 만드십시오. Using the set of vocabulary, make a sentence that ends with the verb 넘다.

   예: 서울, 대학교, 수십 개 ——→ 서울에 대학교가 수십
   　　　　　　　　　　　　　　　　개가 넘는다.

   a. 구두, 한 컬레, 수십 불
   b. 이 교실, 학생, 수십 명
   c. 세계의 말, 수백 가지

D. 이야기하기   Conversation Topics

1. 자기가 아는 미국의 대도시를 소개해 보십시오. (소개하다 to introduce)
2. 자기가 살던 도시를 친구에게 소개해 보십시오.

제 3 과

첫날[1]

오늘은 처음으로 강의를 듣는 날이다. 현배는 아침에 *샤워*를 하고
나서[2] 식당에 갔다. 기숙사 식당에서는 학생들이 밥을 먹거나[3]
친구들과 이야기를 하고 있었다. 학생들은 서투른 한국말로 대화를
주고 받고 있었다. 아시아와 북미, 유럽, 남미, 호주에서 여름 방학을
이용하여 학생들이 많이 왔다. 첫 시간이 한국어 회화 시간이다.
그래서 강의실을 찾고 있는데 어떤 여학생이 기웃기웃 교실을
들여다 보고 있었다.

현배: 백이십삼 호실이 어딘지 아세요?

여학생: 한국어 회화 강의실이요? 저도 그 강의실을 찾는데요.
          이층에도 없고 ... 그럼 강의실을 같이 찾을래요?[4]

현배: 좋아요. 저도 이 건물이 너무 복잡해서 잘 모르겠어요.

여학생: 우리 저쪽으로 한 번 같이 가 볼까요? 저는 도쿄에서
          왔는데, 실례지만 어디에서 오셨는지 물어 봐도 돼요?[5]

현배: 저는 미국에서 왔어요.

여학생: 한국어를 참 잘 하시네요.

현배: 아니에요. 아직 많이 서툴러요.

여학생: 참, 어제 개학식에 참석하셨어요? 저는 어제 늦어서
          못 갔어요.

현배: 네. 갔었는데 별로 중요한 것은 없었어요. 교수님들을
          모두 소개하고 우리 연수 프로그램에 대해 간단히
          소개했어요.

여학생: 수업에 대한 설명은 없었나요?

현배: 네, 그런 설명은 없었어요. 아, 이 강의실인 것 같아요.[6]

단어   VOCABULARY

간단히	briefly, simply; 간단하다 to be simple
강의	lecture
강의실	lecture hall, classroom
같다	to be identical, to be equal; -것 같다 it seems, it looks
개학식	orientation; 개학하다 to begin (semester)
교수	professor
기웃기웃	craning, peeking in; 기웃기웃하다 to crane, to peek in
남미	South America
늦다	to be late
대화	dialogue, conversation
들여다 보다	to look into, to peek in
모두	all, in all, all together
물어 보다	to try asking; 묻다 to ask
밥	cooked rice, meal
북미	North America
샤워하다	to take a shower
설명	explanation; 설명하다 to explain
소개하다	to introduce; 소개 introduction
수업	instruction, lessons, class
실례이다	to not follow proper etiquette; 실례지만 Excuse me, . . .
아시아	Asia
어디	where
-에 대해(서)	about, concerning
연수	study and training
유럽	Europe
이용하다	to utilize, to make use of, to use; -을/를 이용하여 by utilizing
주고 받다	to share, to exchange (literally, to give and take)
중요한	important; 중요하다 to be important
참	very; By the way, Say

참석하다	to attend, to participate; 참석 attendance
첫-	first; 첫날 first day
-층	floor; 3 층 third floor
프로그램	program
-호실	room number; 2 호실 room 2
호주	Australia
회화	conversation; 회화 시간 conversation class

읽기 한국 대학의 연수 프로그램   EXTRA READING

한국의 여러 대학에는 외국인과 교포들을 위하여 여름 학기동안
강의가 있다. 학생들은 이 기간 동안 한국어는 물론, 한국의 역사와
문화에 대해서도 배운다. 학생들은 보통 국제 학생 기숙사에
머물면서 생활한다. 그러나 어떤 학생들은 한국을 더 잘 알아
보려고 민박을 한다. 대개는 오전에 수업을 끝마치고 오후에는
각자가 여가 생활을 즐긴다.

각자	each person, individual, individually
교포	Koreans residing abroad, overseas Koreans
국제	international; 국제 학생 기숙사
	international student dormitory
기간	time period
끝마치다 [끈마치다]	(Vt.) to finish, to complete
대개; 대개는	mostly, in general
머물다	to stay (from 머무르다)
물론	of course
문화	culture
민박	homestay; 민박하다 to stay with a family
보통	ordinary, common, usual, average
생활하다	to live, to exist; 생활 life, livelihood
알아 보다	to find out, to look up, to check out
여가	leisure
오전	A.M., morning
외국인	foreigner; 외국 foreign country
위하여	for (the sake of)

문형과 문법   PATTERNS AND GRAMMAR NOTES

1. 첫 + N.   "first," "beginning"

첫-, as a prefix or a modifier meaning "first" or "beginning," is useful, as shown in these examples:

첫 번째:	유리가 첫 번째예요.	Youlee is in first place.
첫날:	학교에 가는 첫날에 늦었어요.	On the first day of school, I was late.
첫눈:	첫눈이 일찍 내리면 좋겠다.	I wish that the first snow would come early.
첫사랑:	톰이 나의 첫 사랑이었다.	Tom was my first love.
첫째:	첫째, 책을 많이 보세요.	First, please read many books.

2. A.V. + 고 나서   "after doing . . . ," "having done . . . "

This colloquial connective indicates the completion of an action or an event that is followed by another action or event. Its meaning is close to -ㄴ/은 후에.

저녁을 먹고 나서 신문을 읽어요.	After eating dinner, I read newspapers.
읽고 나서 숙제를 해요.	After reading, I do my homework.
숙제를 다 하고 나서 친구에게 전화를 걸어요.	After doing all the homework, I call my friend on the phone.

3. a. V. + 거나   "either (do this) . . . or (do that) . . . "

    b. N. + (이)나   "either (this) . . . or (that) . . . "

-거나 indicates two or more events or actions. -(이)나 indicates two or more alternatives items.

(a) 열두시에 학생들은 밥을 먹거나	At noon, students were either eating or talking with friends.

친구들과 같이 이야기를 하고 있었다.	
주말에는 친구를 만나거나 영화를 볼 거예요.	I'll either get together with my friend or go to the movies this weekend.
머리가 아프거나 열이 날 때 이 약을 드세요.	Take this medicine when you have either a headache or a temperature.
(b) *가라테나 태권도나* 합기도를 배우고 싶어요.	I want to learn karate or tae kwon do or hapkido.
집이나 사무실로 연락주세요.	Please get in touch with me at home or at my office.
방학 동안 한국이나 일본에 다녀 오려고 해.	During the vacation, I plan to visit Korea or Japan.

4. A.V. + ㄹ/을래(요)?   "Will you . . . ?," "Are you . . . ?"

   A.V. + ㄹ/을래(요).   "I will . . . "

This ending is used in casual and intimate conversation. It is a question when spoken with a rising tone and a statement when spoken with a level tone.

내일 나하고 같이 나가 주지 않을래?	Won't you go out with me tomorrow?
산에 같이 올라 갈래요?	Will you climb the mountain with me?
지금 밥 먹을래?	Are you going to eat now?
안 먹을래.	I'm not going to eat.

5. V. + (어/아)도 돼요?   "Is it all right if/to . . . ?,"
          "Is it okay if/to . . . ?"

This construction asks for permission in an informal and casual way.

한국말로 물어도 돼요?	May I ask you in Korean?
네, 물어 보세요.	Yes, go ahead.

지금 집에 가도 돼요?	May I go home now?
가도 돼요.	Yes, you may.
아니오, 가면 안 돼요.	No, you may not.
숙제를 내일까지 내도 돼요?	Is it okay to turn in my homework tomorrow?
네, 괜찮아요./네, 좋아요.	Yes, it's okay.
보고서를 연필로 써도 돼요?	May I write my report with a pencil?
연필로 쓰면 안 돼요.	You may not write with a pencil.
펜으로 써야 돼요.	You have to write in ink.

Notice the differences in the positive and negative answers:

-(어/아)도 돼요?	"Is it all right to . . . ?"
네, . . . -(어/아)도 돼요	"Yes, it's all right . . . "
네, . . . -(어/아)도 괜찮아요/좋아요	"Yes, it is fine."
아니오, . . . -(으)면 안 돼요	"No, (one) must not . . . ," "it should not . . . "

6.   V. + ㄴ/은/는/ㄹ/을 것 같다   "it seems/appears . . . ," "it is/looks as though . . . "

This sentence ending expresses the speaker's opinion and often translates into "I think . . . " in English.

내 눈으로 보는 것 같았다.	It was like seeing it with my own eyes.
내가 밥을 너무 많이 먹은 것 같군요.	I think I ate too much.
비가 온 것 같았어요.	It looked as though it rained a lot.
곧 비가 올 것 같아요.	It looks as though it's going to rain soon.

연습   EXERCISES

A.   본문을 읽고 질문에 대답하십시오.
Answer the questions based on the reading.

1. 기숙사 식당에서 학생들은 무엇을 하고 있었습니까?
2. 학생들은 어느 나라 말로 이야기를 하고 있었습니까?
3. 현배는 무슨 수업의 강의실을 찾고 있었습니까?
4. 현배가 만난 여학생은 왜 개학식에 참석 못했습니까?
5. 그 여학생은 어느 나라에서 왔습니까?

B. 주어진 문형을 사용하여 대답하십시오.
Respond to the following questions using the given patterns.

1. "첫"으로 시작하는 단어는 어떤 것들이예요? (첫-)
2. 오늘 하루동안 어떤 일을 할거예요? (-고 나서)
3. 외국에 가면 무엇을 하겠어요? (-거나 -거나 하다)
4. 일요일에 뭐 할거니? (-ㄹ/을래)
5. 지금 *텔레비전* 봐도 돼요? (-(어/아)도 되다)
6. 오늘 날씨가 어때요? (-것 같다)

주어진 문형을 사용하여 문장을 완성하십시오.
Complete the sentences using the given pattern.

7. -것 같다

    a. 영식이는 지난 주말에 그 책을 _____.
    b. 영식이는 지금 그 책을 _____.
    c. 영식이는 다음 주에 그 책을 _____.

C. 단어 연습 Vocabulary Exercises

1. 한국어 수업시간에 학생들이 각자 태어난 곳에 대해
    소개했습니다. 질문에 대답을 하십시오.
    The following chart shows where the students were born.
    Answer the questions based on the information.

학생	각자 태어난 곳	
현배	샌프란시스코	a. 이 강의실에 북미에서 태어난 학생은 몇 명 있습니까?
첫 번째 학생	토론토	_____ 명
두 번째 학생	시애틀	b. 아시아에서 태어난 학생은 몇 명입니까?
세 번째 학생	베이징	_____ 명
네 번째 학생	뉴욕	c. 남미에서 태어난 학생 수는 몇 명입니까?
다섯 번째 학생	도쿄	_____ 명
여섯 번째 학생	부에노스 아이레스	d. 호주에서 태어난 학생은 몇 명입니까?
일곱 번째 학생	시드니	_____ 명

2. 알맞은 동사와 연결하십시오. 격조사를 주의해서 보십시오.
   Connect with the appropriate verb. Pay close attention to the
   case markers.

   a. 교수님이 한국어의 법칙에 대해 ————— 설명한다
   b. 학생들과 교수님들이 개학식에   소개한다
   c. 새로 온 학생들은 자기 이름을   이용한다
   d. 연수하려면 겨울 방학을   참석한다
   e. 창문으로 강의실을   달려간다
   f. 아침에 서울로 가는 길이   들여다 본다
   g. 크리스마스 때는 선물을   머무른다
   h. 여행가서 호텔에   주고 받는다
   i. 수업시간에 늦어서 강의실로   막힌다
                                        (to be
                                        clogged up)

3. 알맞은 부사를 골라 문장을 완성하십시오.
   Complete the sentences with an appropriate adverb.

   ┌────────────────────────────────┐
   │ 각자, 별로, 모두, 간단히, 늦게   │
   └────────────────────────────────┘

   a. 연수 프로그램에 대해 자세히 설명했습니까?
      (자세히 in detail)
      아니오, _____ 설명했습니다.
   b. 점심식사는 다른 학생들과 같이 모여 먹습니까?
      (다른 other)
      아니오, _____ 먹습니다.
   c. 현배는 아침에 일찍 일어났습니까?
      아니오, _____ 일어났습니다.
   d. 개학식에 학생들이 다 왔습니까?
      아니오, _____ 안 왔습니다.
   e. 개학식에 학생들이 많이 참석했습니까?
      네, 학생들이 _____ 참석했습니다.

4. 알맞은 명사를 골라 문장을 완성하십시오.
   Complete the sentences with the appropriate noun.

   ┌────────────────────────────────────┐
   │ 강의실, 교수, 개학식, 회화, 학기, 학년   │
   └────────────────────────────────────┘

a. 대학교에서 가르치는 선생님을 _____라고 한다.
b. 대학교의 교실을 _____이라고 한다.
c. 한국어로 말하기를 연습하는 시간을 한국어 _____
   시간이라고 한다.
d. 하인즈는 대학교 일 _____이고 잉그리드는 대학교
   이 학년이다. (학년 school year)
e. 새 학기를 시작하는 날에 학생들과 선생님들이
   모여 _____을 한다.
f. 한국의 대학교에는 봄 _____와 가을 학기가 있다.
   (학기 semester)

D. 이야기하기   Conversation Topics

1. 학생은 연수 프로그램에 가봤습니까? 가서 한 것을 세 가지
   이야기 해보십시오.
2. 길이 막혀서 갈 곳에 못 가거나 늦은 일이 있습니까? 언제,
   어디에서, 무슨 일이 있었는지 이야기해 보십시오.

제 4 과

아르바이트

오늘은 수업시간에 사귄 친구들과 같이 점심을 먹기로 했다.[1]
그래서 오전 수업이 끝나자마자[2] 교내 식당으로 가서 친구들과
같이 점심을 먹었다. 시간이 더 있으면 친구들과 *커피나*[3] 한 잔
하고 싶었지만 시간이 없어서 나는 먼저 일어났다.

화요일과 목요일에는 아침에 세 시간 수업을 끝마치고 오후에는
*아르바이트*를 하러 간다. 회사원들에게 영어를 가르치는 일이다.
그분들이 영어를 얼마나 열심히 배우는지[4] 가르치는 것이 재미있고
보람있다. 오늘이 세 번째 날이다.

현배: 지금까지는 한국말과 영어를 섞어서 썼지만 오늘부터는
영어로만 하겠습니다. 처음부터 끝까지 영어로 말하세요.

사원: (갑자기 손을 들고) 하나도 못 알아 들으면 한국말로
물어 봐도 돼요?

현배: 처음 사십 분 동안은 못 알아 들어도 짐작해서 하십시오.
모르는 것을 영어로 질문해 보세요. 나머지 십오 분
동안은 아무 나라 말로나 질문을 하세요. 하지만 저는
한국어와 영어밖에 몰라요.[5]

사원: 급한 일이 있어도[6] 영어로만 해야 됩니까?

현배: 급한 일이 생기면 Help! Emergency!라고 소리
지르세요.

사원: Help! Emergency! 담배 피워도 됩니까?

현배: 하하 ... 수업 중에는 절대로 금연입니다.

단어 VOCABULARY

가르치다	to teach, to instruct
갑자기	suddenly
교내	on campus; 교내 식당 campus cafeteria
금연	no smoking
급한 [그판]	urgent; 급하다 to be urgent
끝	end point; 끝까지 to the end
끝나다 [끈나다]	(Vi.) to end, to be over; 끝내다 (Vt.) to finish
끝마치다 [끈마치다]	(Vt.) to finish, to complete
나머지	the rest, the remaining
담배 피우다	to smoke a cigarette
보람있다	to be rewarding; 보람 worthwhile, rewarding
사귀다	to make (a friend)
생기다	to happen, to occur
섞다	to mix (with)
소리 지르다	to yell, to shout
손 들다	to raise a hand
아르바이트	student's part-time job; 아르바이트하다 to work part-time
아무	any; 아무 질문 any question
알아 듣다	to understand
얼마나	so (good, bad, hard, or the like), how much
열심히	diligently, hard
오전	A.M., morning
이야기하다	to have a conversation; 이야기 story, conversation
일어나다	to get up (from seat or bed); to happen, to occur, to break out
절대로 [절때로]	never, don't ever, absolutely (not)
점심	lunch
-중	during; 수업 중 during class
짐작하다 [짐자카다]	to guess, to estimate; 짐작으로 by guessing
커피	coffee
하지만	but
회사원; 사원	company employee

읽기 영어를 가르치는 법   EXTRA READING

영어를 가르칠 때 내용도 중요하지만 적절한 강의 방법도 아주
중요하다. 한국 학생들은 영어 문법 실력이 좋다. 그래서 읽기와
쓰기는 잘 한다. 그러나 듣는 것과 말하는 것은 힘들어 한다.
   현배가 가르치는 영어 시간에 학생들은 영어를 잘 몰라도
영어로만 묻고 대답한다. 주로 자기의 생활에 대해서 이야기한다.
이렇게 열심히 공부를 하면 몇 달 후에 학생들은 영어 실력이 아주
좋아질 것이다.

내용	content
문법	grammar
방법; 법	method, means
실력	knowledge; 영어 실력 command of English
적절한	appropriate; 적절하다 to be appropriate
주로	mainly, mostly
힘들어 하다	to feel difficult, to have difficulty with

문형과 문법   PATTERNS AND GRAMMAR NOTES

1. A.V. + 기로 하다   "to decide to"

   This sentence ending indicates a decision or a plan and is usually used
in the past tense. (See L11, GN1 in *College Korean*.)

과장님을 만나기로 했다.	I decided to meet the manager.
파티에 한복을 입고 가기로 했다.	I decided to wear a Korean dress to the party.
이번 학기에는 경제학을 듣기로 했어요.	I decided to take an economics class this semester.

2. a. A.V. + 자   "as," "soon after"

   b. A.V. + 자마자 . . .   "as soon as"

   -자 and -자마자 are very close in meaning, but -자마자 seems to
have more immediacy than -자. -자 cannot be used in a command or a
"let's . . ." construction.

(a) 서울에 도착하자   Shortly after I arrived in Seoul,
    은행으로 갔다.   I went to a bank.

영화가 시작하자   As the movie started, a baby started
아기가 울기   to cry.
시작했다.

(b) 그 소식을 듣자마자   As soon as I heard the news, I made
    전화를 걸었다.   a phone call.

엄마를 보자마자   The baby smiled as soon as she saw
아기가 웃었다.   her mother.

3. N. + (이)나   "just," "nothing else but . . . "

This construction has the meaning of "nothing better to do, so (I)
will just . . . "

낮잠이나 잘까.   (There's not much to do.) Maybe
                                   I'll just take a nap.

방학동안 책이나 읽으려고   I am just going to read books
해.   during the vacation.

심심해서 TV나 보기로 했다.   I was bored, and I decided just to
                                   watch TV.

4. a. 얼마나/어찌나   "It is so D.V. that . . . "
        D.V. + ㄴ/은지

얼마나/어찌나   "It was so/such D.V. that . . . "
D.V. + (었/았)던지

   b. 얼마나/어찌나   "It is such (ADV.) A.V. that . . . "
       (ADV.) A.V. + 는지

얼마나/어찌나   "It was such (ADV.) A.V. that . . . "
(ADV.) A.V. + (었/았)
던지

This construction is used for emphasis. 얼마나 and 어찌나 are gen-
erally interchangeable

(a) 나는 얼마나 급한지   I was in such a hurry that I ran out
    신발도 못 신고   without wearing shoes.
    뛰어 나갔어요.

날씨가 얼마나 추웠던지 죽을뻔 했어요.	It was so cold that I nearly died.
(b) 그 학생은 어찌나 열심히 공부하는지 잠도 많이 안 자요.	The student works so hard that he doesn't sleep much.
그 차가 어찌나 빨리 가던지 못 따라갔어요.	The car went so fast that I couldn't follow it.

5. a.   N. + 밖에 모르다   "to know/care about only,"
                                "to know nothing but"

   b.   V. + ㄴ/은/는 것밖에   "to know nothing but —ing"
        모르다

-밖에 모르다 has several meanings, depending on the context: "knows only," "is concerned only about," "cares only about," or "being interested only in."

(a) 수진이는 책밖에 몰라요.	Soojin cares only about books.
(b) 저 아이는 공부하는 것밖에 몰라.	She cares only about studying.
우리 고양이는 먹는 것밖에 몰라.	Our cat is interested only in food.

"Only" is expressed usually in two ways: with -만 or with -밖에, which must be followed by a negative (-안, 못, -지않다, 없다, or 모르다).

유럽에서 그리스와 이태리밖에 못 가 봤어요.	I have been only to Greece and Italy in Europe.
그리스와 이태리만 가 봤어요.	I have been only to Greece and Italy in Europe.
월요일에는 학교밖에 안 나가요.	The only place I go on Monday is to school.
월요일에는 학교만 나가요.	I go only to school on Mondays.
지갑에 5 불밖에 없어요.	I have only five dollars in my wallet.

저는 비타민 C밖에 먹지 않아요.	I take only vitamin C.

Note that it is incorrect to say 저는 비타민 C밖에를 먹지 않아요 or ... C를밖에 먹지 않아요, but 저는 비타민 C만을 먹어요 or 학생 모임에만 나가요 is fine.

6. V. + (어/아)도   "even if," "although," "even though"

This construction supposes a real or an unreal event/situation and draws a conclusion. When it is used with 아무리... (어/아)도, it means "no matter how . . ."

급한 일이 있어도 전화가
   없어서 연락할 수
   없어요.
	Even if there's an emergency, I
	   can't contact you because I
	   have no phone.

친구를 사귀어도 자주 만날
   수 없어요.
	Although I make friends, I can't
	   meet with them often.

아무리 추워도 나가야 돼요.	No matter how cold it is, you/I have to go out.

연습 EXERCISES

A. 본문을 읽고 질문에 대답하십시오.
Answer the questions based on the reading.

1. 현배는 어디에서 점심을 먹었습니까?
2. 현배는 화요일과 목요일 오후에 무엇을 합니까?
3. 현배는 왜 영어를 가르치는 것이 보람있다고 했습니까?
4. 급한 일이 생기면 어떻게 해야 합니까?
5. 한국 학생들이 영어를 배울 때 무엇은 잘하고 무엇은 힘들어 합니까?

B. 주어진 문형을 사용하여 대답하십시오.
Respond to the following questions using the given patterns.

1. 크리스마스 때 무엇을 할거예요? (-기로 하다)
2. 서울에 도착하면 무엇을 하겠어요? (-자 마자)
3. 집에 가서 뭐 하시겠어요? (-(이)나)
4. 지금 읽는 책이 어때요? (얼마나 ... ㄴ/은/는지)

5. 한국 영화배우를 많이 아세요? (-밖에 모르다)
6. 같은 학교에 다니는 창수를 자주 만나세요? (-(어/아)도)

다음 문장을 완성하십시오.
Complete the sentences.

7. 영어를 가르치는 것이 힘들어도 _____.
8. 시험 때문에 아무리 바빠도 _____.
9. 운동을 많이 해도 _____.
10. 집에 돌아오자마자 _____.
11. 한국에서 온 친구를 만나자마자 _____.

C. 단어 연습 Vocabulary Exercises

1. 알맞은 동사와 연결하십시오.
   Connect with the appropriate verb.

   예:한국말을 몰라서 무슨 말인지 ──────── 짐작했다

   a. 수업시간에 새 친구를   못 알아 들었다
   b. 교수님의 강의를   머물고 있다
   c. 급한 일이 갑자기   좋아졌다
   d. 기숙사에   사귀었다
   e. 회사원들의 영어 실력이   생겼다

2. 알맞은 단어를 골라 문장을 완성하십시오.
   Complete the sentences with the appropriate word.

   ┌───┐
   │ 금연, 끝마치다, 들다, 섞다, 일어나다, 힘들다 │
   └───┘

   a. 담배를 피우지 마세요. 저기 "_____" 사인이 있어요.
   b. 모르는 것이 있으면 손을 _____세요.
   c. 한국어 숙제를 _____고 무엇을 할거니?
   d. 의자에서 천천히 _____세요. 빨리 _____면
      어지러워요. (어지럽다 to be dizzy)
   e. 샐러드를 만들 때 여러 가지 야채를 _____면
      좋아요.
   f. "학교에 다니면서 *아르바이트하기가* _____어요?"
      "아니오, 쉬워요."

3. 다음 경우 어떻게 말하겠습니까? 다음 표현들을
    사용하여 말해 보십시오.
    How would you speak on different occasions? Use the expressions given.

    > 실례지만, 죄송하지만, -(어/아)도 돼요?, 괜찮아요?

    예:(길을 물어 볼 때) 실례지만 여기서 서울역을
    어떻게 가요?

    a. (교실에서 일찍 나가야 할 때)
    b. (대화 중에 대화를 빨리 끝내야 할 때)
    c. (남의 전화를 써야 할 때)
    d. (담배를 피우고 싶을 때)

4. 주어진 부사를 사용하여 질문에 대답하십시오.
    Answer the questions with the given adverbs.

    a. 교실에서 담배 피워도 돼요? (절대로)
    b. 극장에 빈 좌석이 많았어요? (별로)
    c. 점심 식사하러 같이 나가시겠어요? (먼저)
    d. 학생들은 오후에 무엇을 합니까? (주로)

5. 다음 질문에 '나머지'를 써서 대답하십시오.
    Answer the following questions using 나머지 "the remainder."

    a. 현배는 오늘 9시부터 12시까지 한국어 수업이 있습니다.
        나머지 시간에 무엇을 하겠습니까?
    b. 현배는 환전소에서 100불을 바꿨습니다. 그 중 30불을
        썼습니다. 나머지 돈으로 무엇을 하겠습니까?
    c. 강의실에 학생이 8명 있습니다. 그 중 5명은 미국에서
        왔습니다. 나머지 학생들은 어디에서 왔습니까?

D. 이야기하기 Conversation Topics

1. 두 사람씩 짝을 지어 한국어 가르치는 스킷을 만들어
    보십시오. 한국어 회화 수업시간입니다. 한 학생은 한국어
    선생님이고 다른 학생은 한국어를 배우고 있습니다.
    (스킷 skit)
2. 한국어를 가르칠 때 또는 배울 때 무엇이 제일 중요하다고
    생각합니까? 중요하다고 생각하는 것을 세 가지 말해
    보십시오.

제 5 과

친구와의 대화

오늘 오후에 *카페*에서 건수형을 만나기로 했다. 건수형은 지난
여름 방학 동안 미국에 영어를 배우러 왔었다. 그때 건수형을
만났다. 건수형은 미국에서 석 달 동안 공부하고 돌아 왔는데
가끔 연락이 있었다. 형은 인류학을 전공하기 때문에 한국의
풍속에 특히 관심이 많다. 좀 일찍 약속장소에 갔는데 건수형이
아직 안 와 있었다.

　　내 *테이블* 앞에는 젊은 남자와 여자가 부모님들하고 같이 앉아
있었다. 여자는 수줍어하고 남자는 점잔을 뺐다. 서로를 잘 모르는
것 같아서 분위기가 자연스럽지 못했다. 그때 뜻밖에 낯익은 얼굴이
나타났다.

유미: 　　어머! 현배 아냐? 몰라볼 뻔 했네.[1]

현배: 　　아, 유미구나! 네가 한국에 왔다고[2] 들었는데 서울에
　　　　있는지 몰랐네 ...

유미: 　　응, 집은 부산인데, 며칠 동안 서울 이모 집에 와 있어.
　　　　넌 어떻게 왔니? 얼마 동안 있을 거야?

현배: 　　일년 동안 교환 학생으로 왔어.

유미: 　　한국 생활은 재미있니?

현배: 　　응, 한국어도 쉬워지고,[3] 친구들도 많이 사귀고 있어.

건수형: 　아, 늦어서 미안해. 한참 기다렸지?

현배: 　　아뇨. 뜻밖에 친구를 만나서 이렇게 반갑게 이야기하고
　　　　있어요. 건수형이셔.[4] 여기는 박유미구요.

건수형: 　안녕하세요? 만나서 반갑습니다.

유미:　　　네, 안녕하세요? 그런데, 죄송하지만 전 약속이 있어서
　　　　　먼저 가 봐야겠어요. 현배야, 부산에 한번 놀러 와. 이거
　　　　　내 전화번호니까 전화해. 그럼 먼저 실례하겠습니다.

건수형:　　네, 안녕히 가세요.

현배:　　　잘 가.

건수형:　　네 친한 친구니? 아주 예절 바르구나. 한국에서 지내려면
　　　　　한국 예절을 몇 가지 알아 두어야지. 윗사람들에게는
　　　　　말과 행동을 조심해서 해야 돼. 이런 것들은 다
　　　　　어른들을 존경한다는 뜻이야. 차 주문할래? 뭘 좋아하니?

현배:　　　아무거나[5] 좋아요. 형이 알아서 시켜 주세요.

건수형:　　아무거나 괜찮다고 하지 말고 네가 정해.

현배:　　　형이 어른이고 저는 형을 존경하니까 형이 결정해
　　　　　주세요.

건수형:　　농담도 잘 하는데.

현배:　　　헤헤, 그럼 *커피*로 할게요.
　　　　　아까 제 앞에 젊은 여자와 남자가 부모님 같은
　　　　　사람들하고 와서 같이 앉아 있었는데 아주 얌전했지만
　　　　　좀 어색했어요. 무슨 일인가요?[6]

건수형:　　하하... 맞선 보는 걸 봤구나. 여기선 흔히 볼 수 있는
　　　　　일이야.

단어　　　　　　　　　VOCABULARY

가끔	sometimes, once in a while
건수	Geon-su (man's name)
결정하다	to decide, to decide on;　결정 decision
관심	interest;　관심 있다 to be interested
교환 학생	exchange student;　교환하다 to exchange
그런데	by the way
나타나다	to appear
남자	man, male
낯익다 [난닉따]	to be familiar with (a face)
농담	joke

돌아 오다	to return, to come back; 돌아 가다 to return, to go back
뜻밖에 [뜯빠께]	unexpectedly
말다	not to do; 하지 말아. Don't do.; 가지 마세요. Don't go.
맞선	meeting prospective mate face to face; (맞)선보다 to meet face to face (for marriage purposes)
반갑게	gladly; 반갑다 (Vi.) to be glad (to see, to hear, or to meet)
분위기 [부뉘기]	ambience, atmosphere
빼다	to pull out; 점잔을 빼다 to act dignified
서로	mutually, to each other
석 달	three months
수줍어하다 [수주버하다]	to feel shy; 수줍다 to be shy
시키다	to order (food); to make (a person do); 알아서 시키다 to figure out and order (food); to make (a person do)
약속	promise, appointment
얌전하다	to be well-mannered, to be poised, to be demure
어른	adult, older person
어머!	expression of surprise (usually used by female)
어색하다	to be unfamiliar, to be unnatural, to be awkward
여자	woman, female
연락 [열락]	connection, contact; 연락하다 to get in touch, to contact
예절	etiquette, manners; 예절 바르다 to have good manners
윗사람	superior person, elderly person
유미	Yu-mi (woman's name)
이모	mother's sister; 고모 father's sister
인류학 [일류학]	anthropology
일찍	early
자연스럽다	to be natural; 자연 nature
장소	place; 약속장소 appointment place
전공하다	to major in; 전공 major, specialty
점잔을 빼다	to put on dignified air
정하다	to decide on, to choose

조심하다	to be careful; 조심 caution, prudence
존경하다	to respect; 존경 [종경] respect
좀	a little; please
죄송하다	to be or feel sorry; 죄송하지만 Excuse me, but . . .
주문하다	to order (food)
주일	week; 이 주일 two weeks
친하다	to be close to (as a friend)
카페	cafe, coffee shop; 다방; 찻집 tearoom
특히 [트키]	especially
풍속	custom
한참	for a long while
행동	behavior, act; 행동하다 to behave, to act; 말과 행동 words and deeds
흔히	frequently, commonly

문형과 문법   PATTERNS AND GRAMMAR NOTES

1. (하마터면)   "almost," "nearly," "a close call"
   A.V. + ㄹ / 을 뻔하다

When used with 하마터면, this construction intensifies the near occurrence of an event that could have happened.

못 알아볼 뻔했다.	I almost didn't recognize you.
교차로에서 사고가 날 뻔했다.	I nearly had an accident at the crossroads.
하마터면 비행기를 놓칠 뻔했다.	I almost missed the airplane.
차 사고가 나서 하마터면 죽을 뻔했다.	I almost died because of the car accident.

2. Indirect statements

An indirect statement is one in which the speaker is reporting something that was said by another individual. (This form of speech, called indirect speech, is also referred to as reported speech.)

The basic ending for indirect statements, -다고 하다, changes depending on the tense of the statement that is being reported. It also

changes depending on whether a descriptive or an action verb was used
in the statement that is being reported.

a.	Present	D.V. + 다고 하다
		A.V. + ㄴ/는다고 하다
		N. + (이)라고 하다
b.	Past	V. + 었/았다고 하다
		N. + (이)었다고 하다
c.	Future	V. + ㄹ/을 거라고 하다
		N. + 일 거라고 하다

(a) 그 아이는 키가
    크다고 해요.

They say that the child is tall.

그 분이 한국에
    간다고 한다.

They say that he is going to
    Korea.

그래서 요즘 한국
    책을 많이
    읽는다고 한다.

They say that, therefore, he is
    reading many Korean books
    these days.

올해는 빨간 색이
    유행이라고 해.

It is said that red is in fashion
    this year.

꽃무늬 스카프도
    인기라고 해.

It is said that floral scarves are
    popular.

(b) 론은 네 살 때 키가
    작았다고 해요.

They say that Ron was short when
    he was four years old.

그 분이 한국에
    가셨다고 한다.

They say that he went to Korea.

한국 역사 책을 많이
    읽었다고 한다.

They say that he read many Korean
    history books.

작년에도 빨간 색이
    유행이었다고 해.

They say that red was also in
    fashion last year.

꽃무늬 스카프도
    인기였다고 해.

They say that floral scarves were
    popular, too.

(c) 지나는 장래에 키가
    클 거라고 해요.

They say that Ji-na will be tall in
    the future.

그 분이 한국에 가실 거라고 한다.	They say that he will go to Korea.
그 분이 책을 많이 읽으실 거라고 한다.	They say that he will read many books.
내년에는 노란 색이 유행일 거라고 해.	They say that yellow scarves will be in fashion next year.

(See L6, GN4 for more on indirect speech types—command, question, and "let's." See L9, GN5 for a summary of indirect speech endings and L20, GN1 for their short forms.)

3. a. D.V. + (어/아)지다   "is becoming . . . ," "is getting . . . "

    b. A.V. + (어/아)지다   "is be —ed." "is (happening) . . . ,"

This helping verb, -(어/아)지다, has two main functions. When used with a descriptive verb, it indicates the changes occurring to the state or condition of the subject. When used with an action verb, it turns an active sentence into a passive sentence or indicates that something is happening automatically. (See the helping verb chart in L14, GN7.)

Dictionary Form	*With* (어/아) 지다	*Examples*
(a) 쉽다	쉬워지다	일이 쉬워진다. The work is getting easy.
덥다	더워지다	날씨가 더워진다. The weather is getting warm.
깨끗하다	깨끗해지다	공기가 깨끗해졌다. The air has gotten clean.
복잡하다	복잡해지다	길이 복잡해진다. The street is getting crowded.
빨갛다	빨개지다	하늘이 빨개진다. The sky is turning red.
젊다	젊어지다	저 여자는 젊어졌다. She is looking younger. (literally "She has become young.")

(b) 쓰다   써지다   연필이 잘 써진다
                          The pencil writes well.

    지우다   지워지다   글씨가 지워졌다.
                          The characters were erased.

    넘다   넘어지다   나무가 넘어졌다.
                          The tree has fallen.

4.   Person N. + (이)셔   "This is . . . (HON.)"
     or (이)세요

The casual and intimate ending -(이)셔 is the contraction of -(이)시어, which means "this is so-and-so (HON.)" or "I present (HON.) . . ."

승준 형이셔.   This is (my) older brother,
                          Seung-joon.

우리 할아버지셔.   This is my grandfather.

5.   Expressions for "any" or "every"

    a.   아무 N. + (이)나   "any N."

    b.   아무/누구/무엇/   "anyone," "everyone," "anything,"
         어디/언제 + (이)나   "anyplace/everywhere," "anytime"

When a noun is preceded by 아무 and followed by -(이)나, it means "any," as in 아무 책이나 "any book" or 아무 지도나 "any map." When the particle -(이)나 is attached to a question word, 아무, 누구, 무엇, 어디, or 언제, it becomes like a pronoun: 아무나 "anyone," 누구나 "everyone," 무엇이나 "anything/everything," 어디나 "anyplace/any-where," or 언제나 "anytime/whenever." (For more on "any" or "every," see L10, GN4.)

(a) 방학동안에 아무   During vacation, I'll do any kind
      일이나 하겠어요.   of work.

어떤 색깔 셔츠를   What color shirt would you like?
드릴까요?

아무 거나 주세요.   Please give me any color.

무슨 영화 볼래?   What do you want to see?

아무 영화나 볼래.   I'll watch any movie.

(b) 누구나 시를 쓸 수   Anyone can write a poem.
      있다.

미국은 무엇이나 발달됐다.	In the United States, everything is developed.
봄에는 어디나 꽃이 핀다.	In the spring, flowers bloom everywhere.
언제나 바다에 가면 배들을 볼 수 있다.	Whenever you go to the ocean, you can always see boats.

6. a. N. + 인가요?   "is it . . . ?"

   b. D.V. + ㄴ / 은가요?   "is it . . . (adjective)?"

   c. A.V. + 나요?   "is it . . . (action verb)?"

These question endings indicate that the speaker wants a confirmatory (yes or no) answer. Note that 있다 and 없다 end in -나요, as in -있나요? or -없나요?

(a) 오늘이 노는 날인가요?	Is today a holiday?
이분이 선생님 인가요?	Is he a teacher?
(b) 날씨가 추운가요?	Is the weather cold?
집이 넓은가요?	Is the house roomy?
(c) 한국어를 배우나요?	Are you learning Korean?
요즘 무슨 책을 읽나요?	What books are you reading these days?
동생이 있나요?	Does he have a younger sibling?

연습 EXERCISES

A. 본문을 읽고 질문에 대답하십시오.
Answer the questions based on the reading.

1. 현배는 건수형과 어떻게 알게 되었습니까? (알게 되다 to get to know)
2. 현배가 앉은 *테이블* 앞에는 어떤 사람들이 있었습니까?
3. 유미는 왜 서울에 와 있습니까?

   4. 현배는 지금 한국에 왜 와 있습니까?
   5. 유미는 왜 먼저 실례했습니까?
   6. 건수형은 현배에게 무엇을 가르쳐줬습니까?

B. 주어진 문형을 사용하여 대답하십시오.
   Respond to the following questions using the given patterns.

   1. 개학식에 늦지 않았어? (하마터면 -ㄹ/을 뻔하다)
   2. 현배는 어디에 살아요? (-다고 하다)
   3. 요즘 한국어 공부가 어때요? (-(어/아)지다
   4. 저기에 계시는 분은 누구세요? (-(이)셔)
   5. 어떤 차를 좋아해요? (아무 -(이)나)
   6. 그 분들이 맞선을 보는가요? (-것 같다)

   주어진 문형을 사용하여 문장을 바꾸십시오.
   Change the sentences using the given patterns.

   7. -라고/다고 하다

      예: 오늘이 개학식 날이다. ⟶ 오늘이 개학식 날이라고
                                          한다.

      a. 기숙사에 사는 학생이 많다.
      b. 서울은 조선의 수도였다.
      c. 현배는 미국에서 왔다.

C. 단어 연습   Vocabulary Exercises

   1. 알맞은 부사를 골라 질문에 대답하십시오.
      Answer the questions with an appropriate adverb.

      ┌─────────────────────────────┐
      │ 흔히, 특히, 한참, 뜻밖에   │
      └─────────────────────────────┘

      a. 오늘 길에서 누구를 만났어요?
      b. 사람들은 어디에서 맞선을 봐요?
      c. 한국어를 배울 때 무엇이 힘들어요?
      d. 늦게 와서 미안해요. 얼마나 기다렸어요?

   2. 알맞은 동사를 골라 문장을 완성하십시오.
      Complete the sentences with the appropriate verb.

      ┌───────────────────────────────────────┐
      │ 어색하다, 수줍어하다, 낯익다, 잊어버리다, │
      │   교환하다, 존경하다, 조심하다   │
      └───────────────────────────────────────┘

a. 동생은 한국어가 서툴러서, 한국말로 쓴 편지가
  좀 _____.
b. 우리는 성탄절에 친척들과 $5 짜리 선물을
  _____. (성탄절 Christmas)
c. *커피숍*에서 만난 여자는 참 _____.
d. 어제 _____고 전화를 못 해서 미안해요.
e. 제 친구 영아는 얌전하고 _____.
f. 아기들을 볼 때는 다치지 않게 _____.
  (아기를 보다 to baby-sit, 다치다 to get hurt)
g. 저는 제 부모님을 누구보다도 _____.
  (누구보다도 more than anyone)

3. 알맞은 단어를 골라 문장을 완성하십시오.
  Complete the sentences with the appropriate word.

  ┌───┐
  │ 원래, 예절, 점잔, 행동, 분위기, 인류학, 풍속, 맞선 │
  └───┘

a. 한국에서는 _____ 보고 결혼하는 사람이 지금도
  많다. (결혼하다 to marry)
b. 처음에는 한국의 예절과 _____이 어색해서
  힘들었어요.
c. 이 *카페*는 _____가 좋아요.
d. _____은 인류의 문화와 풍속을 공부하는
  학문이에요. (인류 human, 학문 study)
e. 영희는 사람들 앞에서 말과 _____이 자연스러워요.
f. 윗사람 앞에서 _____이 있어야 돼요.
g. 회사 사장님들은 회사원들 앞에서 _____을 빼요.

D. 이야기하기   Conversation Topics

1. 한국에 가 봤습니까? 한국의 어떤 풍속이 특이했습니까?
  특이한 풍습이나 예절을 세 가지 이야기해 보십시오.
  (특이하다 to be unique)
2. 한국의 맞선 보는 풍속이 미국의 blind date와 같습니까?
  다르면 어떻게 다르다고 생각합니까?
3. 학생이 맞선을 본다면 어떠한 남자/여자를 만나면
  좋겠습니까?

제 6 과

추석

한국에서 가장 중요한 명절은 설과 추석이다. 설날은 새해를
맞이하는 정월 초하루이고 추석은 음력 팔월 십오일이다. 음력은
보통 양력보다 한 달이나 두 달쯤 늦어지므로[1] 추석은 양력으로
구월이나 시월이 된다. 추석 때가 되면 무덥던 날씨가 시원해진다.
산에는 단풍이 들어 경치도 아름답다. 게다가 추수가 끝나서
곡식과 과일 등이 풍부하다. 그래서 추석은 미국의 추수감사절과
비슷하다고 한다.

　차례를 지내는 것은 추석의 중요한 행사이다. 아침에 친척들이
모여 차례를 지낸 후 성묘를 하러 간다. 그래서 이날은 서울 거리가
텅 비지만 지방으로 내려 가는[2] 고속 도로는 꽉 막혀서 차들이
꼼짝도 못한다.[3] 어떤 때는 차 속에 앉아서 몇 시간을 보낸다.

룸메이트:　이번 금요일이 추석이라 강릉에 계신 큰아버지께서
　　　　　내려 오라고[4] 하셨어. 친구와 같이 와도 좋다고
　　　　　하셨는데 같이 안 갈래?

현배:　　　그래? 강릉이 여기서 머니?

룸메이트:　강원도에 있는데 꽤 멀어. 서울에서 동쪽으로 다섯
　　　　　시간쯤 걸릴거야.

현배:　　　야 신난다! 그런데 큰아버지께 실례가 안 될까?
　　　　　추석에는 무슨 특별한 행사가 있니?

룸메이트:　나도 추석은 처음이어서 잘 모르겠어. 차례가 있나봐.
　　　　　그리고 근처 산에 있는 할아버지 할머니 산소에도
　　　　　간다고 해.

현배:　　　송편도 먹겠네! 미국에서 추석 때 송편 먹던
　　　　　생각이 난다.

룸메이트:	내일 수업 끝나고 두 시쯤 떠나자. 우리 강릉 가는 김에[5] 설악산까지 갔다 올까? 며칠 놀러 갔다 와도 되니?
현배:	요즘 숙제가 많아서 좀 바쁜 편이지만,[6] 갔다 와서 하면 되겠지 뭐.

추석날 계수나무 밑에서 떡방아 찧는 토끼

Rabbits Making Rice Cake under the Cinnamon Tree

The legend tells us that what we see on the full moon is a couple of busy rabbits. Under a cinnamon tree, they are pounding rice in a wooden mortar to use in preparing for Ch'usŏk's rice cake. (계수나무 cinnamon tree, cassia tree; 떡방아 rice-flour mill; 떡방아 찧다 to pound rice into flour; 찧다 to pound; 토끼 rabbit)

단어   VOCABULARY

가을	autumn
가장; 제일	the most
강릉 [강능]	city of Kangnŭng in Kangwŏn Province
거리	streets; 서울 거리 streets of Seoul
게다가	in addition, moreover (short form of 거기에다가)
경치	scenery
곡식	grains, food
과일	fruit
근처	vicinity, nearby place
꼼짝 못하다	can't move a bit; 꼼짝 하다 to budge, to stir
꽉	fully, tightly
꽤	quite, rather
내려 가다	to go down; 올라 오다 to come up, to rise
늦어지다	to become late
단풍이 들다	to change to fall colors
달	month
등	et cetera, and so on
떠나다	to leave
-마다	each, every
막히다	(Vi.) to be blocked; 막다 (Vt.) to block, to stop
맞이하다	to welcome, to face
명절	holiday
무덥다	to be humid and hot
비슷하다	to be similar, to be alike
산소	graves, cemetery (HON.)
새해	new year
생각이 나다	to occur to one, to think of, to remember; 생각 thoughts
설; 설날	New Year's Day
설악산	Sŏrak Mountains on the eastern coast
성묘하다	to visit grave to pay respect to ancestor
송편	rice cake (sweet-filled); 떡 rice cake (any kind)
신난다!	Exciting! Super! Cool!; 신난다 to be excited
양력 [양녁]	western calendar
음력 [음녁]	lunar calendar

-(이)나	either-or, and, as well
정월; 일월	January
준비하다	to get ready, to prepare
지방	local area, region, the country
차례	memorial service for ancestors on New Year's Day and Ch'usŏk; 차례 지내다 to have memorial service on New Year's Day and Ch'usŏk; 제사 memorial service (in general); 제사 지내다 to have memorial service
초하루	first day of the month
추석	Harvest Festival Day (August 15 on lunar calendar)
추수	harvest; 추수하다 to harvest
추수감사절	Thanksgiving
친척	relative, family member
큰아버지	father's older brother
텅 비다	totally or completely empty
특별한	special; 특별하다 to be special; 특별히 specially
풍부하다	to be plentiful, to be abundant
한 두 달	one or two months
행사	event

문형과 문법 PATTERNS AND GRAMMAR NOTES

1. a. V. + (으)므로 "because," "as," "for," "since," "for being . . ."

   b. N. + (이)므로 "because it is . . ."

This causal connective (으/이)므로 is rarely used colloquially. Other causal connectives, -(으)니까, -기 때문에, -(어/아)서, and -(으)니, are used in spoken language. These causal connectives are not always interchangeable.

(a) 파올로의 생일은 형 생일보다 두 달쯤 늦으므로 9월이다. Since Paolo's birthday is about two months behind his older brother's, it's in September.

가을 날씨가 좋으므로 관광객이 많이 온다.	Since the fall weather is good, many tourists are coming.
아버님이 오셨으므로 그날은 일찍 집에 가기로 했다.	Since my father was visiting, I decided to go home early that day.
(b) 사흘 있다면 명절이므로 길이 막힐 거다.	Because the holiday starts in three days, the roads will be jammed.
내일이 추석이므로 할머니 댁에 가야 한다.	Because tomorrow is Ch'usŏk, I must go to Grandmother's house.
내일부터 휴가 이므로 오늘 일을 끝마쳐야겠다.	Since my vacation begins tomorrow, I have to finish the job today.

2. 내려가다 versus 올라가다   "to go down" versus "to go up"

When one goes to the capital city of Seoul, it is said that one "goes up" to Seoul, and when one goes from Seoul to another area, it is said one "goes down" to that area. Similarly, one 들어 가다 "goes into" the city and 나가다 "goes out" to a suburb.

할머니께 인사하러 지방에 내려가는 길이에요.	I am on my way down to the country to visit my grandmother.
일하러 서울에 올라가는 길이에요.	I am going up to Seoul in order to work.
옷을 사러 시내에 들어갔어요.	I went into the city (downtown) to buy clothes.
주말에 시외로 드라이브 나갔어요.	I went out to the suburbs for a drive over the weekend.

3. Adverb 꼼짝   "a tiny bit (of motion)"

꼼짝 is generally used with a negative—for example, 안 and 못 or with the negative ending 없다, 말다, or -지 않다. It may be used positively, however, in a question. (Certain adverbs may be used only in the negative. See L20, GN2 for more on negative adverbs.)

꼼짝도 안 한다.	It does not move, even a little bit.
꼼짝 할 수 없다.	I am not able to move at all/even a little bit.
나는 요즘 바빠서 꼼짝도 못한다.	Because I am busy these days, I can't go out at all.
꼼짝 말아라!	Don't move!
그 차 속에서 꼼짝 할 수 있니?	Can you move at all in the car?

4. More on indirect speech types: command, question, and "let's"
    (See L9, GN5 for a summary of indirect speech endings.)

    a.   Indirect commands   "(they) tell/ask/order to do . . . "
                                              "(they) tell/ask/order not to . . . "

A.V. + (으)라고 하다

A.V. + 지 말라고 하다

An indirect command is one in which the speaker is reporting a directive that is being given by someone else. (See L5, GN2 for indirect statements.)

이리 오라고 한다.	(He) tells (us) to come here.
이 책을 읽으라고 했어요.	(He) told (me) to read this book.
여기로 오라고 해서 왔어요.	I was told to come here, so I came.
박 과장님을 찾으라고 했어요.	I was told to find Manager Park.
학교 *컴퓨터*를 사용하지 말라고 해요.	(He) tells me not to use the school computer.
두 사람을 비교하지 말랬어요.	(He) told me not to compare the two people with each other.

When an indirect command ends in -(어/아) 주다, 드리다 (for honorific), or -(어/아) 달라다, the speaker must consider who is commanding whom and the relationships among the speaker, the addressee, and the person spoken of, as in the following contexts:

(선생님이 나에게) 동생에게 책을 읽어 주라고 하셨어요.	(My teacher told me) to read books to my younger brother.
(선생님이 나에게) 어머니한테 전화 걸어 드리라고 하세요.	My teacher tells (me) to call my mother.
선생님께서 로사에게 내일 전화를 걸어 달라고 하셨어.	Her teacher asked Rosa to call her tomorrow.
아들이 아버지에게 컴퓨터를 사 달라고 했어.	The son asked his father to buy him a computer.

b. Indirect questions   "(Someone) asks whether/if . . . "

D.V. + (으)냐고 하다
A.V. + (느)냐고 하다
N. + (이)냐고 하다

Indirect questions are ones in which the speaker is reporting a question that is being asked by another individual. -(으)냐고 하다 is used after descriptive verbs, and -(느)냐고 하다 is used after action verbs. 으 and 느 may be dropped for some verbs. For example, one may say 길이 좁냐고 한다 or 길이 좁으냐고 한다 "(Someone) asks if the road is narrow," and 지금 눈이 오냐고 한다 or 지금 눈이 오느냐고 한다 "(Someone) asks whether it's snowing now."

방이 넓으냐고 해요.	(He) asks if the room is spacious.
언제 오냐고 해요.	(He) asks (me) when I will come.
언제 밥을 먹(느)냐고 했어요.	(He) asked when we are eating.
내일이 초하루냐고 했어요.	(He) asked whether tomorrow is the first of the month.

어제가 그믐이었냐고	(He) asked whether yesterday was
했어요.	the end of the month.
학교가 클 거냐고 해요.	(He) asks whether the school is going to be large.
언제 올 거냐고 해요.	(He) asks (me) when I will come.

c. Indirect "let's"

| A.V. + 자고 하다 | "(they) say, let's . . . " |

This construction is used only with an action verb. There are no tense changes.

| 영화 보러 가자고 한다. | (She) says, let's go to see a movie. |

5. A.V. + ㄴ/은/는 김에   "while one is at it/doing it," "since/because"

This colloquial expression is used when we say, "while we are at it, we might as well do . . . ," and use the verbal modifier ㄴ/은 or 는, depending on the tense.

| 은행에 가는 김에 서점에도 들를까? | Since we are going to the bank, shall we stop at a bookstore? |
| 뉴욕에 간 김에 자유의 여신상을 구경했다. | While we were in New York City, we toured the Statue of Liberty. |

6. a. D.V. + ㄴ/은 편이다   "to be kind of," "to be rather," "to be relatively"

  b. A.V. + ㄴ/은/는 편이다   "to be kind of," "to be rather," "to be relatively"

Used with descriptive verbs, this expression indicates that something is "relatively" or "kind of" 좋다 "good," 크다 "big," 많다 "many," and so on. For action verbs, it is often accompanied by an adverb or an adverbial phrase that modifies the verb, as in 빨리 읽는 편이다 "to read kind of fast."

| (a) 아기가 착한 편인데 피곤해서 지금 운다. | The baby is usually rather good-natured, but he is crying now because he is tired. |
| 세일인데도 비싼 편이다. | It's on sale, but it's still rather expensive. |

어려서 우리 누나는 키가 작은 편이었다.	My sister was relatively short when she was young.
(b) 수잔은 불어보다 독어를 잘 하는 편이다.	Susan speaks German somewhat better than French.
중학교 때 나는 책을 빨리 읽는 편이었다.	I read books relatively fast when (I was) in middle school.
그 사람 부자예요? 아니오. 못 사는 편이에요.	Is he rich? No, he is fairly poor.

연습   EXERCISES

A. 본문을 읽고 질문에 대답하십시오.
Answer the questions based on the reading.

1. 추석은 언제입니까?
2. 음력은 양력하고 어떻게 다릅니까?
3. 한국의 추석은 미국의 무슨 날과 비슷합니까?
4. 추석에는 어떤 중요한 행사가 있습니까?
5. 강릉은 서울의 어느 쪽에 있습니까?

B. 주어진 문형을 사용하여 대답하십시오.
Respond to the following questions using the given patterns.

1. 외국에 가면 왜 먼저 환전소에 가야 합니까? (-(으)므로)
2. 길이 왜 이렇게 막힙니까? (-(이)므로)
3. 그 자동차는 자리가 넓어요? (꼼짝)
4. 큰아버지가 뭐라고 하셨어? (-(으)라고 하다)
5. 그 사람이 뭐를 물어 봤어? (-냐고 하다)
6. 친구가 왜 전화했니? (-자고 하다)
7. 시장에 가서 무엇을 살 거예요? (-ㄴ/은/는 김에)
8. 시장에 사람이 많았어요? (-ㄴ/은/는 편이다)

다음 문장을 완성하십시오.
Complete the sentences.

9. 돈이 생긴 김에 ＿＿＿＿＿.
10. 친구를 오래간만에 만난 김에 ＿＿＿＿＿.
11. 한국어를 배운 김에 ＿＿＿＿＿.

C. 단어 연습 Vocabulary Exercises

1. 알맞은 단어를 골라 문장을 완성하십시오.
   Complete the sentences with the appropriate word.

   ┌───┐
   │ 명절, 설날, 추석, 추수감사절, 차례, 성묘, 음력, 양력 │
   └───┘

   a. 음력 8월 15일은 ＿＿＿＿이다.
   b. 이날 아침에는 ＿＿＿＿를 지낸다.
   c. 산소에 ＿＿＿＿ 하러 간다.
   d. 설날과 추석은 한국의 가장 중요한 ＿＿＿＿이다.

2. 알맞은 동사와 연결하십시오.
   Connect with the appropriate verb.

   예: 가을이 되면 과일과 곡식이 ————— 풍부하다

   a. 한국에서는 가을이 되면 날씨가   충분하다
   b. 산에 단풍이 들면 경치가   복잡하다
   c. 사우디아라비아에는 석유가   아름답다
      (사우디아라비아 Saudi Arabia, 석유 petroleum)
   d. 퇴근시간에 차가 많아 길이   풍부하다
   e. 이 차는 넓어서 다섯 명이 타기에   시원하다

3. 다음은 정도를 나타내는 부사입니다. 알맞은 부사를 골라
   질문에 대답하십시오.
   The following are adverbs indicating the "degree" or "intensity" of verbs. Answer the questions with an appropriate adverb.

   ┌─────────────────────────────────────┐
   │ 아주, 꽤, 좀, 약간, 전혀,* 별로*   │
   │ *A negative verb follows.   │
   └─────────────────────────────────────┘

   a. 강릉이 여기서 얼마나 멀어?
   b. 어제 본 영화가 어땠어?
   c. 개학식에 학생들이 많이 참석했어요?
   d. 그 회사원들은 영어를 열심히 배워요?
   e. 한국의 여름 날씨가 무덥지요?

4. 아미와 친구는 추석날 아침 강릉으로 출발했습니다. 알맞은 단어를 골라 대화를 완성하십시오.
   A-mi and her friend left for Kangnŭng on Ch'usŏk day. Complete the dialogue with the appropriate verbs.

   ┌─────────────────────────────────────┐
   │ 텅 비다, 막히다, 꼼짝도 못 하다   │
   └─────────────────────────────────────┘

   a. 아미: 길이 왜 이렇게 _____?
      친구: 오늘이 추석이라 벌써 모두 지방에 내려 갔나 봐.
   b. 아미: 어제 라디오에서 고속 도로가 아주 많이

      _____.
      친구: 지난 여름 방학 때 바다에 가다가 차 속에서
      _____고 세 시간을 보냈어.
   c. 아미: 차 속에 앉아서 휴가를 보낼 뻔했군.
      친구: 하하하.

5. 초대할 때 뭐라고 하겠습니까? 주어진 단어를 써서 말해 보십시오.
   What would you say if you wanted to invite your friends? Please use the words below.

   ┌──┐
   │ *터키, 선물, 파티, 음료수, 식당, 저녁, 음식, 가족,* │
   │ *사진 찍다* (*터키* turkey, 음료수 drink, 음식 food, │
   │   가족 family, 사진 찍다 to take a picture)   │
   └──┘

   a. 추수감사절에
   b. *크리스마스* 때
   c. 졸업식 때
   d. 생일날 때
   e. 점심을 같이 먹으려고 할 때

D. 이야기하기 Conversation Topics

   1. 추수감사절에 무엇을 준비합니까? 다섯 가지 음식 이름을 말해 보십시오. 그 중에 한 가지 음식 만드는 법을 설명해 보십시오.
   2. 추석이나 추수감사절에 집에 가서 무엇을 했습니까? 또는 무엇을 하겠습니까?

제 7 과

강원도와 신사임당

현배는 친구와 함께 친구의 큰아버지 댁이 있는 강릉에 갔다. 강릉 고속 *버스 터미널*에 도착하니까 친구의 큰아버지께서 벌써 나와서 기다리고 계셨다. 큰아버지께서는 두 사람을 보고 참 반가워 하셨다.

친구 큰아버지: 강릉까지 왔으니까 설악산도 가 봐야지?[1] 두 시간이면 가니까. 요즘 단풍이 한창일 텐데.[2]

친구: 네, 여기 오기 전에 현배하고 설악산에 같이 가자고 얘기했어요.

현배: 지도를 보니까 강원도에는 산이 정말 많은가 봐요.[3] 그리고 이 지방은 산도 아름답지만 바닷가도 아주 아름답다는 얘기를 많이 들었어요.

친구 큰아버지: 그래. 강원도는 자연이 아름다워서 관광 산업이 발달했지. 여름에는 수영을 하러 바닷가에 오는 사람이 많고 가을에는 단풍을 보러 사람들이 많이 와.

현배: 큰아버지, 강릉에는 특별한 것이 뭐가 있어요?

친구 큰아버지: 글쎄 . . .

친구: 예쁜 호수가 바로 바닷가에 있잖아요. 소나무도 많고요. 소나무 사이로 호수에 달이 뜨는 것이 인상적이었어요.[4]

친구 큰아버지: 자연도 아름답지만 유명한 사람도 많지. 신사임당 처럼[5] 역사적으로 유명한 분도 있고. 아마 한국 사람이라면 누구나[6] 다 알고 있을 거야.

61

신사임당

신사임당은 지금부터 약 오백년 전에 (1504–1551) 강릉에서 한
양반 집의 외동딸로 태어났다. 그 당시 여자들은 남자처럼 자유롭게
공부할 수 없었다. 그러나 신사임당의 부모님은 신사임당이 어렸을
때부터 글과 그림을 가르쳤다. 신사임당은 학문에 재주가 있었으며,
좋은 시도 쓰고 아름다운 그림도 많이 그렸다. 특히 포도와
풀벌레를 그리는 솜씨가 뛰어났다. 신사임당은 부모님에게 효도하고
남편을 잘 돕고 아이를 잘 기른 현모양처의 모범이다. 한국에서
유명한 학자인 이율곡* 이 바로 신사임당의 아들이다.

*Yi Yul-gok (1536–1584) was the son of Shin Saimdang and Yi Wŏn-su, a local
official. He was born Yi I, pronounced [e-e]; Yul-gok is his pen name. Yi Hwang
(pen name T'oe-gye) and Yi I are considered the finest scholars of the Chosŏn
dynasty; from them came Korea's later intellectual heritage. Yi I had an illustri-
ous public career; he was revered as a philosopher and a man of practical affairs.

단어	**VOCABULARY**
고속 버스	express bus
관광	tour, tourism; 관광 산업 tourist industry
그리다	to draw, to paint
그림	drawing, painting
글	writing
글쎄	Well, Let me see
기르다	to raise (a child), to grow
나오다	to come out
남편	husband; 부인 wife
단풍	fall colors; maple (leaves); 단풍철 fall season
달	moon; 달이 뜨다 the moon rises
당시	at that time
-댁	house, residence (HON.)
돕다	to help; 도움 help, aid
뛰어나다	to be outstanding
뜨다	to rise, to come up, to float
모범	model, good example
바닷가; 해변	beach
바로	just, exactly; 바로 이것 exactly this one; 곧바로 immediately

반가워하다	(Vt.) to be glad, to rejoice; 반갑다 (Vi.) to be glad
발달하다 [발딸하다]	to develop; 발달되다 to be developed; 발달 development
사이	between, gap; relationship
산업	industry; 수산업 marine industry
소나무	pine tree
솜씨	skill (mostly manual skills)
수영	swimming; 수영하다 to swim
시	poem, poetry
아이	child, kid
양반	*yangban* class, nobility
얘기	story, tale, talk, news (short form of 이야기); 얘기하다 to say
어렸을 때	when one was young
역사적으로	historically
예쁜	pretty; 예쁘다 to be pretty
외동딸	only daughter; 외동아들/외아들 only son
유명하다	to be famous
인상적	impressive
자연	nature
자유롭게	freely; 자유 freedom; 자유롭다 to be free
재주	talent; 재주가 있다 to be talented
지도	map
-처럼	like; 남자처럼 like a man
터미널	bus terminal; 고속 버스 터미널 express-bus terminal
포도	grapes
풀벌레	plant insect/bug; 쌀벌레 rice bugs
학문 [항문]	learning, study, scholarship, academic studies, academic learning
학자	scholar
한창이다	to be in the prime of, to be in full (bloom, color)
현모양처	wise mother and good wife
호수	lake
효도	filial piety

서당 (김홍도 18세기)

Old Schoolhouse (by Hong-do Kim, eighteenth century)

읽기   설악산 관광객이 점점 늘어요   EXTRA READING

영동 고속 도로 공사가 끝나서 설악산에 관광객이 많이 늘고 있다.
설악산은 한국의 가장 유명한 관광지 중의 하나이지만, 고속 도로가
좁아서 교통이 불편했다. 여름의 휴가철에는 서울에서 강릉까지
고속 버스로 보통 열 시간 이상 걸렸다.

그러나 이 공사로 영동 고속 도로가 두 줄에서 네 줄로 늘어서
서울에서 강릉까지 차로 다섯 시간이면 갈 수 있다. 그 동안 복잡한
교통을 피해서 설악산을 안 가본 사람들도 올 가을에는 단풍 구경
을 하려고 설악산으로 많이 갈 것 같다.

공사	construction work
관광객	tourist
관광지	tourist place
그 동안	in the mean time
늘다	to increase; 늘리다 to widen, to make it increase
도로	(paved) road
보통이다	to be usual, to be common
불편하다	to be uncomfortable, to be inconvenient
영동 고속 도로	Yŏngdong Expressway (from Seoul to Kangnŭng)
-이상	more than, above, over
좁다	to be narrow
줄	lane, line; 두 줄 two lanes, two lines
-중에	among, between
피하다	to avoid
휴가(철)	vacation (season)

문형과 문법   PATTERNS AND GRAMMAR NOTES

1. A.V. + (어/아) 봐야지요   "should (try) . . . ,"

"must (try to) . . . "

This pattern expresses the speaker's intention to try to do something.
It means "I will certainly try . . . " or "I should try . . . "

설악산에도 가 봐야지요.	I should (try to) go to the Sŏrak Mountains.
신사임당의 시를 읽어 봐야지.	I must (try to) read Lady Shin Saimdang's poems.
그림도 구해 봐야지.	I must try to find her paintings.

Note that -(어/아)야지 expresses the intention of the speaker, as in
"I should" or "I must."

지금 집에 가야지.	I should go home now.
밥 먹어야지.	I should eat.
숙제를 해야지.	I should do my homework.

The informal speech ending -지(요) can be either a statement or a question, depending on the intonation and context.

비행기표를 사지?	You will buy the airplane ticket, won't you?
한국은 추석 때에 바쁘지요.	(I'm saying that) they are busy during Ch'usŏk.

2. a. N. + ㄹ/일 텐데(요)   "I imagine," "I would think," "it must be"

   b. V. + ㄹ/을 텐데(요)   "I imagine," "I would think," "it must be"

This short connective form of -을/일 터인데 indicates the speaker's expectation or anticipation. It is derived from the verb 터이다 "to expect" and the connective -ㄴ/는데.

(a) 동부에 단풍이 한창일 텐데(요).	The fall foliage must be wonderful in the East.
오늘이 동생 생일일 텐데 *케이크*를 먹었는지 모르겠다.	Today must be my younger sibling's birthday, but I don't know whether he/she had a cake.
(b) 피곤할 텐데 자지도 않고 책을 본다.	He must be tired, but he reads on without sleeping.
날씨가 추울 텐데 반바지를 입고 돌아다닌다.	The weather should be cold, but he is walking around in shorts.

Note that V. + ㄹ/을 테니(까) means "since/because (it is expected to)." It indicates the speaker's expectation in regard to an event or an action. This construction comes from the connective (으)니까 "because" attached to the ㄹ/을 터이다 "is expected" ending.

| 걸어가야 할 테니(까) 편한 신을 신으세요. | Since we'll have to walk, please wear comfortable shoes. |

내일까지 다 마칠 테니(까) 너무 걱정하지 마세요.	I'll finish them all by tomorrow, so don't worry too much.
날씨가 추울 테니까 두꺼운 옷을 입고 나가세요.	The weather will be cold, so go out with thick (warm) clothes on.
버스 타면 늦을 테니까 지하철을 타자.	We'll be late if we take a bus, so let's go by subway.

3. D.V. + ㄴ/은가 봐요   "I think it is," "it seems"

    A.V. + 나 봐요   "I think it is," "it seems"

These endings express the speaker's supposition or guess. In this context, 있다 and 없다 are action verbs and they end in -나 봐요, as in 내일 숙제가 있나 봐요 "It seems there will be homework due tomorrow," and 그러나 시험은 없나 봐요 "but it seems there will be no test."

a. Present

    D.V. + ㄴ/은가 봐(요)   "I think it is," "it seems"
    A.V. + 나 봐(요)
    N. + ㄴ/인가 봐(요)

b. Past

    V. + 었/았나 봐(요)   "I think it was," "it seems"

c. Future

    V. + ㄹ/을 건가 봐요   "I think it will be," "it seems"

    (a) 오늘 날씨가 추운가 봐요.   I think the weather is cold today.

    경치가 좋은가 봐요.   I think the scenery is beautiful.

    그 분이 내일 한국에 가나 봐요.   I think he is going to Korea tomorrow.

    요즘 그 가수가 인기가 있나 봐요.   I think the singer is popular these days.

    여기가 강의실인가 봐.   It seems as though this is the classroom.

(b) 친구가 선물을   I think my friend bought a gift.
    샀나봐.

    수업을 어제는   It seems that the class was held here
    여기서 했나 봐.   yesterday.

(c) 내일은 날씨가 더울   It seems as though it's going to be
    건가 봐요.   hot tomorrow.

4. Adverb -적으로

-적으로 makes adverbs from Sino-Korean nouns. It is a two-step process: first, -적 makes an adjective from a noun, as in 역사적; second, -으로 is added to make an adverb, as in 전통적으로 "traditionally," 역사적으로 "historically," and so on, as illustrated below. Korean nouns are not changed in this manner. For example, the Sino-Korean noun 인간 can be changed to 인간적으로 "as a human being," but the Korean noun 사람 cannot be changed to 사람적으로.

Noun	*Adjective*	*Adverb*
역사 history	역사적 historical	역사적으로 historically
세계 world	세계적 worldwide	세계적으로 internationally
전통 tradition	전통적 traditional	전통적으로 traditionally
인상 impression	인상적 impressive	인상적으로 impressively
지리 geography	지리적 geographical	지리적으로 geographically
기계 machine	기계적 mechanical	기계적으로 mechanically

5. N. + (이)(라)면 누구/   "if . . . is, then whoever/
**   무엇 + (이)나   whatever . . . ,"/"any (person/**
                              thing) would . . ."

Literally, this expression means "if (one is) . . . , then (he/she does) . . ." Other question words, such as 어디, 언제, 어떤, or 누구, are used with this construction. (See also -든지 in L10, GN4.)

한국 음식이라면 무엇이나   If it's Korean food, I like it all.
    잘 먹는다.

그 남자는 콘서트라면   If it's a concert, he will go anywhere.
    어디나 간다.   He will go anywhere for a
                             concert.

학생이면 누구나 좋은 성적을 원한다.	Any student would want a good grade.
중년 남자라면 누구나 운동이 필요하다.	Any middle-aged man would need exercise.

6. a.   N. + 처럼   "like"

   b.   V. + ㄴ/은/는 것처럼   "as," "as though," "as well as"

Attached to a noun, -처럼 means "someone or something is like some other person or thing." Its meaning is close to -같이. When used after ㄴ/는 것, it means "as if" or "like doing."

(a) 그분은 학자처럼 연구만 한다.	Like a scholar, he does only research.
여름처럼 꽃이 한창이다.	It's like summer; the flowers are in full bloom.
언니처럼 동생도 불어를 잘 해요.	The younger sister speaks French as well as her older sister.
(b) 시를 잘 쓰는 것처럼 그림도 잘 그린다.	He paints as well as he writes poems.
한국어를 잘 하는 것처럼 영어도 잘 한다.	She speaks English as well as she speaks Korean.
성격이 좋은 것처럼 재주도 있다.	He is as talented as he is good-natured.

연습   EXERCISES

A. 본문을 읽고 질문에 대답하십시오.
Answer the questions based on the reading.

1. 큰아버지께서는 어디에서 기다리고 계셨습니까?
2. 강릉에서 무엇이 인상적이었습니까?
3. 강원도에는 왜 관광 산업이 발달됐습니까?
4. 신사임당은 왜 유명합니까?

B. 주어진 문형을 사용하여 대답하십시오.
Respond to the following questions using the given patterns .

1. 서울에 가면 뭘 할거니? (-(어/아)봐야지)
2. 설악산에 갈 때 무얼 가지고 갈까요? (-ㄹ/을 테니)
3. 개학식에 10시까지 오면 되나요? (-ㄹ/을 텐데요.)
4. 아기가 왜 웃어요? (-ㄴ/은가 봐요)
5. 저 사람은 왜 밖에서 서있어요? (-나 봐요)
6. 그 학생은 왜 비행기 표를 사요? (-ㄹ/을 건가봐요)
7. 그 배우가 얼마나 유명해요? (-(이)라면 누구나)
8. 어떤 사람과 데이트하고 싶니? (-처럼)

주어진 문형과 동사를 사용하여 문장을 완성하십시오.
Complete the sentences using the given patterns and verbs.

9. -ㄴ/은가 봐요, -나 봐요, -인가 봐요

   a. 그 분이 교수님_____. (이다)
   b. 유리는 주말에 설악산에 _____. (가다)
   c. 영식이의 여자 친구는 키가 _____. (크다)
   d. 현배는 요즘 _____. (일하다)
   e. 강릉에는 관광객이 _____. (없다)

C. 단어 연습 Vocabulary Exercises

1. 알맞은 단어를 골라 문장을 완성하십시오.
   Complete the sentences with the appropriate word.

   ┌───┐
   │ 자유롭다, 자연스럽다, 어색하다, 복잡하다, 높다, 넓다 │
   └───┘

   예: 그 호수는 바다처럼 넓다.

   a. 나는 하늘을 나는 새처럼 _____.
   b. 신사임당의 그림에 나오는 풀벌레는 살아 있는
      것처럼 _____.
   c. 관광지에 있는 그 식당은 남대문 시장처럼 _____.
      (남대문 시장 Namdaemun Market)
   d. 그 건물은 에베레스트 산처럼 _____. (에베레스트
      Mount Everest)
   e. 분위기가 선보는 것처럼 _____.

2. 알맞은 동사와 연결하십시오.
   Connect with an appropriate verb.

   예: 재주가 ————— 뛰어나다

   a. 관광업이   그리다
   b. 달이   불편하다
   c. 아이를   뜨다
   d. 친구를   기르다
   e. 그림을   돕다
   f. 침대가 (침대 bed) 발달하다

3. 질문에 간단히 대답하십시오.
   Give a short response to the questions.

   a. 미국의 유명한 관광지는 어디입니까? 세 곳을
      말해보세요.
   b. 요즘 미국에서는 어떤 산업이 발달하고 있습니까?
   c. 미국의 동부/서부의 지도에서 무엇을 많이 볼 수
      있습니까?

4. 알맞은 단어를 골라 문장을 완성하십시오.
   Complete the sentences with the appropriate word.

   > 어려서, 학자, 자유, 효도, 외동딸, 바닷가,
   > 버스 터미널

   a. 강릉 가는 고속 버스는 10 시에 _____을 출발했다.
   b. 형제가 없이 혼자인 여자아이를 _____이라고 한다.
   c. 학문을 좋아하고 열심히 연구하는 사람을 _____라고
      한다.
   d. _____에 가면 수평선을 볼 수 있다.
      (수평선 horizon)
   e. 동양에서는 전통적으로 부모에게 _____하는 것을
      중요하게 생각한다.
   f. 필그림들은 종교의 _____를 찾아서 미국으로 왔다.
      (필그림 pilgrim, 종교 religion)
   g. 모차르트는 _____부터 음악에 재주가 뛰어났다.
      (모차르트 Mozart)

5. 알맞은 "-적" 단어를 골라 넣으십시오.
   Complete the sentences with one of the -적 adjectives.

   ┌───┐
   │ 세계적, 역사적, 인상적, 개인적 (personally)   │
   └───┘

   a. 미술관에서 본 그림이 _____이었다.
   b. 인간이 달에 갔다는 것은 _____ 일이다.
   c. 한국의 전자 산업은 _____으로 유명하다.
   d. 그 사람과는 회사에서도 알지만 _____으로도
      아는 사이이다.

D. 이야기하기 Conversation Topics

   1. 자기가 사는 주에는 무슨 산업이 발달되었습니까?
      (주 state)
   2. 현대의 신사임당 같은 사람을 누구라고 생각하는지
      이야기해 보십시오. (현대 the present day)
   3. 자기에게 인상적인 여자/남자는 어떤 사람입니까?

두만강

백두산

함경북도

압록강

함경남도

압록강

평안북도

평안남도

대동강

평양

금강산

황해도

강원도

설악산

경기도

서울

강릉

한강

경인고속도로

인천

영동고속도로

충청북도

낙동강

충청남도

부여

대전

경상북도

경부고속도로

전라북도

대구

경주

호남고속도로

경상남도

광주

남해고속도로

부산

전라남도

제주시

제주도

한라산

제 8 과
과학 도시 대전

일본에서 온 겐다로는 전자 공학이 전공이다. 그래서 대전에 있는
대덕 과학 연구 단지에 가 보고 싶어했다.[1] 한국에 온 지[2] 몇 달이
되었지만 서울에서 남쪽으로 내려가 보는 것은 처음이다. 그래서
대전에 가는 김에 대전에서 가까운 부여에도 가 보기로 했다.
　　부여는 옛날 백제의 수도인데 여러 가지 구경할 것이 많을 것
같았다. 우리는 대전에서 이틀 자고, 부여에서 하루를 보내려고
한다. 서울에서 대전까지는 기차로 가고 대전에서 부여까지는 고속
버스를 타고 가기로 했다.

(서울역에서)

현배:　　　대전 왕복표 두 장 주세요.

매표원:　　몇 시 차를 타실 겁니까? 열 시, 열 두 시, 세 시
　　　　　기차가 있는데 열 시는 매진입니다.

현배:　　　그럼 열 두 시 차로 주세요.

겐다로:　　여기서 열 두 시까지 지루해서 어떻게 기다리지?

현배:　　　기차 시간까지 두 시간쯤 남았으니까 책방에나
　　　　　가면 어때?[3]

겐다로:　　그래, 좋은 생각이야.

(기차 안에서)

현배:　　　이 책 좀 봐. 『과학과 우리 생활』이라는 책인데
　　　　　미래에는 과학의 발달에 따라 우리의 경제 생활이
　　　　　굉장히 달라진대.

74

겐다로: 나도 그 쪽에 관심이 많아. 그래서 경제학과 심리학도
공부하고 있어.

현배: 그래? *컴퓨터*만이 아니고?

겐다로: *컴퓨터*에만 관심이 있는 게 아니라,[4] *컴퓨터*를 우리
생활에 어떻게 이용하는 지에 더 관심이 있어.

현배: 그럼 졸업하고 뭘 할거니?

겐다로: 투자 회사에 흥미가 있어. 그런 회사에 취직하려고
광고를 찾아 보는 중이야.[5]

현배: 그런 회사는 월급도 많이 주고 근무 시간도 짧지?
그런데 내 선배 한 분은 주식을 사서 돈을 많이
벌었다고 자랑하던데.

겐다로: 응, 투자 회사는 그런 사람들하고 많이 상대해.
그래서 그런 회사에서 일 하려면 사람의 심리를 잘
알아야 한다고 그래.[6]

단어	**VOCABULARY**
과학	science
광고	advertisement; 광고하다 to advertise
근무 시간	work hour
남다	to be left over
단지	complex, compound; 마산 공업 단지 Masan Industrial Park
대덕	city of Taedŏk (south of Seoul and next to Taejŏn); 대덕 과학 연구 단지 Taedŏk Science Town
대전	city of Taejŏn (south of Seoul)
도시	city
돈	money
맞아. [마자]	You are right.
매진이다; 매진되다	to be sold out; 매진 sold-out
매표원	ticket agent; 매표구 ticket window; 매표소 box office
미래	future

백제	Paekche (one of the Three Kingdoms)
벌다	to earn; 돈을 벌다 to make money
보내다	to spend (time)
부여	city of Puyŏ
상대하다	to deal with
선배	senior classmate; 후배 junior classmate
심리학	psychology; 심리 state of mind, mentality
연구	research; 연구 단지 research complex
왕복표	round-trip ticket
월급	monthly salary
이틀	two days
자랑	pride, boast, self-conceit; 자랑하다 to be proud of, to show off
전자 공학	electronic engineering
졸업하다	to graduate
주식; 주	stock; 주가 [주까] stock price
지루하다	to be boring, to be tedious
짧다 [짤따]	to be short
찾아 보다	to find, to look for, to search
취직하다	to get a job; 취직 getting a job
투자	investment; 투자 회사 investment company
표	ticket
하루	one day
흥미	interest; 흥미 있다 to be interested, to be interesting

읽기 대전에 대하여   EXTRA READING

대전은 미국의 실리콘 밸리와 비슷한 *하이테크* 도시다. 가까운 대덕에 과학 연구 단지가 있으며, 과학 기술 대학도 이곳에 있다. 과학 기술 대학과 여러 연구소가 있으니까 이에 따른 전자, 정보 산업들이 이곳에 많이 모여 있다. 이곳은 또 대전 엑스포가 열린 곳이기도 하다.

또한 대전은 교통의 중심지이다. 한국에서 가장 중요한 고속 도로 두 개가 이곳에서 만난다. 서울에서 가깝고 새로 만든 도시여 서 모든 것이 편리하다.

기술	technology, skill; 과학 기술 대학 institute or college of science and technology
따라서	therefore
새로	newly
실리콘 밸리	Silicon Valley
엑스포	exposition
연구소	research institute
열리다	to be held
정보	information
중심지	central region, core area
편리하다	to be convenient
하이테크	high-tech

문형과 문법   PATTERNS AND GRAMMAR NOTES

1. D.V. + (어/아)하다   "to feel . . . "

Most descriptive verbs of emotion are turned into action verbs by attaching -(어/아)하다, thereby changing intransitive (adjective) verbs to transitive verbs.

기쁘다	"to be happy"	기뻐하다	"to feel happy"
슬프다	"to be sad"	슬퍼하다	"to mourn"
괴롭다	"to be distressed"	괴로워하다	"to suffer"
재미있다	"to be fun"	재미있어하다	"to enjoy"
좋다	"to be good"	좋아하다	"to like"
싫다	"to dislike"	싫어하다	"to dislike"
즐겁다	"to be joyful"	즐거워하다	"to enjoy"
-고 싶다	"to wish/want"	-고 싶어하다	"to wish/want to"

친구 만나는 것이 즐거워요.	I enjoy meeting with my friend.
마리아가 친구 만나는 것을 즐거워해요.	Maria enjoys meeting with her friend.
부모님을 못 보는 것이 슬프다.	I am sad about not seeing my parents.
부모님을 못 보는 것을 슬퍼해요.	He moans/is sad about not being able to see his parents.

나는 이 책이 저 책보다 좋다.	I like this book better than that book.
나는 이 책을 저 책보다 좋아한다.	I like this book better than that book.
나는 영화가 보고 싶다.	I want to see a movie.
알렉스도 영화를 보고 싶어한다.	Alex also wants to see a movie.

2. A.V. + ㄴ/은 지(가) . . . 되다   "it's been . . . since . . . "

This pattern is used to indicate that a period of time has elapsed since the action or the event.

한국에 온 지(가) 10 년 됐어요.	It's been ten years since I came to Korea.
밥 먹은 지(가) 3 시간 됐어요.	It's been three hours since I had my meal.
친구를 만난 지 오래 됐어요.	It's been awhile since I saw my friend.
고속도로가 생긴 지 얼마나 됐어요?	How long has it been since the highway was built?

3. Polite suggestions: "How about . . . ?"
    -(으)면 어때요?

Politeness is an important aspect of the Korean language. The following list indicates the increasing degrees of politeness.

-(으)면 어때?	"How about it?" (nonpolite)
-(으)면 어때요?	"How about it, please?" (polite but informal)
-(으)면 어떨까요?	"Would it be all right to . . . ?" (more polite)
-(으)면 어떻겠습니까?	"Would you mind if . . . ?" (polite and formal)
-(으)면 어떠시겠습니까?	"Would you mind if . . . ?" (polite, formal, and honorific)
왕복표를 사면 어때(요)?	How about buying a round-trip ticket?

10 시까지 기다리면 어떨까요?	Would you mind waiting until ten o'clock?
대전에서 주무시면 어떠시겠습니까?	Would you mind staying over in Taejŏn?

4. a. V. + ㄴ/은/는 + 것이   "it is not (the fact) that,"
     아니라   "not . . . but . . . "

   b. N. + 이/가 아니라   "it is not N. but . . . ," "not N. but . . . "

This expression amends a first action, event, or noun by a second.

(a) 고속 버스를 타는
    것이 아니라
    기차를 탈
    거예요.
	We are not taking an express bus
	but will take a train.

여기는 날씨만 좋은 게 아니라 사람들도 친절해요.	Not only is the weather nice here, but the people are also nice.

(b) 로스엔젤레스가
    아니라 시애틀에
    도착했어요.
	He arrived in Seattle, not Los
	Angeles.

윌키 선생님이 아니라 매튜가 통역을 했어요.	Not Mr. Wilkey but Matthew interpreted (it).

5. a. A.V. + 는 중(에)   "in the middle/midst of doing . . . "

   b. N. + 중(에)   "among," "in the midst of . . . "

(a) 시험을 준비하는 중이야.	I am in the midst of preparing for an exam.
저녁 식사하시는 중에 죄송합니다.	I am sorry (to bother you) in the middle of your dinner.
열심히 일을 하는 중에 전화가 왔다.	While I was working hard, the telephone rang.
(b) 시험 중에 전화가 왔다.	During the exam, a telephone rang.

텔레비전 방송 중에 아기가 울기 시작했다.	During the television show, the baby started crying.
학생들 중에 나타샤가 제일 인기다.	Among the students, Natasha is the most popular.

6. -다고 / 라고 그래(요)　　　　　"it's said (so)," "it is called . . . "

This sentence ending is a colloquial expression similar to the indi-
rect speech forms -고 해(요) and -래(요). (See also L5, GN2.)

부산에 산다고 안 그랬니?	Didn't you say you live in Pusan?
저 건물 이름이 뭐니?	What's the name of that building?
독립 기념관이라고 그래.	They say it's Independence Hall.

-고 그래(요) is not to be confused with 그래(요), which has various
meanings depending on the context, as shown in these examples:

요즘 방학이니? 그래.	Are you on vacation now? Yeah.
내일 모임에 나올래요?	Will you come to the meeting tomorrow?
그래요.	Yes, I will.
요즘 물건값이 너무 비싸요.	The prices are too expensive these days.
그래요.	You are right./I agree.

연습　　EXERCISES

A. 본문을 읽고 질문에 대답하십시오.
Answer the questions based on the reading.

1. 겐다로는 왜 대전에 가보고 싶어합니까?
2. 현배와 겐다로는 왜 책방에 가려고 합니까?
3. 겐다로는 졸업하자마자 무엇을 할 것입니까?
4. 현배의 선배는 어떻게 돈을 벌었습니까?

B. 주어진 문형을 사용하여 대답하십시오.
Respond to the following questions using the given patterns.

1. 한국어를 언제 배우기 시작했어요? (-ㄴ/은 지)
2. 사업을 하면 누구나 부자가 되나요? (-것이 아니라)
3. 지금 집에서 뭐 하고 있어요? (-는 중)
4. 저 빵 이름이 뭐니? (-라고 그래)
5. 왜 겐다로는 요즘 그렇게 바쁘니? (-다고 하다)

주어진 문형을 사용하여 문장을 바꾸십시오.
Change the sentences using the given patterns.

6. -(어/아) 하다

   예: (창수) 노래하기 싫어요. ⟶ 창수는 노래하기
   싫어해요.

   a. (현배) 어머니가 보고 싶어요.
   b. (유미) 한국어 공부가 재미있어.
   c. (윤희) 만나서 반가워요.

7. -면 어때(요)?

   예: 내일 일찍 갑시다. ⟶ 내일 일찍 가면 어때요?

   a. 도서관에 가서 숙제 같이 하자.
   b. 선생님께 그 문제를 여쭤볼까요?
   c. 사업을 같이 해 볼래?

두 문장을 하나로 만드십시오.
Combine the two sentences into one.

8. -ㄴ/은/는 것이 아니라

   예: 멕시코에 갔다, 캐나다에 갔다. ⟶ 멕시코에 간 것이
   아니라 캐나다에
   갔다.

   a. 일본은 항상 기후가 따뜻하다, 겨울이면 춥다.
   b. 아버님께서 주식을 사셨다, 주식을 파셨다.
   c. 어제 책을 읽었다, *비디오를 봤다.*

C. 단어 연습 Vocabulary Exercises

1. 다음 낱말들은 서로 반대의 뜻을 가지고 있습니다. 알맞은
   단어를 골라 문장을 완성하십시오.

These are pairs of antonyms. Complete the sentences with the
appropriate pair.

> 늘다/줄다, 길다/짧다, 넓다/좁다, 높다/낮다,
> 크다/작다, 많다/적다, 익숙하다/서투르다,
> 높다/깊다, 빠르다/늦다 (익숙하다 to be familiar with)

a. 제주도에 관광객이 _____면, 설악산에는
    관광객이 _____.
b. 한국의 역사는 _____지만, 미국의 역사는 _____.
c. 차를 타면 _____고, 걸어 가면 _____.
d. 산은 _____고, 바다는 _____.
e. 대학교는 _____고, 유치원은 _____.
    (유치원 kindergarten)
f. 서울의 인구는 _____고, 제주도의 인구는 _____.
g. 현배는 한국 음식에는 _____지만, 한국의
    풍속에는 _____.
h. 고속 도로는 _____고, 골목길은 _____.
    (골목길 alley)

2. 여러분이 취직하려고 합니다. 무엇이 가장 중요하다고
    생각합니까? 가장 중요한 것부터 1, 2, 3, 번호를 쓰고 왜
    그런지 말해보십시오.
    You are looking for a job. Which do you think is the most
    important item in the list below? Number the items in order
    of importance from 1 through 6, and then explain your order.

a. 자기의 사무실이 있다   _____
b. 근무 시간이 짧다   _____
c. 월급을 많이 받는다   _____
d. 익숙한 일이다   _____
e. 점심 시간이 길다   _____
f. 자기가 좋아하는 일이다   _____

3. 알맞은 명사를 골라 문장을 완성하십시오.
    Complete the sentences with the appropriate noun.

> 선배, 과학, 기술, 광고, 주식

    a. 회사를 만들면 _____을 판다.

    b. 창수와 저는 같은 대학교를 졸업했어요. 창수는 저보다
        나이가 적으니까 창수는 제 후배이고, 저는 창수의
        _____가 됩니다.

    c. 수학 과목을 잘 하면 _____도 잘 할 수 있나요?
        (과목 subject)

    d. 룸메이트를 구하려면 어떻게 해야돼요? 신문에
        _____를 내세요.

    e. 내 친구 창수는 기계를 잘 고치는 _____이 있다.

4. 알맞은 동사와 연결하십시오.
    Connect with an appropriate verb.

    예: 그 영화가 ──────── 지루하다

    a. 호텔을   서투르다
    b. 비행기 표가   광고한다
    c. 그 집을 신문에 매진됐다
    d. 한국 풍속에   예약한다

D. 이야기하기 Conversation Topics

1. 어떤 회사에서 일하고 싶습니까? 왜 그 회사에서 일하고
    싶습니까?

2. 여러분은 돈을 벌면 무엇을 하고 싶습니까?

3. 실리콘 밸리는 왜 유명한지 알아 보십시오.

제 9 과

무엇이 될까?

나는 고등학교를 졸업하면 대학에 진학하는 것이 당연하다고
생각했다. 그리고 대학에 가면 곧 전공을 정할 거라고 생각했다.
그러나 일년 동안 대학을 다녔지만 아직도 장래에 대한 계획이
뚜렷하지 않다. 어려서부터 나의 꿈이 자꾸 변하기 때문이다.
　　초등학교 때는 사람들을 도와 주기 위해서[1] 경찰관이 되고
싶었다. 그리고 중학교 때는 트럼펫을 잘 부는 음악가가 되겠다고
생각했다. 그래서 식구들이 싫어할 만큼[2] 매일 시끄럽게 *트럼펫*
부는 연습을 했다. 그런데 고등학교에 가니까 *컴퓨터*가 재미있었다.
컴퓨터 앞에 앉으면 시간 가는 지 몰랐다. 또 학교에서 하는 연극에
취미를 붙여 배우가 될 뻔도 했다.
　　그러나 대학에 와서 아직 적성에 맞는 전공을 찾지 못했다.
교육학, 의학, 법학, 경영학 등 여러 분야를 생각하면 생각할수록[3]
어떤 분야가 내게 더 맞는지 모르겠다.
　　그래서 나는 한국에 일년 동안 유학을 왔다. 한국에서
공부하면서 나의 장래에 대해 생각해 보려고 한다.

사라:　　현배야, 너 나중에 뭘 할거니?

현배:　　아직 잘 모르겠어. 빨리 정해야 할 텐데.

사라:　　아주 멋있는 걸 할 모양이지?[4]

현배:　　아냐. 그냥 하고 싶은 게 너무 많아. 너는 뭘 할거니?

사라:　　나는 법대에 가려고 해. 가을에 미국에 돌아 가면 곧 *엘셑*
　　　　　시험을 볼 거야. 유미도 그 시험을 보고 싶대.[5]

현배:　　벌써 네가 말하는 모습이 변호사 같다. 그런데 네가
　　　　　법관이 되면 아기는 누가 기르지?

사라:　　물론 남편하고 같이 길러야지. 남녀 평등 알지?

현배: 나는 직업 여성 보다는 신사임당 같은[6] 여자가 좋아.

사라: 신사임당! 그분이 지금 살아 계시다면 훌륭한 직업
여성이실 거야.

단어   VOCABULARY

경영학	study of business administration; 경영 business administration
경찰관	police officer
계획	plan
고등학교	high school
교육학 [교유칵]	study of education; 교육 education
그냥	for no reason, as it is, as it stands
꿈	dream; 꿈꾸다 to dream
남녀 평등	gender equality, women's equality
당연하다	to be expected, natural; 당연히 naturally, justly
뚜렷하다 [뚜려타다]	to be clear, to be sure
-만큼	to the extent, as much as, as well as
맞다	to fit, to be suitable, to be correct
매일	everyday
배우	actor or actress
법관	judge
법대	law school
법학 [버팍]	study of law
변하다	to change, to become different, to turn into
변호사	lawyer
분야 [부냐]	field
불다	(Vt.) to blow (trumpet, bugle), to play on (flute); (Vi.) to blow; 바람이 불다 The wind blows.
붙이다 [부치다]	to acquire, to glue; 취미를 붙이다 to find pleasure in
사라	Sarah
살아 계시다	to be alive (HON.)
식구	immediate family member
어리다	to be very young, to be immature; 어려서부터 from the time of youth

엘셋	LSAT
여성	female; 남성 male
연극	drama, play
유학 오다	to come to study abroad; 유학하다 to study abroad
음악	music; 음악가 musician
의학	medical study, medicine
자주	frequently, many times
장래	future
적성	aptitude
중학교	middle school
직업 [지겁]	profession, occupation; 직업 여성 professional woman
진학하다	to move on (to next level of school)
찾다	to find
초등학교	elementary school (formerly 국민학교)
취미	interest, hobby
트럼펫	trumpet
평등	equality
훌륭한	great; 훌륭하다 to be great

읽기 현대 사회와 남녀 평등   EXTRA READING

남녀 불평등은 어느 사회에나 있다. 한국 사회도 예외가 아니다. 여자를 차별하는 관습이 사회에 아직도 많이 남아 있다. 예를 들면 많은 사람들이 여자는 직업을 가지는 것보다 결혼해서 가족을 잘 돌보는 것이 더 중요하다고 생각한다. 그래서 여자들은 남자들 보다 좋은 직업을 구할 수 있는 기회가 적다. 또 결혼한 후에 직장을 그만두어야 하는 경우도 있다. 그러나 사회는 빨리 변하고 있으며 이러한 생각들도 많이 없어지고 있다. 그것은 맞벌이 부부가 점점 늘고 있는 것을 봐도 알 수 있다.

가족	family
결혼하다	to marry
경우	occasion, case
관습	custom, usual practice
구하다	to look for, to seek
그만두다	to quit

기회	opportunity, chance
남아 있다	to still exist, to remain
돌보다	to look after
맞벌이 부부	working couple
불평등	inequality
사회	society
없어지다	to disappear, to vanish
예	example; 예를 들면 for example
예외	exception
적다	to be few (in number), to be little (in quantity)
점점	gradually
직장	job, employment, workplace
차별하다	to discriminate against
현대	present age, modern times

문형과 문법   PATTERNS AND GRAMMAR NOTES

1. V. + 기 위해(서)/기
위하여

    "for," "for the sake of,"
"in order to"

    N. + 을/를 위해(서)/위하여   "for," "for the benefit of"

    법관이 되기 위해서 시험
준비를 하고 있어요.

    I am preparing for my exams
to become a lawyer.

    할아버님을 뵙기 위하여
중국에 갔어요.

    I went to China to see my
grandfather.

    잃어버린 차를 찾기 위해
경찰관을 만나기로 했다.

    I made arrangements to meet with
the police to find my stolen car.

2. a. N. + 만큼   "(almost) as much as," "as well as"

    b. V. + ㄴ/은/는/ㄹ/을 +
만큼

    "do as much as," "is enough to . . . "

    (a) 만큼 indicates that the subject noun is or does almost as well
as the noun it is compared with in the sentence.

    동생이 형만큼 키가
크다.

    The younger brother is as tall as
his older brother.

씨애틀은 디트로이트만큼 춥지 않다.	Seattle is not as cold as Detroit.

(b) The verbal modifiers are -는 for present, -ㄴ/은 for past, and -ㄹ/을 for future tense.

친구가 돈을 빌려 달라는 만큼 빌려 줬다.	I lent my friend as much money as he wanted to borrow.
공부한 만큼 배울 거다.	You will learn as much as you study.
그 책은 돈 주고 살 만큼 재미있지 않다.	The book is not interesting enough for me to buy it.
그 물건은 비싼 만큼 좋지 않다.	The stuff is not worth what it costs.

3. a. V. + ㄹ/을수록   "the more one does . . . , the more . . . "

     b. V. + (으)면   "the more one does . . . ,
         V. + ㄹ/을수록   the more . . . " (emphasis)

Both constructions are close in meaning, but the second has a stronger emphasis.

(a) 생각할수록 더 모르겠다.	The more I think about it, the more confused I am.
이 책은 읽을수록 더 재미있다.	The more I read, the more interesting this book becomes.
돈을 많이 벌수록 더 바빠져요.	The more money you make, the busier you get.
(b) 갈 길이 멀면 멀수록 일찍 떠나야 한다.	The farther you have to travel, the earlier you must leave.
물을 주면 줄수록 나무가 빨리 자랐다.	The more I watered the tree, the faster it grew.

4. V. + ㄴ/은/는/ㄹ/을 모양   "it looks . . . ," "it seems . . . ,"
이다.   "it appears . . ."

This pattern expresses the speaker's opinion of an action or an event.

그 책이 재미있는 모양이다.	It seems that the book is interesting (to him).
사람이 많이 온 모양이다.	It looks as though many people came.
누가 전화를 건 모양이다.	It looks as though someone called.
오후에 비가 올 모양이다.	It appears that it is going to rain this afternoon.

5. Indirect speech: "they say . . . ," "someone says . . . "
polite informal forms

-대요, -래요, -(으)래요, -내요, and -재요 are the colloquial short forms of -다고 해요/합니다, -라고 해요/합니다, -자고 해요/합니다, and -냐고 해요/합니다, as illustrated below. (See L5, GN2 and the indirect speech endings chart below.) Polite formal short forms of -답니다, -랍니다, -(으)랍니다, -냅니다, and -잡니다 are explained in L20, GN1.

할머니께서 내일 미국에 오신대.	(They say that) Grandma is coming to the United States tomorrow.
내일도 또 비가 온대.	(They say that) it will rain again tomorrow.
그 사람이 가수래.	(They say that) he is a singer.
이 물건이 그 회사의 수출품이래.	(It's said that) this is the company's export item.
친구가 나에게 지금 나오래.	My friend tells me to come out now.
전화를 빨리 받으래.	(Someone) says to answer the phone.
친구가 공원에 놀러 가래.	My friend tells us to go to the park to play.
요즘 기분이 어떠내요.	(He/She asks) how I/you feel.
날씨가 좋내요.	(They ask) whether the weather is nice.

Indirect speech endings chart

Sentence Type	Plain Form	Polite Informal Short Form	Polite Formal Short Form	Meaning
Statement	V. + 다고 하다	-대요	-답니다	it is said that . . . (present)
	V. + 었/았다고 하다	-었/았대요	-었/았답니다	it is said that . . . (past)
	V. + ㄹ/을 거라고 하다	-ㄹ/을 거래요	-ㄹ/을 거랍니다	it is said that . . . (future)
Statement	N. + (이)라고 하다	-(이)래요	-(이)랍니다	they say that . . . is . . .
	N. + (이)였다고 하다	-(이)였대요	-(이)였답니다	they say that . . . was . . . .
	N. + 일 거라고 하다	-일 거래요	-일 거랍니다	they say that . . . will be . . .
Command	V. + (으)라고 하다	-(으)래요	-(으)랍니다	they tell us to do . . .
Question	D.V. + (으)냐고 하다	-(느)대요	-답니다	ask whether/if . . . (present)
	A.V. + (느)냐고 하다	-(느)대요	-답니다	ask whether/if . . . (present)
	N. + (이)냐고 하다	-(이)대요	-(이)답니다	ask whether/if . . . (present)
	V. + 었/았냐고 하다	-었/았내요	-었/았답니다	ask whether/if . . . (past)
	N. + (이)였냐고 하다	-였내요	-(이)였답니다	ask whether/if . . . (past)
	V. + ㄹ/을 거냐고 하다	-ㄹ/을 거내요	-ㄹ/을 거랍니다	ask whether/if . . . (future)
	N. + 일 거냐고 하다	-일 거내요	-일거랍니다	ask whether/if . . . (future)
"Let's"	V. + 자고 하다	-재요	-잡니다	they ask/invite to do . . . .

숙제하러 도서관에 가재.   He/She invites us to go to the
library.

6. N. + 같은   "like," "same as"

신사임당 같은 여자   a woman like Lady Shin Saimdang
어머니 같은 언니   my sister, who is like Mother
천사 같은 마음   a heart like an angel

연습   EXERCISES

A. 본문을 읽고 질문에 대답하십시오.
Answer the questions based on the reading.

1. 현배는 초등학교 때 무엇이 되고 싶어했습니까?
2. 지금은 무엇이 되고 싶어합니까?
3. 왜 현배는 한국에 유학을 갔습니까?
4. 사라는 장래에 무엇이 되려고 합니까?
5. 현배는 어떤 여자가 좋다고 합니까?

B. 주어진 문형을 사용하여 응답하십시오. (응답 response)
Respond to the following questions and statement using the given
patterns.

1. 그 노래가 얼마나 유명해요? (-ㄹ/을 만큼)
2. 그 그림을 좋아하세요? (-(으)면 . . . -을 수록)
3. 요즘 사라를 만나기가 힘들어요. (-는 모양이다)
4. 저 키가 큰 분이 누구예요? (-래요)
5. 내일 날씨가 어떻대요? (-대요)
6. 어떤 사람과 데이트하고 싶어요? (-같은)

다음 문장을 간접문으로 바꾸십시오. (간접문 indirect speech)
Change the following sentences into indirect speech endings.

7. Statement

예: 저는 미국에서 왔어요. ⟶ 그 분은 미국에서
왔대요.

a. 저는 대학생이에요.
b. 저는 내년에 미국으로 돌아가요.

8. Question

예: 도서관에 언제 가니? ──→ 도서관에 언제
가내요.

a. 몇 시에 만날래?
b. 숙제는 다 했니?

9. Command

예: 이리 와 주세요. ──→ 이리 와 달래요.

a. 물 좀 주세요.
b. 전화 좀 걸어 주세요.

10. "Let's"

예: 식당에 가자. ──→ 식당에 가재요.

a. 빨리 밥 먹읍시다.
b. 라디오를 들읍시다.

C. 단어 연습 Vocabulary Exercises

1. 다음 사람들은 장래에 무엇이 될까요? 빈칸을 채워
넣으십시오.
What will the following persons become in the future? Fill in
the blanks.

a. 사라: 법대를 졸업한 후 _____이 /가 되겠다.
b. 건수형: 인류학을 전공하여 대학교에서
가르치는 _____가 될 것이다.
c. 유미: 경찰학교를 나와 _____이 되는 것이 꿈이다.
d. 겐다로: _____을 전공하여 엔지니어가 될 계획이다.
e. 성희: _____를 졸업하고 나서 의사로 일할 것이다.
f. 수잔: 음대를 나와 _____가 되고 싶어한다.
g. 영실: 교육학과를 졸업한 후 _____이 되어
고등학교에서 가르치기를 희망한다.
h. 창수: 연극을 공부하여 연극 _____가 되고 싶어한다.

2. 학생의 현재 또는 미래의 전공을 고르십시오. 관심 있는
분야를 두 가지 더 골라 보십시오.
Find your present or future major from the list. Choose two
more areas of your interest.

> 경영학, 교육학, 의학, 법학, 수학, 전자
> 공학, 인류학, 영문학, 언어학, 사회학, 철학

3. 괄호 속에 있는 단어는 반대의 뜻을 가지고 있습니다.
   알맞은 것을 골라 문장을 완성하십시오.
   The pair of words in parentheses are antonyms. Complete the
   sentences with the appropriate word for each blank.

   a. 공항은 _____고, 도서관은 _____.
      (시끄럽다/조용하다)
   b. 비행기를 탔더니 초등학교 일 학년으로 보이는 _____
      아이와 이십대로 보이는 _____ 남자와 할머니가 옆
      좌석에 앉았다. (어리다/젊다)
   c. 옛날 사회에서는 남자와 여자가 _____했지만 현대
      사회에서는 점점 _____하게 되고 있다.
      (평등/불평등)
   d. 사라는 다니던 직장을 _____고 다른 직장에
      다니기 _____. (시작하다/그만두다 to quit)

4. 질문에 짧게 대답하십시오.
   Give a short answer to each question.

   a. 어떤 직업이 자기의 적성에 맞다고 생각합니까?
   b. 대학교에서 무엇을 전공하고 있습니까?
   c. 장래에 무슨 분야에서 일하기를 원합니까?
   d. 여러분의 취미는 무엇입니까?
   e. 요즘 본 흥미 있는 영화나 책에 대하여 말해 보십시오?

5. 주어진 부사를 써서 대답하십시오.
   Answer the questions using the given adverbs.

   a. 요즘 무슨 연구를 하고 계세요? (현재)
   b. 신문에 무슨 뉴스가 났어요? (최근)
   c. 언제 일을 시작하시겠어요? (지금)
   d. 언제 비행기가 출발해요? (곧)
   e. 언제 운동하세요? (매일 저녁)

6. 알맞은 동사를 골라 문장을 완성하십시오.
   Complete the sentences with the appropriate verb.

> 뻔했다, 훌륭하다, 당연하다, 맞다,
> 뚜렷하다, 정하다, 찾다

a. 비행기 표가 매진돼서 하마터면 한국에 못 갈 _____.
b. 사라는 장래에 대한 계획이 _____.
c. 음악에 재주가 있으니까 음악가가 되는 것이 _____.
d. 대학교에서 무엇을 전공할 지는 아는데, 어느 학교에
    갈지는 아직 못 _____.
e. 저는 교육학을 전공해서 _____한 선생님이 되고
    싶어요.
f. 이 신발은 제게 안 _____. 너무 작아요.
g. 세탁소에 가서 옷을 찾아 왔다. 그 옷 속에서 잃어버린
    반지를 _____. (세탁소 laundry)

D. 이야기하기 Conversation Topics

1. 남자와 여자는 모든 면에서 평등하다고 생각합니까? 찬성과
    반대의 이유를 들어보십시오. (찬성과 반대 pros and cons)
2. 어렸을 때 무엇이 되고 싶었습니까? 지금도 그때와
    같습니까?

제 10 과

경주와 건국 신화

한국은 삼국 시대부터 고려 시대까지 불교 국가였기 때문에 불교 문화가 아직도 많이 남아 있다. 경주는 삼국 시대 신라의 수도였으며, 도시 곳곳에서 아름다운 불교 문화를 많이 찾아 볼 수 있다. 또한 왕의 무덤을 왕릉이라고 하는데 경주에는 여기 저기에 왕릉이 많이 있다. 왕릉은 보통 무덤보다 훨씬 커서 작은 언덕처럼 보인다.

경주에서 꼭 가 봐야 할 곳은 불국사와 석굴암이다. 불국사는 535년에 세워진 절인데 아름다운 석탑으로 유명하다.[1] 석굴암은 큰 불상을 모셔 놓은 굴이다. 그 부처님의 미소가 마치 살아 있는 것 같아서 무척 아름답다.

현배: 경주는 아주 깨끗하고 정돈이 잘 된 도시구나.

유미: 응, 역사적으로 유명한 것도 많이 있고.

현배: 어제 국립 박물관에서 옛날 임금님들의 왕관, 허리띠, 신발, 칼들을 보니까, 내가 마치 신라 시대에 온 것 같더라.[2]

유미: 왕비의 금반지, 귀걸이도 참 잘 만들었지? 그런데 참 무거웠겠더라.

현배: 그래, 그리고 천년이 넘었는데 아직도 참 멋있지? 그래서 "신라"라는[3] 말을 지금도 많이 쓰나 봐. 어디서든지[4] 신라 호텔, 신라 다방, 신라 빵집 같은 이름을 자주 볼 수 있잖아. 그런데 신라가 어떻게 세워졌지?

유미: 박 혁거세라는 사람이 세웠잖아.[5] 수업 시간에 배웠는데 기억 안 나?

석굴암의 불상 (신라 8 세기)

Buddha Statue in Sŏkkuram Grotto (Silla, eighth century)

신라 건국 신화

신라 첫 임금의 성은 '박' 이고 이름은 '혁거세' 이다. 기원전
1세기에 경주 지방 어느 마을의 촌장이 하루는 숲 속에서 울고
있는 흰 말을 보았다. 가까이 가 보니 말은 하늘로 날아가고
거기에 커다란 알이 있었다. 촌장이 알을 깨 보니 그 안에 어린
사내아이가 있었다. 촌장은 그 아이를 집에 데려다가[6] 길렀다.
그리고 그 아이의 이름을 "박 혁거세" 라고 지었다. 얼마 후 아이가
커서 용감한 장수가 되었는데 그 지방 사람들이 그를 임금님으로

모셨다. 신라는 그 후 약 1천년의 긴 역사를 가진 국가로
발전하였다.

단어   VOCABULARY

건국	founding a nation; 건국하다 to found a nation
경주	city of Kyŏngju (Silla's capital city)
고려	Koryŏ dynasty (918–1392)
국가	state, nation
국립 [궁닙]	national, government-established
굴	grotto, cave
귀걸이	earring; 목걸이 necklace
금반지	gold ring
기억나다	to recall, to remind; 기억 memory
기원 전	B.C.; 기원 후 A.D.
깨끗하다	to be clean
깨다	(Vt.) to break; (Vi.) to wake up; 깨우다 (Vt.) to wake up
꼭	for sure
다방	tearoom
데려다가	having brought
마을	village
마치	as if, just as
말	horse
멋있다 [머시따]	to be stylish, to be cool, to be chic
모셔 놓다	to set up, to place (respectfully); 모시다 to serve
무겁다	to be heavy; 가볍다 to be light
무덤	grave, tomb
무척	very, immensely, highly
문화	culture
미소	smile
발전하다	to make progress; 발전 progress, advancement
보통	ordinary, common, usual, average
부처님	the Buddha (HON.)
불교	Buddhism
불국사	Pulguk-sa temple in Kyŏngju
불상	Buddha statue
빵집; 제과점	bakery

사내	man; 사내 아이 boy
삼국	Three Kingdoms (Silla, Koguryŏ, Paekche)
석굴암	Sŏkkuram Grotto (where stone Buddha was built)
석탑	stone pagoda; 탑 tower; 시계탑 clock tower
성 (姓)	last name
세기	century; 2 세기 second century
세우다	to erect, to build, to found
숲	forest
신라 [실라]	Silla dynasty
신화	myth, mythology
알	egg
언덕	hill
역사	history
왕관	(royal) crown
왕릉 [왕능]	king's grave
왕비	queen
용감하다	to be brave
이름	name
임금님	king
장수	warrior, general
절	Buddhist temple
정돈	order, proper arrangement; 정돈되다 to be put in order
촌장	village chief
칼	sword, knife
커다란	large, big, gigantic; 커다랗다 to be large, to be gigantic
허리띠	waistband, belt
훨씬	much more, by far

문형과 문법   PATTERNS AND GRAMMAR NOTES

1. N. + (으)로 유명하다   "is famous for"

   V. + ㄴ/은 것으로   "is famous for —ing . . . "
   유명하다

   V. + 기로 유명하다   "is famous for —ing . . . "

-기로 유명하다 is often used with a descriptive verb, such as 좋다, 많다, 크다, or 넓다.

석굴암은 아름다운 불상으로 유명해요.	Sŏkkuram is famous for its beautiful Buddha statute.
이 식당은 불고기로 유명합니다.	This restaurant is famous for its *bulgogi*.
그 회사는 컴퓨터를 잘 만드는 것으로 유명해요.	The company is famous for making good computers.
설악산은 경치가 좋기로 유명해요.	The Sŏrak Mountains are famous for having beautiful scenery.
유럽은 오래된 교회가 많기로 유명하다.	Europe is famous for having many old churches.

2. V. + 더라   "I'd say . . . ," "(I remember) something . . . "

This intimate and casual sentence ending is made up of the retrospective particle 더 plus 라 and reports the speaker's experience or first-hand information. The speaker must be addressing a person of equal or lower rank and of close relationship. The polite way of saying this ending is -던데요, as in 그 식당 좋던데요.

나는 더 있기가 싫더라.	I didn't want to stay longer.
한스가 집에 가더라.	(I remember seeing that) Hans was going home.
강의실에 갔더니 늦었더라.	When I got to the classroom, I was late.
도서관에 갔더니 게이꼬가 뭘 열심히 읽고 있더라.	(I remember seeing that) Keiko was reading something attentively when I went to the library.
요즘 개는 바쁜 것 같더라.	He seems to be busy these days.

3. N. + (이)라는   "(so) called . . . ," "known as . . . "

-(이)라는 is a short way of saying -(이)라고 하는 and means "known as."

영식이라는 학생을 알아요?	Do you know a student named Young-sik?
서울집이라는 식당이 아주 맛있습니다.	The restaurant called Seoul House has very good food.
엘엠이라는 회사가 여기에서 제일 크대요.	I heard that the company known as LM is the biggest around here.

4. a.   Question word + (이)든지   "whoever / whatever / whenever / wherever . . . "

  b.   Question word V. + 든지   "whoever / whatever / whenever / wherever . . . (verb)"

When question words, such as 누구 "who," 무엇 "what," and 언제 "when," are combined with 든지, the result is 누구든지 "whoever," 무엇이던지 "whatever," and 언제든지 "whenever," respectively. The particle -(이)든지 is interchangeable with -(이)나. (See L5, GN5.)

(a) 누구든지	"whoever, anyone, everyone"
무엇이든지	"whatever, anything"
어디든지	"wherever, anywhere"
언제든지	"whenever, any time"
얼마든지	"any amount, as much as"
어떻게든지	"no matter how"
누구든지 그 분을 좋아해요.	Everyone likes him.
동생은 무엇이든지 잘 먹습니다.	My little brother likes to eat anything.
언제든지 찾아오세요.	Please come to see me any time.
이 도시는 어디든지 깨끗해요.	This city is clean everywhere.
(b) 누가 오든지	"whoever comes"
무엇을 보든지	"whatever (you) see"
어디에 가든지	"wherever (you) go"

언제 왔든지	"whenever (you) came"
얼마나 비싸든지	"however expensive it is"
어떻게 말하든지	"no matter how (you) say (it)"

누구를 만나든지 예절을 잘 지키세요.	Whomever you meet, be courteous.
무엇을 배우든지 열심히 해야 돼.	Work hard at whatever you study.
어머니는 언제 오시든지 후식을 가지고 오신다.	Whenever she comes, Mother brings desserts.
내 친구는 어디를 구경하든지 꼭 사진을 찍는다.	A friend of mine takes photos without fail wherever he travels.

5. a. V. + 잖아(요)? "right?," "doesn't it?"

V. + (었/았)잖아(요)? "right?," "didn't it?"

b. N. + (이)잖아(요)? "isn't it?"

N. + (이)었잖아(요)? "wasn't it?"

This informal ending is a short form of -지 않아(요) and is often like a tag question. The listener may respond with 그래(요) "That's right," 맞아(요) "You're right," 글쎄(요) "Maybe," or 아니(오) "Not really." The listener may also respond with 그래(요)? "Really?/Is that right?" or 왜요? "Why?"

(a) 민수가 일을 안 한대잖아. (왜요?)	They say Min-su quit her job, you know. (Why?)
신라는 박 혁거세라는 사람이 세웠잖아. (그래요?)	Silla was founded by a man called Pak Hyŏkkŏse, you know. (Really?)
(b) 저 영화는 지난번에	That's the movie we saw together,

같이 본	right? (Right.)
영화잖아.	
(그래.)	
그건 예절 없는	That's poor manners, isn't it?
행동이잖아.	(Maybe.)
(글쎄요.)	

6. a.   N. + 을/를 데려다가   "after bringing"

   b.   N. + (을/를)데리고   "bringing/taking with"

데려다 is never used by itself as a verb. It has to be used with a connective, such as -다가 and -고. 데려다가 means "after bringing (someone)," 데리고 가다 "to take (someone) along," and 데리고 오다 "to bring (someone)." The honorific form of 데려다가 is 모셔다가 "after accompanying (someone)," and the honorific form of 데리고 is 모시고 "accompanying." 데려다가 and 데리고 are not used for bringing or taking an inanimate object, such as a book, a lunch, or a car. 가져다가 and 가지고 are used for inanimate objects, as in 점심을 가지고 오세요 "Please bring your lunch."

(a) 강아지를 데려다가	After bringing the puppy home,
길렀는데 지금은	I raised it, and it is now
큰 개로 변했다.	a big dog.
명절에 친구를 집에	After bringing my friend home, I
데려다가	treated her to Korean food.
한국 음식을	
만들어 줬다.	
(b) 동생 데리고 와.	Bring your younger brother
	with you.
대전에 친구를	I took my friend with me to Taejŏn.
데리고 갔어요.	
마이크는 아버지를	Mike took his father with him to
모시고 경주에	Kyŏngju.
갔다.	
아들이 부모님을	The son brought his parents with
모시고 *파티*에	him to the party.
나왔어요.	

연습 EXERCISES

A. 본문을 읽고 질문에 대답하십시오.

1. 경주에는 어떤 문화가 많이 남아 있습니까?
2. 왕릉이란 무엇입니까?
3. 불국사는 무엇으로 유명합니까?
4. 경주 박물관에 가면 무엇을 볼 수 있습니까?
5. 박 혁거세는 어디에서 나왔습니까?

B. 주어진 문형을 사용하여 대답하십시오.

1. 호주는 뭐가 좋아요? (-(으)로 유명하다)
2. 여행을 많이 해 보셨어요? 어디가 제일 좋아요? (-던데요)
3. 오늘 현배 봤니? (-더라)
4. 왜 현배는 요즘 그렇게 바쁘대? (-다고 하더라)
5. 어떤 영화를 봤어요? (-(이)라는)
6. 일요일에 무엇을 같이 할까요? (무슨/무엇 . . . -든지)
7. 오늘이 무슨 요일이에요? (-잖아요)
8. 누구와 같이 여행을 가겠어요? (데리고 가다)
9. 한국에서 혼자 왔니? (모시고 오다)

C. 단어 연습 Vocabulary Exercises

1. 괄호 속에 있는 단어는 반대의 뜻을 가지고 있습니다.
   알맞은 것을 골라 문장을 완성하십시오.

   a. 도시의 공기는 _____고 숲 속의 공기는 _____
      다. (깨끗하다/더럽다) (공기 air)
   b. 어른들은 _____ 우산을 쓰고 아이들은 _____
      우산을 쓴다. (크다/작다)
   c. 비가 오는 날은 날씨가 _____, 비가 오고 나면
      하늘이 _____ 진다. (맑다/흐리다) (흐리다 to be
      cloudy)
   d. 부처님은 _____ 6 세기에 인도에서 태어났다. 불교
      는 _____ 4 세기에 한국에 전해졌다. (기원전/기원후)
      (인도 India)
   e. 종이로 만든 반지는 _____고 금으로 만든 반지는
      _____ 다. (가볍다/무겁다) (종이 paper)

2. 알맞은 동사를 골라 문장을 완성하십시오.

생각나다, 기억나다, 용감하다, 깨다, 세우다

예: 며칠 전에 본 영화 이름이 <u>생각나지 않는다.</u>

a. 그 영화에 나온 영화 배우 이름이 _____.
b. 그 분은 어려운 학생들을 도와 주고 학교를
   많이 _____.
c. 어제 밤 재미있는 꿈을 꾸다가 큰 소리가 나서
   잠에서 _____.
d. 그 장수는 혼자 적국의 왕을 만나러 갈 만큼 _____.
   (적국 enemy state)

3. 알맞은 명사를 골라 문장을 완성하십시오.

국립, 장수, 왕릉, 건국 신화, 삼국 시대

a. 왕의 무덤을 _____(이)라고 한다.
b. 나라가 세워진 이야기를 _____(이)라고 한다.
c. 국가에서 세운 도서관을 _____도서관이라고 한다.
d. 힘센 사람을 _____(이)라고 한다. (힘센 strong)
e. 신라, 고구려, 백제 세 나라가 세워져 있던 시대를
   _____(이)라고 한다.

4. 동물 이름을 알아보고 알맞은 동물을 골라 문장을
   완성하십시오. (동물 animal)

소, 말, 양, 호랑이, 사자, 곰, 뱀, 새, 박쥐, 쥐,
물고기, 고래

a. 언덕 위에 _____이/가 있어요.
b. 숲 속에 _____이/가 있어요.
c. 마을 근처에 _____이/가 살아요.
d. 굴 속에 _____이/가 살아요.
e. 바다 속에 _____이/가 살아요.
f. 산 속에 _____이/가 있어요.

5. 알맞은 단어를 골라 문장을 완성하십시오.

> 훨씬, 잘, 마치, 미소, 신화

a. 왕릉은 보통 무덤보다 _____ 크다.
b. 박물관에 가서 임금님의 왕관을 _____ 보고
   오겠어요.
c. 모나리자의 _____는 유명하다. (모나리자
   Mona Lisa)
d. 모나리자의 그림이 _____ 살아있는 것 같았어요.
e. 헤라클레스는 그리스의 _____에 나오는 장수이다.
   (헤라클레스 Hercules)

D. 이야기하기 Conversation Topics

1. 미국에도 건국 신화가 있습니까? 미국이 세워진 이야기를
   해 보십시오.
2. 자기가 좋아하는 옛날 이야기는 무엇입니까? 이야기의
   줄거리를 말해 보십시오. (줄거리 outline, plot)

제 11 과

항구 도시를 찾아서

부산은 한국에서 두 번째로 큰 도시로서[1] 인구가 거의 사 백만이나
된다. 부산 항구에는 제주도와 일본을 왕복하는 고속 *페리*가
끊임없이[2] 드나든다. 또 러시아, 미국, 중국 등 여러 나라에서 오는
큰 기선들도 많다. 부산 항구에서는 큰 기선들뿐만 아니라 고기를
잡는 작은 어선들도 많이 볼 수 있다.

현배는 유미를 따라 새벽에 부산 어시장 구경을 갔다. 바닷가에
있는 큰 어시장을 보는 순간[3] 현배는 깜짝 놀랐다. 현배는 여러
가지 해산물이 그렇게 많이 있는 것을 본 적이[4] 없었다. 생선의
종류는 아주 많았고 모두 다 싱싱해서 현배는 아주 놀라지 않을 수
없었다.[5] 어선이 항구에 닿기가 무섭게[6] 생선들을 이 어시장으로
가지고 오기 때문에 싱싱하다고 한다.

현배: 싱싱한 생선들이 이렇게 많이 있는 것을 보는 것은
　　　처음이야.

유미: 그래? 그럼 아주 좋은 구경을 했구나.

현배: 그런데 이 많은 생선을 부산 사람들이 어떻게 다 먹지?

유미: 이 생선들은 전국으로 보내져. 어시장을 새벽에 시작하는
　　　것도 빨리 다른 지방으로 생선을 보내려고 하기 때문이야.

현배: 응, 한국 사람들은 정말 부지런하다. 매일 새벽부터 이렇게
　　　바쁘냐?

유미: 그럼, 어디 가나 이렇게 바빠. 학생들도 아침부터 오후
　　　늦게까지 학교에 있다가 저녁 때 또 학원에 가.
　　　관공서에서는 토요일에도 한 시까지 일하잖아.

현배: 한국이 왜 이렇게 빨리 발전했는지 알겠어. 공장에서도,

논밭에서도, 회사에서도 이렇게 열심히 일하니 발전이 안
되겠니?

유미: 자, 그럼 이제 아침을 먹으러 갈까?

단어   **VOCABULARY**

고기; 물고기	fish; 고기 잡다 to fish
고속 페리	high-speed ferry
관공서	government or public office
기선	liner, large ship, steamship
끊임없이	endlessly; 끊다 to sever, to cut off
논밭	rice paddy and fields; 논 rice paddy; 밭 field, farm
놀라다	to be surprised, to be startled
닿다	to arrive at, to reach
드나들다	to go in and out
러시아	Russia
무섭게	awfully; 무섭다 to be awful, to be fearful, to be terrible; 닿기가 무섭게 as soon as it arrives
보내다	to send
부지런하다	to be diligent
새벽	dawn, early in the morning
생선	(caught food) fish; 물고기 live fish
선박	boat, ship
순간	moment, instant
싱싱하다	to be fresh
어디 가나	wherever one goes
어선	fishing boat
어시장	fish market
왕복	round-trip; 왕복하다 to make a round trip
인구	population
인천	city of Inch'ŏn
전국	the whole country (nation)
종류 [종뉴]	kind, sort, variety
중국	China
찾아서	in search of; 찾다 to search for
학원	tutoring school
항구	port; 항구 도시 port city
해산물	seafood, marine product

읽기 부산에 대하여   EXTRA READING

서울에서 부산까지는 경부 고속 도로로 대여섯 시간 걸린다.
부산은 바닷가에 있는 도시라서 홍콩이나 싱가포르 같은 인상을
준다.
부산은 한국 최대의 항구도시로서 대부분의 수출품과
수입품이 이 곳을 통해서 들어오고 나간다. 여러가지 산업도
발달됐는데 특히 신발업과 수산업, 조선업 등이 유명하다. 또
여름에는 해운대 해수욕장에 피서객들이 많이 온다.

경부 고속 도로	Seoul-Pusan Expressway
대부분	almost all, for the most part, mostly
대여섯	about five or six; 한두 시간 a couple of hours; 두세 명 two or three persons; 서너 집 three or four houses
수산업	marine industry
수입품	import (trade goods)
수출품	export (trade goods)
신발업	shoe industry
인상	impression; 인상을 주다 to give an impression
조선업	shipbuilding industry
최대	biggest, largest, most
통해서	by way of, through; 통하다 to pass through
피서객	summer visitor, summer tourist
해수욕장	beach (swimming area)
해운대	Haeundae Beach in Pusan

문형과 문법   PATTERNS AND GRAMMAR NOTES

1. N. + (으)로(서)   "as," "for," "being (in the position of)"

This postposition indicates the qualification or status of the noun.

뉴욕은 항구도시로서,
무역이 발달됐다.

As a port city, New York is advanced
in the commercial trades.

이 약은 새로 나온 감기
약으로서 특히 기침에
좋습니다.

This medicine is a newly made cold
medicine that is especially
good for a cough.

대통령으로서 그런 말을 하면 안 된다.	As the president, he should not say so.

2. a.   N. + (이/가) 없이 "without (something/someone)"

b.   V. + ㄴ/은/는/ㄹ/ 을
것 없이 "without —ing . . . "

c.   V. + ㅁ/음 없이 "without —ing . . . "

(a) 전화 없이 살고 있어요.	I live without a telephone.
컴퓨터 없이(는) 숙제를 할 수 없어요.	We cannot do homework without a computer.
(b) 하는 일 없이 시간을 보낸다.	I spend time without doing any- thing.
한 일 없이 하루가 지났다.	A day has gone by without my doing anything.
(c) 끊임 없이 배가 들어온다.	Boats come in constantly.
아무 도움 없이 성공했다.	He succeeded without any help.
그 분은 막힘 없이 말했다.	The man spoke without hesitation.

Note: Nominalizer ㅁ/음 "to do/be," "—ing"

This construction makes a verb into a noun, as a gerund ("—ing") does in English. For example, 싸우다 "to fight" becomes 싸움 "fighting," and 끝나다 "to finish" becomes 끝남 "the ending." These nouns are used only in certain contexts, however. They are used as the subject of intransitive verbs, such as 필요하다 "to need," 중요하다 "to be important," 있다 "to exist," and 없다 "to not exist." They also are used as the direct object of transitive verbs, as 보다 "to see," 찾다 "to find," 알다 "to know," and 생각하다 "to think." (See L15, GN1 for a comparison with the nominalizer -기.) Note that some verb-derived words have become regular nouns, such as 잠 "sleep," 춤 "dance," 기쁨 "joy," and 아름다움 "beauty."

As a subject

시험 주에는 잠이 모자라요.   I lack sleep during exam week.

한국어 책을 읽는 데에   I have no difficulty reading Korean
어려움이 없다.   books.

As a direct object

그 분은 인생의 즐거움을   He seems to live knowing the joy
알고 사는 것 같다.   of life.

나라 없는 사람의 슬픔을   We understand the sorrow of a man
안다.   without a country.

3. A.V. + ㄴ/은/는 순간   "the moment," "at the moment of"

순간 expresses the exact moment of an action, the instant that something happens.

큰 어시장을 보는 순간 나는   I was so surprised the moment I saw
깜짝 놀랐다.   the big fish market.

그 사람을 처음 만난 순간   The moment I met the man, I fell
나는 사랑에 빠졌다.   in love with him.

그 소식을 듣는 순간   When I heard the news, I jumped
기뻐서 뛰었다.   with joy.

4. V. + ㄴ/은 적이 있다/없다   "there has/has never been,"
"to have/have never done"

V. + 어/아본 적이   "there has/has never been,"
있다/없다   "to have/have never done"

적 "occasion" indicates an experience and is often used with (어/아) 보다 as in 거기에 가 본 적이 있다 "I've been there." Another way of saying it is 거기에 가 본 일이 있다.

나는 미국에서도 어시장을   I have seen a fish market in the
본 적이 있다.   United States, too.

해삼, 미역을 먹어 본/먹은   I have never eaten sea cucumber
적이 없다.   and seaweed.

한중록을 읽어 본 적이   Have you read *The Memoir of Lady
있어요?   Hong*?

이월에 날씨가 이렇게   It has never been this warm in
따뜻한 적이 없다.   February.

5. V. + 지 않을 수 없다   "could not help but,"
                                   "there is no way but"

There is a sense of involuntary and obligatory action in this expression.

놀라지 않을 수 없었다.	There was no way that I could not have been surprised.
찰스는 러시아에 사니까 러시아어를 배우지 않을 수 없다.	Since Charles lives in Russia, he can't help but learn Russian.
친구의 결혼식이라 가지 않을 수 없다.	Because it's my friend's wedding, I can't miss it.
여름이 됐으니 날씨가 덥지 않을 수 없지.	Summer has come, so there is no way that the weather will not be hot.

6. A.V. + 기(가) 무섭게   "as soon as," "immediately (after)"

This idiomatic expression gives a vivid image of something happening immediately after the act or the event in the first clause.

배가 부두에 닿기가 무섭게 선원들이 내려 왔다.	Immediately after the ship reached the pier, the crew got off (the ship).
집을 짓기가 무섭게 이사할 것이다.	As soon as they finish the house, they will move in.

연습   EXERCISES

A. 본문을 읽고 질문에 대답하십시오.

1. 부산은 어떤 도시입니까?
2. 현배는 부산의 어시장에 가서 왜 깜짝 놀랐습니까?
3. 부산 항구에는 어떤 배들이 드나듭니까?
4. 현배는 한국이 빨리 발전한 이유가 무엇이라고 생각합니까?
5. 생선 시장은 왜 새벽에 시작하는 것 같습니까?

B. 주어진 문형을 사용하여 대답하십시오.

1. 한국어를 배우는 학생으로서 무엇이 가장 어려워요? (-는 것)

2. 친구와 같이 왔어요? (-없이)
3. 왜 그 사람을 보고 그렇게 놀랐어요? (-는 순간)
4. 마이애미 해수욕장에 가 봤어요? (ㄴ/은 적이 있다/없다)
   (마이애미 Miami)
5. 주말에 학교에 나가야 돼요? (-지 않을 수 없다)
6. 어제 수업이 끝나기가 무섭게 어디 가셨어요? (-지 않을 수
   없었다)

주어진 문형을 사용하여 문장을 완성하십시오.

7. -없이

   a. 항구에 배가 _____ 드나든다.
   b. 영희는 외국에서 _____ 잘 지내고 있다고 한다.
   c. 영식이는 부모의 _____ 혼자 사업을 시작했다고
      한다.

C. 단어 연습

1. 알맞은 단어를 골라 문장을 완성하십시오.

항구, 기선, 어선, 고속 *페리*, 공장, 외국

   a. 자동차를 만드는 것을 보려면 자동차 _____에
      학생들을 데리고 가세요.
   b. _____에 가면 어선, 기선 등 각종 배를 볼 수 있다.
   c. 생선을 잡아오는 배를 _____이라고 한다.
   d. 손님과 짐을 싣고 빠른 속도로 가는 배를 _____
      라고 한다. (싣다 to load, 짐 load)
   e. 미시시피 강에 관광객을 태우고 다니는 _____이
      유명하다.
   f. _____에 가려면 여권이 필요하다.

2. 알맞은 동사와 연결하십시오.

   예: 천둥소리에 (천둥 thunder) ———— 깜짝 놀라다
   a. 남산에 있는 탑은   부지런하다
   b. 개미들은 (개미 ant)   높다
   c. 어시장의 생선이   싱싱하다
   d. *크리스마스* 때 백화점이   복잡하다

3. 관계없는 단어 하나를 고르십시오.
   Choose a word that is not related to the rest of the words.

   a. 기선, 선박, 어선, 바다, 고속 *페리*
   b. 해산물, 하늘, 어시장, 생선, 어선
   c. 드나들다, 왕복하다, 들어오다, 싱싱하다

4. 알맞은 단어를 골라 문장을 완성하십시오.

   ┌─────────────────────────────┐
   │ 보내다, 놀라다, 닿다, 좋다 │
   └─────────────────────────────┘

   a. 어선이 부두에 _____면 갈매기들이 모여든다
       (갈매기 seagull)
   b. 어머니께 *크리스마스* 선물과 카드를 _____.
   c. 나는 신사임당의 그림이 _____서 복사본을
       하나 샀어. (복사본 a copy)
   d. 배가 들어오니까 갈매기가 _____서 날아갔다.

5. 다음 도시나 주와 그곳에서 발달한 산업의 이름과 그
   산업에서 일하는 사람을 연결하십시오.
   Connect the three most related items, as shown in the
   example.

도시/주	산업	일하는 사람
예: 라스베가스	탄광업	어부 (fisherman)
애팔래치안 지역	수산업	광부 (miner)
알래스카	농업	여행안내자
아이다호	관광산업	농부 (farmer)

D. 이야기하기

1. 어시장에 가 본 적이 있습니까? 어시장에 가면 무엇을
   볼 수 있습니까?
   다른 시장, 예를 들어 과일시장이나 벼룩시장에 가 본
   적이 있습니까? (벼룩시장 flea market) 벼룩시장은 무엇을
   파는 데입니까?
   벼룩시장에는 왜 갑니까?
2. 미국의 유명한 항구도시로 어떤 도시들이 있습니까?
3. 바닷가에서 할 수 있는 일을 이야기해 보십시오.

제 12 과

예술의 도시 광주

나는 광주로 여행을 떠나기로 했다. 광주에는 미국에 교환 교수로
가 계셨던 손 교수님이 사신다. 그 교수님께서 광주에 한 번 와
보라고 초대해 주셨다. 여행도 하고 교수님도 뵈려고 광주로 떠났다.
　　나는 고속 버스를 타기로 했다. 버스는 두 번 휴게소에 들러
삼 십분 쯤 쉬었다. 휴게소에 있는 주유소에서 기름도 넣었다. 버스
창 밖으로 보이는 경치가 얼마나 아름다운지, 경치를 놓칠까 봐[1]
잠도 안 자고 창밖만 내다보았다. 도로에서 멀지 않은 곳에 산들이
겹겹이 보이고, 산 옆으로는 논과 밭이 잘 정돈되어 있었다.[2] 밭에서
일하는 농부들도 가끔 보였다. 자연을 보느라고[3] 광주에 도착할
때까지 지루하지 않았다. 광주에 도착해서 손 교수님과 다방에서
만났다.

손 교수:　광주에 온 기분이 어때?

현배:　평화스러운 도시 같아요. 그런데 교수님, 광주가
　　　　문화의 도시라고 하던데요?

손 교수:　그런 것까지 알아? 그럼 왜 그런 이름이 생겼는지
　　　　알고 있나?

현배:　글쎄요. 그것까지는 아직 모르겠는데요.

손 교수:　보통 광주와 전라도를 빼고는[4] 한국의 예술을 말할 수
　　　　없다고 하지.

현배:　그 정도인가요?

손 교수:　우선 많은 예술가들이 이곳 출신이야. 유명한 화가,
　　　　성악가, 소설가, 시인들 중에서 이 곳 출신들이 셀 수
　　　　없이 많아.

현배: 사람들이 예술을 사랑하고 즐기는 분위기인가 봐요.
         이 다방도 아주 예술적이잖아요?

손 교수: 그래서 집집 마다 동양화 한 점 없는 집이 없고, 사람
         마다 판소리 한 가락 못 부르는 사람이 없다고 한단다.[5]

현배: 이태리에 가면 *택시* 운전사도 *오페라*를 부를 줄
         안다는 것과 같네요.

손 교수: 재미있는 비교인데. 참, 시장할 텐데 저녁 먹으려
         나가야지.

현배: 아, 벌써 시간이 그렇게 됐나요? 그런데 전라도 음식이
         그렇게 맛있다면서요?[6]

손 교수: '음식 문화' 라는 말이 있지? 바로 여기를 말하는 거야.

현배: 한 상에 반찬이 서른가지도 넘게 나온다면서요?

손 교수: 그건 보통이야. 내가 맛있는 저녁 사줄게. 우리 좀
         멀지만 해남에 가 볼까? 거기에 한정식으로 유명한
         식당이 있어.

현배: 물론, 좋지요.

단어   VOCABULARY

가락	tune, melody, song (archaic expression of 곡)
겹겹이	in many layers (of mountains, fabric, clothes)
교환 교수	exchange professor
기름	gas, oil
기분	feeling, mood
내다보다	to look out from
농부	farmer
놓치다	to miss, to fail to catch
대신	instead of, substitution, substitute; 대신하다 to take the place of, to replace
도로	road
동양화	Oriental painting; 동양 the Orient, Oriental
들르다	to drop by, to stop by
비교	comparison; 비교하다 to compare

사랑하다	to love
상	table
성악가	concert singer
셀 수 없이	innumerably, countlessly
소설가	novelist, fiction writer
시인	poet
시장하다	to be hungry (HON.); 배가 고프다 to be hungry (plain)
예술	art; 예술적 artistic
오페라	opera
-을/를 빼고	without, except, leaving out; 빼다 to take out, to leave out
음식	(cooked) food; 음식 솜씨 cooking skill
전라도	Chŏlla Provinces
전통	tradition
-점	piece (of artwork); 그림 한 점 one painting
정도	extent, degree
주유소	gas station
즐기다	to enjoy, to have fun
초대하다	to invite; 초대 invitation
출신	origin, birth; graduate; 출신이다 to come from; to be a graduate of
판소리	*pansori* (traditional Korean song)
평화스러운	peaceful; 평화스럽다 to be peaceful; 평화 peace
한정식	Korean full-course meal
해남	city of Haenam in South Chŏlla Province
화가	painter, artist
휴게소	rest area

문형과 문법   PATTERNS AND GRAMMAR NOTES

1. V. + ㄹ/을까 봐   "(because) . . . afraid that,"
                              "in anticipation of"

    This connective explains the reason for the action or the event in the main clause.

경치를 놓칠까 봐 잠도   Afraid that I might miss the
    안자고 창 밖을 내다   scenery, I looked out the
    보았다.   window without sleeping.

이따가 비가 올까 봐 / Afraid that it might rain later,
우산을 가지고 왔다. / I brought an umbrella.

언니는 실수할까 봐 / Afraid that she might make a
조심해서 말했다. / mistake, my sister spoke
/ carefully.

운동하고 나서 배고플까 봐 / Afraid that I might get hungry after
도시락을 많이 싸왔다. / exercising, I brought a lot for
/ lunch.

2. A.V. + (어/아) 있다   "to be in the state/place of,"
                         "to be still . . . "

This construction describes the state of being and is usually used with 오다, 가다, 앉다, 서다, 남다, 비다, 붙다, 쌓이다, and 뜨다 verbs, as in 가 있다, 서 있다, 붙어 있다, 쌓여 있다, and 떠 있다. (See the helping verbs chart in L14, GN7.)

교환학생으로 한국에 와 / While I am here as an exchange
있으면서 영어도 / student, I also teach English.
가르친다.

비서 자리가 아직 비어 / Is the secretarial position still
있었니? / vacant?

불교 문화가 경주에 / Buddhist culture still exists in
남아 있다. / Kyŏngju.

카페에 들어가니 후안이 / When I came into the cafe, Juan
의자에 앉아 있었다. / was sitting in a chair.

3. A.V. + 느라(고)   "for doing . . . ," "(in order)
                         to do . . . "

This connective is used to indicate the reason for or purpose of an action.

회사 일을 하느라고 바빴다. / I was busy working on company
/ business.

급하게 나오느라고 숙제를 / Because I left home in a hurry, I
놓고 왔어요. / left the assignment behind.
/ (Literally, "In order to leave in
/ a hurry, I left the assignment
/ at home.")

뭐 하느라고 잠도 못 잤니?	Why couldn't you sleep? (Literally, "What were you doing that you could not sleep?")

4. Idiomatic use of 을/를 빼고 "without"

-을/를 빼고 literally means "subtracting" or "taking out" but translates to "without" in English.

비빔밥에 고기를 빼고 주세요.	Please make my *bibimbap* without meat.
너를 빼고 우리가 놀러 갈 수 있겠니?	How can we go and have fun without you?

5. V. + ㄴ/는/었/았단다   "(I am telling you) . . . ," "(I say) . . . "

This intimate ending indicates that the speaker is informing the listener about what is going on or about what the facts are. It is the equivalent of saying "you know" or "I am telling you" in American colloquial style.

한국전쟁에서 사람들이 많이 죽었단다.	Many people were killed in the Korean War, you know.
전라남도와 북도를 호남 지방이라고 한단다.	The South and North Chŏlla Provinces are known as the Honam region, you know.
재미있는 옛날 이야기들을 많이 알고 계신단다.	(I am telling you) he knows many interesting stories.

6. N. + (이)라면서요?   "is it true that . . . ?," "is (what I heard) true?"

D.V. + 다면서요?   "is it true that . . . ?," "is (what I heard) true?"

A.V. + ㄴ/는다면서요?   "is it true that . . . ?," "is (what I heard) true?"

This casual question ending asks for a confirmation of what the speaker heard or was told.

광주가 문화 도시라면서요?	Is it true that Kwangju is a cultural city?

그 분이 선생님이라면서요?	Is it true that he is a teacher?
요즘 동부의 날씨가 춥다면서요?	Is it true that it is cold in the East?
작년에 더 추웠다면서요?	Is it true that it was even colder last year?
그 분이 일본에 가신다면서요?	Is it true he is going to Japan?
요즘 히로세가 한국 소설 책을 읽는다면서요?	Is it true that Hirose reads Korean fiction?
지난 달에는 한국 시를 읽었다면서요?	Is it true that he read Korean poems last month?

7. Reading mathematical terms

The basic mathematical terms related to addition, subtraction, multiplication, division, and fractions are read in the following ways:

더하기   addition

$2 + 3 = 5$ 이 더하기 삼은 오. (이 플러스 삼은 오.)

빼기   subtraction

$10 - 4 = 6$ 십 빼기 사는 육. (십 *마이너스* 사는 육)

곱하기   multiplication

$6 \times 10 = 60$ 육 곱하기 십은 육십.

나누기   division

$100 \div 20 = 5$ 백 나누기 이십은 오.

분수   common fraction

$\frac{1}{3}$ 삼분의 일

$1\frac{2}{5}$ 일과 오분의 이

소수   decimal fraction

2.34   이점 삼사

0.5   영점 오

짝수   even number

홀수   odd number

십에 오를 더하면 얼마예요?   What is 10 plus 5?

십과 오를 합하면 얼마예요?   What is 10 plus 5?

이십에서 십을 빼면   What is 20 minus 10?
　　얼마예요?

이분의 일과 삼분의 이를   What is $\frac{1}{2}$ plus $\frac{2}{3}$?
　　합하면 얼마예요?

백을 셋으로 나누면   What is 100 divided by 3?
　　몇이에요?

칠에 육을 곱하면   What is 7 times 6?
　　얼마예요?

연습   EXERCISES

A. 본문을 읽고 질문에 대답하십시오.

1. 현배는 왜 광주에 내려 갔습니까?
2. 고속 *버스*는 몇번 쉬었습니까?
3. 현배는 왜 긴 *버스* 여행에서도 지루하지 않았습니까?
4. 왜 전라도를 한국 문화의 중심지라고 합니까?

B. 주어진 문형을 사용하여 대답하십시오.

1. 지금 어디에 가 있니? (-(어/아) 있다)
2. 왜 우산을 가지고 오셨어요? (-ㄹ/을까 봐)
3. 어제 왜 학교에 안 왔어요? (-느라고)
4. 12과 연습 문제를 다 해야 돼요? (-을/를 빼고)
5. 비빔밥을 어떻게 만들어 드릴까요? (-을/를 넣고)
6. 어머니, 작년에 아버지 어디 계셨어요? (ㄴ/는/었/았단다)
7. 그 분이 판소리 가수라면서요? (-(이)래요) (가수 singer)
8. 그 모임에 사람이 많이 왔다면서요? (-대요)

주어진 문형을 사용하여 문장을 바꾸십시오. 뜻이 어떻게
달라집니까?

9. -(어/아)있다

　　예: 현배는 비행기 안에 앉았다. ──→ 현배는 비행기 안에
　　　　　　　　　　　　　　　　　　　　　앉아 있다.

    a.   고속 *버스*를 타려고 섰다.
    b.   건수는 미국에 인류학을 연구하러 왔다.
    c.   눈이 와서 쌓였다. (쌓이다 to pile up)

C. 단어 연습

1.   인명이는 고속 *버스*를 타고 가면서 창 밖을 내다보고
    있습니다. 무엇이 보일까요? 관계 있는 것끼리 연결하십시오.

산, 바다, 강, 논, 밭, 하늘, 도로	농부, 비행기, 고속 *버스*, 어선, 다리, 나무, 벼 (rice)

2.   알맞은 동사와 연결하십시오. 격조사를 주의해서 보십시오.

    a.   고속 도로에 있는 휴게소에서   내다본다
    b.   밖에 보이는 경치가   넣겠다
    c.   달리는 차에서 창 밖을   쉬었다
    d.   가는 길에 주유소에서 기름을   배운다
    e.   역사 시간에 문화와 전통을   평화스럽다
    f.   시간을 몰라서 *버스*를   놓쳤다

3.   알맞은 표현을 골라 넣으십시오.

멀지 않은, 적지 않은, 높지 않은, 덥지 않은, 쉽지 않은

    불국사에서 _____ 곳에 석굴암이 있었다. 그렇게
_____ 산을 올라 가니까 바로 거기에 있었다. _____
날씨라서 올라 가기가 좋았다. 석굴암에 들어 가 보니
_____ 관광객이 벌써 와서 구경하고 있었다. 가운데
부처님과 벽을 둘러싸고 있는 조각이 아주 인상적이었다.
그 당시 석굴암을 만드는 것은 _____ 일이었을 것이다.
(벽 wall, 조각 sculpture)

4.   알맞은 분류사와 연결하십시오. (분류사 classifier)

    예: 종이 네   점
    a.   그림 한   그릇
    b.   차 두   개
    c.   집 세   장
    d.   노래 두   명

e. *커피 한*   채
f. *사과 한*   곡
g. *학생 열*   잔
h. *비빔밥 다섯*   대

5. 주어진 부사를 사용하여 대화를 완성하십시오.

   a. 수지: 요즘 찰스를 자주 보니?
      데비: ＿＿＿＿＿＿＿ (가끔)
   b. 수지: 그전에는 매일 만나더니, 무슨 일이 있었니?
      데비: ＿＿＿＿＿＿＿ (서로)
   c. 수지: 싸우는 이유가 뭐니?
      데비: ＿＿＿＿＿＿＿ (자꾸)

6. 맞는 표현에 동그라미를 치십시오.

   a. 언니가 맞선을 (보로, 보러) 한식집에 갔어요.
   b. 회사원들에게 "모르는 것이 있으면 손을 (드러요,
      들어요)" 라고 했어요.
   c. 이름이 뭐냐고 (물, 묻)었어요.
   d. 교환 학생은 한국에 가서 (놀지, 노지) 않고 공부만 해요.
   e. "Emergency!" 라고 크게 소리를 (질렀, 지렀)어요.
   f. 강남에서 명동에 가(려면, 러면) 긴 다리를 건너야
      (돼, 되)요.
   g. 수업 후에 학교에서 (노르, 놀, 놀으)려면 선생님의
      허가를 받으세요. (허가 permission)
   h. 이따 친구가 전화하면 메시지를 (받은다, 받아 주세요)
   i. 영희야, 교통이 복잡할 때 (조심한다, 조심해라)
   j. 영희는 철수 (만큼, 만) 예절이 있어요.
   k. 학교 운동장에서 뛰(러, 려고) 운동화를 신었어요.
   l. 내년 여름에 졸업(하러, 하려고) 수업을 많이 들어요.
   m. 인류학을 공부(하러, 하려고) 책을 샀어요.
   n. 친구는 돈을 벌(러, 려고) 열심히 일을 해요.
   o. 친구는 돈을 벌(러, 려) 사우디에 갔어요.
   p. 작년에 영식이가 한국어를 어디에서 (가르치는지,
      가르쳤는 지) 아세요?
   q. 동생은 모임에서 수줍어(한다, 하다). 그리고 언제나
      얌전(한다, 하다)

    r.   그 사람은 행동이 어색(한다, 하다).
    s.   수업시간을 (잊어, 잃어) 버리고 안 갔다.

D. 이야기하기

    1. 판소리를 들어보고 감상을 이야기해 보십시오.
    2. 좋아하는 음악이 무엇입니까? 왜 그 음악이 좋은지
        이야기해 보십시오.

제 13 과

제주도

현배는 친구 두 명과 같이 제주도를 여행하기로 했다. 한국
사람들은 제주도로 신혼여행을 많이 간다. 그래서 자기들은 결혼
안 한 처녀, 총각들이지만 미리 가서 봐 두자고[1] 하면서 웃어 댔다.[2]
　　제주도를 벌써 다녀온 한 친구의 말에 의하면 한라산에 올라
가는 것도 좋은 경험이라고 했다. 타원형으로 생긴 이 섬의
한가운데에는 화산이었던[3] 한라산이 있다. 홀로 육지에서 멀리
떨어져 있는 섬이기 때문에 본토와 많이 다르다. 자연과 식물이
다를 뿐만 아니라[4] 언어와 생활 방식도 다르다.
　　현배, 겐다로, 유미는 새로운 경험을 하러 제주도로 떠났다.
서울에서 제주도로 가는 직행표는 매진되어 할 수 없이[5] 부산을
경유해서 제주시에 가는 비행기를 타게 됐다.[6] 푸른 파도에 둘러
싸인 섬을 하늘에서 볼 수 있었다.

유미: 　　제주도에 유명한 것이 세 가지 있다는데 뭐지?

겐다로: 　여자와 돌과 . . . 흠 . . . 말인가?

현배: 　　말이 아니고 바람이야. 그런데 제주도에 어떻게 말들이
　　　　들어왔지?

겐다로: 　13세기 고려시대에 몽고군이 침략했을 때 제주도까지
　　　　왔다는데 갈 때 말들을 놓고 돌아갔대.

유미: 　　몽고군이 여기까지 뭐하러 왔는데?

겐다로: 　일본을 정복하러 왔었대. 그런데 돌은 왜 많지?

유미: 　　힌트 줄까? 한라산이 옛날에 화산이었잖아. 옛날에
　　　　우리가 여기서 살았으면 내가 바다에 가서 해산물을
　　　　따오고 너희들은 집에서 애기 기르고 밥하고 집안 일을
　　　　했을 거야.

현배: 정말 남녀 평등인데. 야... 나는 요새 태어난 것이
다행이다! 요새는 안 그러겠지?

겐다로: 요즘은 젊은 여자 해녀가 별로 없대. 다들 현대
직업여성들이야.

단어 VOCABULARY

경유하여	through, by way of; 경유하다 to pass through, to go by way of
경험	experience; 경험하다 to experience
다행이다	to be fortunate
돌	stone, rock
둘러싸다	to surround, to wrap around
따오다	to pick off (a tree) and bring; 따다 to pick off
몽고군	Mongolian army; 몽고 Mongolia
뭐하러	for what
미리	ahead, in advance
바람	wind; 바람이 불다 wind blows
밥하다	to cook
방식	way, method, manner; 생활 방식 way of life
본토	mainland
봐 두다	to inspect, to see ahead
뿐만 아니라	not only; 뿐 only
새로운	new; 새롭다 to be new, to be fresh
섬	island
식물 [싱물]	plants
신혼여행	honeymoon
언어	language
-에 의하면	according to; 의하다 to be based on
-에 의해서	by means of, in accordance with
여행하다	to travel
요새; 요즘	these days
육지	land, shore
이미	already
점	point, issue; 다른 점 different point; 좋은 점 good point
정복하다	to conquer

제주도	Cheju Island (south of Korean Peninsula), Cheju Province
제주시	city of Cheju (on Cheju Island)
직행 [지캥]	direct route, nonstop route; 직행 표 express ticket, nonstop ticket
집안 일	housework
처녀	maiden, virgin
총각	bachelor, single man
침략하다 [침냑하다]	to invade
타원형	oval shape; 둥글다 to be round
특이하다	to be unique, to be peculiar
파도	waves
푸른	blue, azure; 푸르다 to be blue, to be azure
한-	right; 한가운데 right in the middle of
한라산 [할라산]	Mount Halla
할 수 없이	having no choice, without any other choice; 할 수 없다 can't help it
해녀	woman sea diver
홀로	alone
화산	volcano (volcanic mountain)
힌트	hint

문형과 문법   PATTERNS AND GRAMMAR NOTES

1. A.V. + (어/아) 두다   "... and keep"

Like other helping verbs, such as -보다, -버리다, and -놓다, -(어/아)두다 "to keep/put away" is combined with another verb to indicate the "preservation" of the result of the main verb action, often for a future use. (See the helping verbs chart in L14, GN7.)

봐 두다	"to see and keep the knowledge (for future use)"
배워 두다	"to learn and keep the skill (for future use)"
먹어 두다	"to eat (in anticipation of ...)"
사 두다	"to buy and keep"

이사갈 아파트를 봐 두어야겠다.	I must go and see the apartment that I'll be moving to (to prepare it).
배가 안 고팠지만 밥을 먹어 뒀다.	I wasn't hungry, but I ate a meal (so I would not be hungry later on).
주유소에 가서 차에 기름을 많이 넣어 두었다.	I went to a gas station and filled up the tank (so I would not run out of gas).
고구마를 많이 심어 두었다.	They planted a great many yams (to harvest later).
여행을 가려고 돈을 모아 뒀다.	I saved money to make a trip.
친구 생일에 주려고 선물을 사 뒀다.	I bought a gift (and saved it) for my friend's birthday.

2. A.V. + (어/아) 대다   "to keep on doing," "to do repeatedly"

This helping verb indicates a continuing or repeated action. (See the helping verbs chart in L14, GN7.)

농담을 하고 웃어 댄다.	They joked and kept laughing.
사람들이 떠들어 댔다.	The people talked loudly on and on.
아이들이 스키 가자고 졸라 댔다.	The children begged on and on to go skiing.

3. a. V. + 었/았던   "used to do," "was doing . . . "

   b. N. + (이)었던   "used to be"

This verbal modifier indicates an activity that was performed habitually in the past or was uncompleted.

(a) 내가 생각했던 문제가 해결됐다.	The problem I was thinking about was solved.
내가 다녔던 초등 학교가 문을 닫았다.	The primary school I used to attend is closed.

어렸을 때 읽었던 책을 다시 읽었다.	I read again the book I used to read when I was young.
(b) 화산이었던 산은 지금도 가끔 연기가 난다.	Former volcanic mountains still make smoke sometimes.
대통령이었던 사람이 지금은 농부가 됐다.	The one who used to be the president is now a farmer.
해녀였던 여자이기 때문에 수영을 잘 한다.	Because she used to be a sea diver, she is very good at swimming.

4. a. V. + ㄹ/을 뿐만 아니라   "not only . . . but also," "as well as"

    b. N. + 뿐만 아니라   "not only N. but also N. . . ."

       N. + 도   "not only N. but also N. . . ."

This pattern indicates that both nouns or noun phrases of the sentence are of equal importance.

(a) 이 나라는 식물이 다를 뿐만 아니라 동물도 다르다.	Not only the plants but also the animals are different in this country.
소설을 읽을 뿐만 아니라 만화책도 좋아한다.	She not only reads novels but also likes comic books.
(b) 학생뿐만 아니라 선생님도 약속을 깜빡 잊었다.	Not only the student but the teacher also forgot the appointment.
제주도뿐만 아니라 하와이도 가봤다.	I have been not only to Cheju Island but also to Hawaii.

5. a. 할 수 없이 ...　　　　　"having no choice,"
　　　　　　　　　　　　　　"without an alternative"

　　b. 할 수 없다　　　　　　"can't help it," "can't do"

This expression is usually preceded by a clause with -(어/아)서, -지만, -(으)므로, or 어/아도. When it has no connected clause, it is preceded by 그래서 "so," "therefore."

　　(a) 집에 먹을게 하나도　Because there was nothing else
　　　　없어서 할 수　　　　to eat in the house, I had no
　　　　없이 라면을　　　　choice but to boil and eat
　　　　끓여 먹었어요.　　　noodles.

　　　비행기표가　　　　　Since the plane tickets were sold
　　　매진되어 할　　　　out, I had no choice but to take
　　　수 없이 기차로　　　the train.
　　　가야 했다.

　　　어제 차가 고장났다.　The car broke down yesterday.
　　　그래서 할 수　　　　Therefore I had no choice
　　　없이 집에까지　　　but to walk home.
　　　걸어 갔다.

　　(b) 도와 드리고는　　　I would like to help you, but I am
　　　　싫지만 지금은　　　so busy that I cannot.
　　　　너무 바빠서
　　　　할 수 없겠어요.

　　　신혼여행을 못 가도　If we are not able to go on a honey-
　　　할 수 없어요.　　　moon, we cannot help it.

6. V. + 게 되다　　　　　　"it turns out that," "it happens that,"
　　　　　　　　　　　　　　"it becomes that"

This expression indicates that an action or an event takes place without the actor's or subject's volition. It is often preceded by an explanatory or causal clause -(어/아)서, -기 때문에, as shown in these examples:

직행 표가 매진 돼서 부산을　Since the nonstop tickets were sold
　경유해서 제주도에 가게　　out, it turned out that we had
　됐다.　　　　　　　　　to go to Cheju via Pusan.

제주도에 갔다가 소피를　　I happened to meet Sophie while
　만나게 됐다.　　　　　in Cheju.

친구를 통해 샨메이를 알게 됐다.	I've gotten to know Shanmei through a friend.
잃어버린 지갑을 찾게 됐다.	I have gotten my purse back.
돈을 빌려 차를 사게 됐다.	It turned out that I can borrow money and buy a car.

연습   EXERCISES

A. 본문을 읽고 질문에 대답하십시오.

1. 현배는 왜 부산을 경유해서 제주도에 갔습니까?
2. 제주도는 어떻게 생겼습니까?
3. 한라산에는 무엇이 많습니까?
4. 제주도의 세 가지 유명한 것들은 무엇입니까?

B. 주어진 문형을 사용하여 대답하십시오.

1. 왜 그렇게 식사를 많이 하세요? (-(어/아) 두다)
2. 왜 조용히 하라고 했어요? (-(어/아) 대다)
3. 제주도는 어떤 섬이에요? (-었던)
4. 그 식당이 어때요? (-ㄹ/을 뿐만 아니라)
5. 왜 제주도에 안 가셨어요? (-(어/아)서 할 수 없이)
6. 그 분과 어떻게 아세요? (알게 되다)

C. 단어 연습

1. 다음 물건들 중 네모 (square) 난 것은 □, 세모 (triangle) 난 것은 △, 동그란 (round) 것은 ○, 타원형 (oval) 은 ○ 표를 하십시오.
   Draw the appropriate shape over the nouns.

   > 사과, 산, 책, 달, 상자, 달걀 (egg)

2. 알맞은 동사와 연결하십시오.

   a. 작년에 제주도에 가는 길에 부산에 ⎯⎯ 잡는다.
   b. 그는 언제나 강에 가서 고기를 ⎯⎯ 들렀다.
   c. 알렉산더 대왕은 인도를 ⎯⎯ 정복했다.
   d. 한국에 왔다가 내년에 미국으로 ⎯⎯ 둘러싸여 있다.

e. 부산은 서울에서 멀리   돌아 간다.
f. 그 영화 배우는 팬에게   떨어져 있다.

3. 알맞은 단어를 골라 문장을 완성하십시오.

> 화산, 돌, 섬, 식물, 경험, 힌트, 파도

a. 제주도에는 땅에 _____이 많고 바람이 많이 분다.
    (땅 ground, earth)
b. 동물에 대해 연구하는 학자를 동물학자라고 하고
    꽃이나 나무 등을 연구하는 학자를 _____
    학자라고 한다.
c. 답을 잘 모르겠어요. _____를 주세요.
d. 제주도를 여행하다가 인상적인 _____을 많이 했다.
e. 제주도뿐만 아니라 울릉도도 한국의 유명한 _____
    이에요. 관광객들이 많이 오지요.
f. 바람이 많이 부니 바다에 _____가 많이 쳐요.
g. 하와이에는 아직도 _____이 살아있어서 가끔
    폭발한대요. (살아있다 to be alive, 폭발하다
    to explode)

D. 이야기하기

1. 미국의 동부와 서부의 자연이 어떻게 다릅니까?
    다른 점을 두 가지 말해 보십시오.
2. 남부와 북부의 다른 점을 두 가지 말해 보십시오.
3. 동부와 서부의 나무들은 어떻게 다릅니까?
4. 미국의 남부와 북부는 언어와 풍습이 어떻게 다릅니까?

제 14 과

설날

오늘은 새해가 시작되는 정월 초하루다. 현배는 아침 일찍 일어나 일년 동안의 계획을 쓰기로 했다. 어려서부터 매년 새해 아침에 이것을 쓰는 것이 현배의 습관이다.

   1. 건강한 마음과 튼튼한 몸을 가질 것[1]

   2. 부모님과 친구들에게 더 자주 연락할 것

   3. 그날 할 일을 다음날로 미루지 말 것

현배는 계획을 쓰다가 미국으로 국제 전화를 걸었다. 시간이 너무 늦기 전에 부모님께 새해 인사를 드려야겠다고 생각했기 때문이다.

(전화)

현배: 여보세요. 엄마? *해피 뉴이어!* 아니, 새해 복 많이 받으세요.

어머니: 아, 현배구나. 잘 있었니? 그런데 여긴 아직 새해가 아니라 그믐날이야.

현배: 아차, 시차가 있다는 것을 깜빡 잊어 버렸어요.[2]

어머니: 떡국은 먹었니?

현배: 아직 안 먹었어요. 지금 신년 계획을 쓰다가 시간이 늦어질까 봐 전화를 걸었어요.

어머니: 전화한 김에 아버지께도 새해 인사 드려라. 아버지 바꿔 줄게.

아버지: 현배냐? 그 동안 별 일 없니?

현배: 네, 잘 있어요. 아버지, 새해 복 많이 받으세요.

아버지: 그래, 너도 복 많이 받아라. 한국 생활은 할 만하니?[3]

현배: 네, 이제 한국말도 웬만큼 할 수 있어요. 그리고
         귀국하면 경영학을 전공하기로 결심했어요. 한국과
         일하는 회사에 취직하려고 해요.

아버지: 한국에 간 보람이 있는데. 전공까지 정하고 ... 그런데
         설날 혼자 쓸쓸히 지내진 않겠지?

현배: 아니오. 아침에는 큰아버지 댁에 세배 가고, 점심때는
         여자 친구와 점심 먹기로 했어요. 그리고 저녁에는 또
         큰아버지 댁에서 사촌들이랑[4] 윷놀이 하기로 했어요.

아버지: 재미 있게들[5] 놀아라.

어머니: 여자친구가 생겼어? 결혼할 사람이니?

현배: 아니에요. 그냥 친구에요.

단어   VOCABULARY

건강한	healthy; 건강하다 to be healthy; 건강 health
결심하다	to determine; 결심 determination
국제 전화	international phone call
귀국하다	to return to one's home country
그믐날	the last day of the month
깜빡	momentarily, in an instant of time
대강	roughly, generally
떡국	rice-cake soup
마음	heart, mind, thought
매년; 매해	every year
몸	body
미루다	to postpone, to put off
바꿔 주다	to change (for someone); 전화를 바꿔 주다 to put (someone) on the phone
별 일	strange event, unexpected thing; 별- strange, unexpected
복 받다	to be blessed; 복 blessing
사촌	cousin

세배	*sebae* (formal bow of respect to elders on New Year's Day); 세배 가다 to pay visit of respect on New Year's Day; 세배 드리다; 세배하다 to perform *sebae*
습관	habit, custom
시차	time difference
신년 계획	New Year's plan
쓸쓸히	lonely; 쓸쓸하다 to be lonely
아차	Oops!
연락하다	to contact, to get in touch with; 연락 contact
웬만큼	tolerably, acceptably; 웬만하다 to be at an acceptable level
윷놀이하다	to play *yut* game; 윷놀이 *yut* game, Four-Stick Game
이제; 인제	by now, now
인사	greeting; 새해 인사 New Year's greeting; 인사하다 to greet
튼튼한	strong, healthy; 튼튼하다 to be strong, to be healthy

읽기 설날 지내기   EXTRA READING

설날은 추석과 함께 한국에서 가장 중요한 명절이다. 설날을
지내는 것을 "설 쉰다"고 한다. 설 준비는 동지 때부터 시작된다.
동짓날[6]은 '작은 설' 이라고도 하며 이날 집집마다 팥죽을 만들어
먹는다. 설날이 가까워 오면 여자들은 설빔을 준비하고 설날에 먹을
음식을 만든다.
섣달 그믐날 밤에 잠을 자면 눈썹이 하얘진다고 해서 아이들은
졸린 것을 참고 밤을 새운다. 아이들이 깜빡 잠이 들면 눈썹에
밀가루를 뿌려 아침에 깜짝 놀라게 해 준다.
아침에 아이들은 설빔으로 갈아 입고 어른들에게 세배를 드린다.
또 설날에 떡국을 먹어야 나이를 한 살 더 먹는다고 한다. 밤에는
가족이 다같이 모여 윷놀이를 하며 즐긴다.

갈아 입다	to change clothes
눈썹	eyebrows
동지	winter solstice
밀가루	flour
-살 먹다	to get to be . . . years old (colloquial)
뿌리다	to scatter

새우다   to stay up;   밤을 새우다 to stay up all night
섣달 그믐날 the year's last month's last day, New Year's Eve
설 쇠다   to celebrate New Year's Day
설빔   New Year's Day attire
졸리다   to be sleepy;   졸다 to doze off
팥죽   red bean porridge
하얘지다   to turn white;   까매지다 to turn black or dark
함께   together

문형과 문법   PATTERNS AND GRAMMAR NOTES

1. V. + ㄹ/을 것   "one should/must (do)"

This ending is used for writing memos, short instructions, and to-do lists. It indicates an order or an imperative voice.

오늘 방 청소 할 것.	Clean my room today.
10 시에 한국에 전화할 것.	Call Korea at ten o'clock.
내일 수업에 지각하지 말	Don't be late to class tomorrow.
기말것. 시험에 계산기 갖고 올 것.	Bring a calculator to the final exam.

2. V. + (어/아) 버리다   "to end up doing . . . ," "to do . . . (completely)"

Attached to the main verb, this helping verb is used for emphasis. It indicates that an action was "completely" finished or that the subject "ended up doing" it. There are a number of helping verbs that indicate modals and aspects, as shown in the chart in item 7 below.

아무도 안 먹어서 내가 밥 한 그릇을 다 먹어 버렸다.	Because no one ate any rice, I ended up eating the whole bowl.
재미있어서 책을 다 읽어 버렸다.	Because the book was so good, I finished it up.
전화요금이 너무 비싸서 전화를 끊어 버렸다.	Because the bill was so high, I canceled my telephone service.

3. A.V. + ㄹ/을 만하다   "it is worth doing," "it is doable,"
                                        "to be deserving"

한국어는 배울 만하니?   Is Korean learnable?/Can
                                        you learn Korean?

그 소설은 읽을 만해.   The fiction is worth reading.

요즘 볼 만한 영화가 뭐   Which movies are worth watching
    있을까?   nowadays?

그 학생은 상을 받을   The student deserves an award.
    만하다.

4. N. + (이)랑   "and," "with"

This colloquial and dialectal expression for "together with," "and,"
or "with" appears after nouns. Similar expressions are -와/과, used more
in writing, and -하고, used more colloquially.

언니랑 동생이랑 친척집에   I went with my sisters to visit my
    놀러 갔어요.   relatives.

나랑 같이 놀자.   Play with me.

집에 사과랑 배랑 많다.   We have lots of apples and pears
                                        at home.

5. Plural marker -들

Korean nouns, unlike English nouns, do not always require that their
number be marked. When appropriate, however, -들 can be attached to
adverbs and some connectives to indicate the plurality of the subject noun.

재미있게들 놀아라.   Have a good time!

제주도에 신혼 여행을   Many people go to Cheju Island
    많이들 가요.   on their honeymoon.

그 음식을 별로들 좋아하지   Not many people like the dish.
    않아요.

여기서들 기다리세요.   Please (you all) wait here.

의논을 하고들 나갔어요.   After discussing (something),
                                        they left.

오겠다고들 하지만 올지   They say they'll come, but I am
    모르겠어요.   not sure if they will.

노래를 부르면서들   They passed by (us) singing.
지나갔어요.

6. Epenthetic ㅅ: 사잇 시옷   "—'s," "of"

  Many compound nouns (two nouns put together) take ㅅ after the first noun, indicating their possessive (genitive) relationship, much like "of" or "'s" in English.

동짓날 (from 동지 + ㅅ + 날) winter solstice + 's + day

빗물	rainwater
빗방울	raindrop
햇빛	sunshine
바닷가	seashore
촛불	candlelight
기찻길	train track

  Not all compound nouns in a possessive (genitive) relationship take ㅅ.

머리말	preface (not 머릿말)
낚시터	fishing place
담배벌레	tobacco hornworm

7. Helping verbs chart

Main Verb	Verb Base	Helping Verb	Aspects	Example	Gloss
A.V.	어/아	버리다	**completion**	읽어 버리다 먹어 버리다	to finish reading to finish eating
A.V.	어/아	내다	**willful action**	받아 내다 밀어 내다	to end up collecting to push off and drive out
A.V.	어/아	나다	**spontaneous**	일어 나다 살아 나다	to get up to come alive
A.V.	어/아	주다 드리다	**benefactive** **(for someone)**	봐 주다 사 주다 도와 드리다	to watch for to buy for to help someone (HON.)
A.V.	어/아	보다	**experience**	입어 보다 써 보다	to try on (clothes) to try writing

Helping verbs chart *(continued)*

Main Verb	Verb Base	Helping Verb	Aspects	Example	Gloss
A.V.	어/아	대다	repetition	웃어 대다 졸라 대다	to keep laughing to keep begging
A.V.	어/아	두다	accumulation	써 두다 모아 두다	to write and keep to gather and keep
A.V.	어/아	넣다	placing into	접어 넣다 사 넣다	to fold and put away to buy and put away
A.V.	어/아	놓다	placing/ keeping	넣어 놓다 사 놓다	to place into/put away to buy and keep
A.V.	어/아	가지다	possession	집어 가지다 사 가지다	to pick up and keep to buy and keep
D.V. & A.V. (some)	어/아	지다	change of state automatically/ by itself	커지다 젊어지다 써지다 열려지다	to grow big to get younger to be written to open by itself
A.V.	어/아	가다[1]	"take"	가져 가다 사 가다	to take (away from speaker) to buy and take
A.V.	어/아	오다	"bring"	가져 오다 잡아 오다 싸 오다	to bring (to speaker) to catch and bring to wrap and bring
A.V.	어/아	가다[2]	"is about to"	다해 가다 끝나 가다	to be almost done to be about to finish
A.V.	어/아	있다	"in the state, of" (sitting, placed)	앉아 있다 놓여 있다	is sitting (position) is placed
A.V.	고	있다	continuation	가고 있다 알고 있다	is going to know (already)
A.V.	고	싶다	wish	보고 싶다 놀고 싶다	to want to see to want to play
D.V. & A.V.	게	하다 만들다	"cause to"	밝게 하다 오게 만들다	to make it bright to make (him/her) come
D.V. A.V.	ㄴ/은가 는가 ㄹ/을까 나	보다/ 싶다 보다/ 싶다 싶다 보다	supposition/ guessing	추운가 보다. 춥지 않은가 싶다. 비가 오는가 보다. 비가 올까 싶다. 비가 오나 보다.	I think it's cold. I think it may be cold. It seems to be raining. (I'm afraid) it may rain, It seems to be raining.

연습   EXERCISES

A. 본문을 읽고 질문에 대답하십시오.

1. 현배는 어떤 습관이 있습니까?
2. 현배는 왜 계획을 쓰다가 국제 전화를 걸었습니까?
3. 현배는 귀국한 후에 무엇을 전공하기로 했습니까?
4. 현배는 오늘 저녁에 무엇을 할 계획입니까?

B. 주어진 문형을 사용하여 대답하십시오.

1. 오늘 해야 할 일들이 뭔지 종이에 써 보세요. (-ㄹ/을 것)
2. 금요일에도 도서관에 학생들이 많았니? (ADV. + 들)
3. 어제 용돈 받았다면서? (써 버리다)
4. 왜 모임에 안 나왔니? (잊어 버리다)
5. 어제 본 영화가 어땠어요? (-ㄹ/을 만하다)
6. 누구하고 시장에 갔었어요? (-(이)랑)

주어진 문형을 사용하여 문장을 바꾸십시오.

7. -ㄹ/을 것

예: 부모님께 세배하다. ──→ 부모님께 세배할 것

   a. 수업에 일찍 가다.
   b. *컴퓨터를 사다.*

8. -(이)랑

예: 사촌형, 사촌동생,
   할머니께 세배 가다 ──→ 사촌형이랑 사촌 동생이
                         할머니께 세배 갔다.

   a. 은주, 현진, 극장에 가다.
   b. 설날, 추석, 좋아하다.

C. 단어 연습

1. 알맞은 부사를 골라 문장을 완성하십시오.

   ┌─────────────────────────────────┐
   │ 깜빡, 깜짝, 너무, 자주, 쓸쓸히 │
   └─────────────────────────────────┘

   a. 준희: 달력을 보다가 왜 그렇게 _____ 놀라니?
            (달력 calendar)

현배: 어제가 어머니 생일이잖아? _____
  잊어버렸네.
  b. 준희: 혼자 _____ 지내셨겠구나.
  현배: 요즘 _____ 찾아가 뵙지도 못했는데 ...
  c. 준희: _____ 속상해 하지마. 바빠서 그렇다고
  생각하실 거야.
  현배: 그러셨으면 다행이겠다.

2. 알맞은 동사와 연결하십시오.

  예: 지갑을 ──────── 잃어버리다

  a. 약속을   잊어버리다
  b. 옷을   먹다
  c. 밤을   모이다
  d. 회사에   정하다
  e. 전공을   취직하다
  f. 나이를   갈아입다
  g. 가족이   새우다

3. 알맞은 단어를 골라 문장을 완성하십시오.

  ┌───┐
  │ 대강, 마음, 습관, 튼튼하다, 미루다, 정하다 │
  └───┘

  a. 중요한 것은 자세히 읽지만 중요하지 않은 것은
     _____ 읽습니다.
  b. 언제까지 미국에 돌아가야 합니까? 아직 날짜를
     못 _____.
  c. 현배는 매일 운동을 해서 몸이 아주 _____.
  d. 나는 아침에 5 시에 일어나는 것이 _____이
     됐습니다.
  e. 어느 학교에 지원할지 결정했니? 더 _____지
     말고 빨리 정해. (지원하다 to apply)
  f. 어머니가 생신에 혼자 계실 생각을 하니 _____이
     편안하지 않습니다.

D. 이야기하기

  1. 미국에서는 설날에 무엇을 합니까?
  2. 앞으로 일년 동안에 계획을 이야기해 보십시오.
     (Use -기로 하다, -을/를 계획하다, -을/를 결심하다,
     -려고 하다.)

제 15 과

노래 자랑

한국 사람들이 노래 부르기[1]를 좋아한다는 것은 현배도 알고
있었다. 미국에서도 한국인들의 모임에 가면 같이 노래를 부르고
또 다른 사람에게도 노래를 많이 시키기 때문이다. 한국에 오기
전에 친구로부터 한국에 가려면 신 벗기 연습을 하고 한국 노래를
하나 배워 가지고[2] 가라는 충고를 들었다. 그러나 현배는 그럴
기회가 없었다.

오늘은 학교에서 노래 자랑 대회가 있었다. 각 반마다 합창과
독창을 발표하기로 했다. 두 주일 동안 수업 후에 틈 날 때 마다[3]
합창 연습을 했다. 수진이가 피아노 반주를 맡고 창수는 지휘를
맡았다. 그리고 선생님들이 심사 위원이 됐다.

시합에서 부를 노래는 학생들이 투표해서 다수결로 정했는데
현배 반에서는 "고향의 봄" 이 뽑혔다.[4] 그 노래는 한국에서 누구나
부를 줄 아는[5] 노래이다. 현배도 이 기회에 한국 노래를 한 곡 잘
배워 두려고 가사를 열심히 외웠다.

고향의 봄

작사 이원수
작곡 홍난파

나의 살던 고향은 꽃 피는 산골
복숭아 꽃 살구 꽃 아기 진달래
울긋불긋 꽃 대궐 차리인 동네
그 속에서 놀던 때가 그립습니다.

친구 겐다로의 반에서는 "우리의 소원" 과 "가고파" 두 노래가
가장 인기 있는 후보 곡으로 뽑혔다. 그 중에서 학생들은 "우리의
소원" 을 부르기로 결정했다. "가고파"는 현배 부모님들께서 잘

부르시던 노래라 많이 들어 봤지만 "우리의 소원"은 들어 보지 못한 노래였다.

현배: 축하한다, 겐다로. 너희 반은 노래를 잘 불러서 청중들의 박수가 굉장하던데.

겐다로: 글쎄 말야. 나는 우리가 일 등 할거라고는 생각 안 했는데. 너희 반도 우리 반 못지 않게[6] 잘 했잖아.

현배: 우리 반은 상은 못 받았지만 노래는 참 잘 배웠어. 언제나 이긴 편이 한턱 내야 하는데 한턱 안 낼 거야?

겐다로: 그래, 크게 한턱 낼게. 어디로 갈까?

우리의 소원

작사 안 석주
작곡 안 병원

우리의 소원은 통일
꿈에도 소원은 통일
이 정성 다해서 통일
통일을 이루자

이 겨레 살리는 통일
이 나라 살리는 통일
통일이여 어서 오라
통일이여 오라

단어	VOCABULARY
가고파	"Longing to Go" (song title)
가사	lyrics
각; 각각	each
곡	tune, piece (of music)
기회	opportunity, chance
노래자랑	song contest
다수결	majority decision; 다수 majority
대회	meeting, conference, competition
독창	solo (singing)

-등	place (in contest); 일 등 first place; 이 등 second place
맡다	to be in charge of, to take on (responsibility)
모임	meeting, gathering
-못지 않게	as good as
박수	applause; 박수 치다 to applaud
반	class
반주	accompaniment (in music); 반주하다 to accompany (in music); 반주자 accompanist
발표하다	to present, to announce; 발표 presentation, announcement
벗기	taking off; 벗다 to take off; 옷을 벗다 to take off clothes
뽑히다 [뽀피다]	(Vi.) to be selected; 뽑다 (Vt.) to select
상	prize, award; 상을 받다 to win a prize
시합	competition, match
심사 위원	judge (for contest); 심사하다 to judge, to assess
연습	exercise, practice; 연습하다 to practice
외우다	to memorize, to recite
이기다	to win
인기이다; 인기가 있다	to be popular; 인기 [인끼] popularity
작곡	composition (music), composed by; 작곡하다 to compose
작사	writing lyrics, lyrics by; 작사하다 to write lyrics
지휘	direction (music); 지휘하다 to conduct (in music); 지휘자 conductor
청중	audience
충고	advice; 충고하다 to advise
크게	largely, remarkably, loudly
투표하다	to vote, to take a ballot; 투표 voting, balloting, a vote
틈 나다	to have spare time; 틈 spare time
-편	side, party; 우리 편 our side
피아노	piano; 피아노를 치다 to play piano
한턱 내다	to treat (to a meal); 한턱 a treat (colloquial)
합창	chorus, choir; 합창하다 to sing in a choir
후보	candidate

Spring in My Hometown

감정을 넣어서   with emotion

이원수 작사
홍난파 작곡

1. 나 의 살—던 고 향 은   꽃 피 는 산 — 골
2. 꽃 — 동—네 새 동 네   나 의 옛 고 — 향

복 숭 아 꽃 살 구—꽃 —   아 기 진 달 — 래
파 — 란 들 남 쪽—에 서   바 람 이 불 — 면

울 긋 불 긋 꽃 — 대 궐   차 리 인 동 — 네
냇 — 가 에 수 양 버 들   춤 추 는 동—네

그 속 에 서   놀 던—때 가   그 립 습 니 — 다

고향의 봄

고향	hometown
그립다	to long for, to miss
대궐	palace
동네	village, town
복숭아꽃	peach blossom; 복숭아 peach
산골 [산꼴]	mountain valley, mountain village
살구꽃	apricot blossom; 살구 apricot
아기진달래	fresh spring azalea
울긋불긋	colorful, variegated
차리인; 차린	decorated with, equipped with; 차리다
	to prepare (meal); to arrange, to decorate

우리의 소원

Our Wish

보통 느리게 andante

안석주 작사
안병원 작곡

우리의 소원

겨레	(nation's) people
살리다	to revive, to save, to let live; 살다 to live
소원	wish
이루다	to establish, to achieve
정성	devotion, care, sincerity; 정성을 다하다 to devote all strength to
통일	unification; 통일되다 to be unified

읽기   가고파   **EXTRA READING**

작사 이은상
작곡 김동진

내 고향 남쪽바다 그 파란 물 눈에 보이네
꿈엔들 잊으리오 그 잔잔한 고향바다
지금도 그 물새들 날으리- 가고파라 가고파
어릴 때 같이 놀던 그 동무들 그리워라
어디 간들 잊으리오 그 뛰놀던 고향동무
오늘은 다 무얼 하는고 보고파라 보고파

그 물새 그 동무들 고향에 다 있는데
나는 왜 어이타가 떠나 살게 되었는고
온갖 것 다 뿌리치고 돌아갈까 돌아가
가서 한데 얼려 옛날같이 살고 지고
내 마음 색동옷 입혀 웃고 지내고저
그 날 그 눈물 없던 때를 찾아가자 찾아 가

그리워라	(I) miss, (I) long for
꿈엔들	even in (my) dreams
날으리	(I imagine/fancy it will) fly
남쪽 바다	southern sea
동무	friend, chum
뛰놀던	used to romp/frolic
물새	water bird
보고파라	(I) wish to see, (I) miss seeing
뿌리치다	to shake off, to leave
살고 지고	live and die
어디 간들	wherever (I) go
어이타가	why, what (went wrong) (short form of 어찌 하다가)
얼리다	to join, to mingle (short form of 어울리다)
온갖	all kinds
잊으리오	how (can I) forget
잔잔한	calm, tranquil
한데	one place

문형과 문법 PATTERNS AND GRAMMAR NOTES

1. Nominalization with -기 versus -ㅁ/음 (and -는 것)

To make a noun from a verb, -기 or -ㅁ/음 is used but with different restrictions. Although -기 is attached directly to a verb stem and indicates the act of doing -ㅁ/음 is attached to a verb stem or its tense marker to indicate the fact of doing or the state of being. -기 is often used, but -ㅁ/음 is limited in use. Their different uses are shown in the following examples:

동사	-ㅁ/음	-기
(신) 벗다 to take off	신 벗음 shoes off *방에서 신 벗음 Shoes off in the room	신 벗기 to take off/taking off shoes 방에서 신 벗기 Taking shoes off in a room
자다 to sleep	잠 sleep 나는 잠이 없다. I am a light sleeper.	자기 to sleep 일찍 자기 싫다. I don't like to go to bed early.
믿다 to believe	믿음 faith 믿음이 필요하다. (We) need a faith.	믿기 to believe 그것은 믿기 힘들다. That is hard to believe.
모이다 to gather	모임 meeting 다음 모임이 언제예요? When is the next meeting?	모이기 to meet or gather 다 모이기가 어렵다. It's difficult to get everyone together.
젊다 to be young (젊어지다 to get young)	젊음 youth 젊음을 찬양한다. They worship youth.	젊어지기 to get young 젊어지기 위해서 운동을 한다. (He) exercises to be young.

*Although 신 벗음 is a verbal noun, the rest of the nouns in the examples—잠, 믿음, 모임, and 젊음—are "frozen" nouns, which have entered dictionaries as regular nouns.

　　a.　A.V. + 기 indicates an action or "doing." It also indicates the process or the method of the act. It is often used with verbs like 좋다, 재미있다, 싫다, 나쁘다, 쉽다, 어렵다, 편하다, or 불편하다.

읽기	reading	한글은 읽기 쉬워요.	It's easy to read *hangul*.
벗기	taking off	이 신은 벗기 　어려워요.	These shoes are difficult 　to take off.
타기	taking/riding	여기에서 *버스가* 　타기 좋아요.	It's convenient/nice to 　take a bus here.

The verbal nouns with -기 can be changed to the -는 것 clause, but the meaning may also change. -는 것 indicates the fact of doing/being something.

한글은 읽는 것이 쉬워요.	It is easy to read *hangul.*
이 신은 신는 것이 어려워요.	These shoes are difficult to put on.
버스 타는 것이 좋아요.	I like / enjoy riding a bus / it is better to take a bus.

b. V. + ㅁ/음 indicates an abstraction of the verb from which the verbal noun is derived. In addition to making a verbal noun, this form is used in a note or in a cryptic statement, as in these examples:

오늘 수업시간에 제 15 과를 배웠음.	Today I/we learned Lesson 15.
내일 아침 왕 선생님이 동경으로 출발하심.	Mr./Ms. Wang leaves for Tokyo tomorrow morning.

Some ㅁ/음 verbal nouns are "frozen" as permanent nouns, as in 웃음 "laugh," 울음 "cry," 기쁨 "joy," 슬픔 "sadness," 춤 "dance," 잠 "sleep," 꿈 "dream," 도움 "help," and 어둠 "darkness." When a frozen noun ends with its verbal noun, we have sentences like these examples, usually written in journal notes:

10시에 잠을 잠.	(I) went to bed at ten o'clock.
학교에서 두 시간 그림을 그림.	(I) paint two hours at school.

2. A.V. + (어/아) 가지고   "having done . . . ," "after doing . . ."

This colloquial expression of "having done something" is similar to -ㄴ/은 후에 or -(어/아)서.

은행에서 돈을 찾아 가지고 나가겠어요.	After withdrawing money from the bank, I will go out.
한국어를 배워 가지고 한국 회사에 취직하겠어요.	After learning Korean, I will get a job in a Korean company.
공부를 해 가지고 와.	Come after you study.

3. V. + ㄹ/을 때마다   "whenever," "every time"

Regardless of the tense, ㄹ/을 always precedes 때마다.

시간이 있을 때마다 노래 연습을 해요.	Whenever I have time, I practice singing.
한국에 갈 때마다 선물을 사 가지고 갔어요.	Whenever I went to Korea, I took gifts.
할아버지께서는 세배 할 때마다 세배 돈을 주세요.	Every time I bow on New Year's Day, Grandpa gives me money.
시장에 갈 때마다 과일을 사요.	Whenever I go to the grocery store, I buy fruit.

4. Making passive verbs with 이, 히, 리, and 기

About 150 transitive verbs (which require a direct object) are made into their passive form using the four suffixes 이, 히, 리, and 기. Some of the most frequently used of these verbs are presented in the passive verbs chart below. Note that another way of making a passive statement is using the A.V. + (어/아)지다 construction discussed in L5, GN3.

Passive verbs chart

동사		이	
보다	to see	보이다	to be seen
나누다	to divide	나눠다	to be divided
덮다	to cover	덮이다	to be covered
섞다	to mix	섞이다	to be mixed
쌓다	to pile	쌓이다	to be piled
씹다	to chew	씹히다	to be chewed
치다	to run over	치(이)다	to be run over

동사		히	
뽑다	to select	뽑히다	to be selected
잡다	to catch	잡히다	to be caught
박다	to peg	박히다	to be pegged
닫다	to close	닫히다	to be closed
밟다	to step on	밟히다	to be stepped on
씹다	to chew	씹히다	to be chewed
읽다	to read	읽히다	to be read

Passive verbs chart *(continued)*

동사		리	
끌다	to pull	끌리다	to be pulled
듣다	to listen	들리다	to be heard
밀다	to push	밀리다	to be pushed
열다	to open	열리다	to be open
누르다	to press down	눌리다	to be pressed

동사		기	
감다	to wind	감기다	to be wound
끊다	to cut	끊기다	to be cut
빼앗다	to deprive	빼앗기다	to be deprived
안다	to hold	안기다	to be held (in the arms)
쫓다	to chase	쫓기다	to be chased

Note that these suffixes overlap with the causatives in some verbs. (See L17, GN3 and 7.)

5. A.V. + ㄹ/을 줄 알다   "to know," "to know how"

A.V. + ㄹ/을 줄 모르다   "not to know," "not to know how"

This expression is used to indicate "knowing or not knowing how to do things."

피아노를 칠 줄 아세요?	Do you know how to play piano?
한국어 책을 읽을 줄 압니다.	I know how to read Korean books.
컴퓨터 고칠 줄 알아?	Don't you know how to fix a computer?

6. N. 못지 않게   "as good/well as," "(even) better/more than"

This construction indicates that the subject noun is as good as (or better than) or does as well as (or better than) the noun it is compared with. The noun followed by 못지 않게 is the noun it is compared with. (See also -만큼 in L9, GN2.)

이 포도주는 선전 못지 않게 맛도 좋다.	This wine is as good as the ads say (maybe even better).
디에고는 한국 사람 못지 않게 한국 말을 잘한다.	Diego can speak Korean as well as a Korean does.

진 선생님 못지 않게 손 선생님도 인기가 있었다.	Mr. / Ms. Sohn was as popular as Mr. / Ms. Chin.

연습   EXERCISES

A. 본문을 읽고 질문에 대답하십시오.

1. 한국 사람들은 무엇을 좋아합니까?
2. 현배 친구는 현배에게 뭐라고 충고했습니까?
3. 현배는 왜 합창 연습을 합니까?
4. 겐다로는 왜 한턱 내겠다고 했습니까?

B. 주어진 문형을 사용하여 대답하십시오.

1. 제일 좋아하는 일이 뭐니? (-기 or -것)
2. 한국어를 배워서 무엇을 하고 싶어요? (-(어/아) 가지고)
3. 언제 노래 연습을 해요? (-ㄹ/을 때 마다)
4. 전화가 잘 들려요? (Use the passive verb with 이, 히, 리, 기.)
5. 무슨 악기를 연주할 줄 아세요? (ㄹ/을 줄 알다/모르다)
   (악기 musical instrument, 연주하다 to play a musical
   instrument)
6. 그 분이 노래를 얼마나 잘 하나요? (-못지 않게)

주어진 문형으로 문장을 바꾸십시오.

7. -(어/아) 가지고

   예: 나는 노래연습을 했다, ──→ 나는 노래연습을 해
       시합에 나갔다.   가지고 시합에 나갔다.

   a. 편지를 쓴다, 친구에게 보낸다.
   b. 두부를 산다, 찌개를 만든다. (두부 tofu, 찌개 stew)
   c. 공부를 열심히 하다, 시험을 잘 보겠다.
   d. 어제 잠을 못 잤다, 오늘 피곤하다.

8. 다음 문장을 "이, 히, 리, 기"를 사용하여 수동문으로
   바꾸십시오. (수동문 passive sentence)

   예: 남산에서 한강을 본다. (이) ──→ 남산에서 한강이
                                      보인다.

    a. 눈이 산을 덮었어요. (이) ⟶ 산이 눈에 _____.
    b. 학생들이 그 책을 많이 ⟶ 그 책이 학생들에게
        읽어요. (히)   많이 _____.
    c. 대문을 닫았어요. (히) ⟶ 대문이 _____.
    d. 지금 음악을 들어요. (리) ⟶ 지금 음악이

        _____.
    e. 창문을 열었어요. (리) ⟶ 창문이 _____.
    f. 전화를 끊었어요. (기) ⟶ 전화가 _____.
    g. 데비가 고양이를 ⟶ 고양이가 데비에게
        안았어요(기).   _____.

C. 단어 연습

    1. 알맞은 단어를 골라 문장을 완성하십시오.

    ┌───┐
    │ 독창, 합창, 대회, 기회, 지휘자, 반주자,   │
    │   청중, 발표하다, 투표하다   │
    └───┘

    a. 여러 사람이 같이 모여 노래 부르는 것을 _____이라
        하고 혼자 부르는 것을 _____이라고 한다.
    b. 사람들이 많이 모여 이기는 팀을 결정하는
        것을 _____ 라고 한다.
    c. 콘서트의 _____는 영화의 감독과 같다.
    d. 그 동안 _____가 없어서 인사 못 드렸어요. 제가
        김영식이에요.
    e. 합창에서는 지휘자에 못지 않게 _____도 중요하다.
    f. 내일 교수님들 앞에서 논문을 _____려고 연습하고
        있어요. (논문 thesis)
    g. 나는 정치에 관심 없어. _____러 안 갈 거야. (정치
        politics)
    h. _____이란 강연이나 음악회를 들으러 온 사람을
        말한다. (강연 speech, lecture)

    2. "각 -"과 "각자" 중에서 골라 문장을 완성하십시오.
        Complete the sentences by choosing either 각 "each" (ADJ.)
        or 각자 "each person" (N.) or "individually" (ADV.).

소풍 안내

　　내일은 서울 시내 대학의 인류학과 학생들이 모여 가을 소풍을 갑니다. 소풍갈 때는 ＿＿＿＿가 도시락을 가지고 와야 합니다. 소풍 장소에 가서 학교끼리 모여 점심을 먹겠습니다. 점심 식사가 끝나면 ＿＿＿＿학교에서 선수들이 나와 농구 대회를 하겠습니다. 선수들은 ＿＿＿＿ 유니폼을 가지고 오십시오. 농구 대회가 끝나면 ＿＿＿＿ 선수들에게 선물을 주겠습니다.

　　우리 학교는 학교 앞에서 모여 같이 출발하겠습니다. ＿＿＿＿ 잊지 말고 9시까지 학교 버스 타는 곳으로 오십시오.

---

3. 알맞은 단어를 골라 문장을 완성하십시오.

> 작곡, 지휘, 청중, 대회, 부르다, 뽑히다,
> 박수(치다), 연습(하다), 생각(하다)

현배의 일기: 노래자랑 대회

우리 반이 노래자랑 ＿＿＿＿에 나가기로 했다.
무슨 노래를 ＿＿＿＿지 투표로 결정했다. 이 원수
작사, 홍 난파 ＿＿＿＿의 고향의 봄을 부르기로 했다.
누가 ＿＿＿＿를 맡고 누가 반주를 맡을 지 결정했다. 수업
후에 모여 ＿＿＿＿ 많이 했다. 발표하는 날 ＿＿＿＿들이
많이 왔다. 우리들이 노래를 부르자 청중들이 ＿＿＿＿를
많이 쳤다. 각 반의 발표가 다 끝난 후 심사위원들이
한참동안 ＿＿＿＿. 놀랍게도 우리 반이 일등으로 ＿＿＿＿.

D. 이야기하기

1. 미국으로 오는 유학생에게 무엇을 배워 가지고 오라고
   하겠습니까? 왜 그러겠습니까?
2. 외국 학생에게 어떤 미국 노래를 가르쳐 주고 싶습니까?
3. 요즘 인기 있는 노래는 무엇입니까? 그리고 인기 있는
   가수는 누구입니까? 인기 있는 이유를 이야기 해 보십시오.

제 16 과

발렌타인 데이

오늘 현배는 백화점에 갔다. 미국에 계신 어머니 생신에 드릴
작은 선물을 사고 싶었다. 시장에 가서 시간을 보내느니[1] 값은
좀 비싸지만 백화점에 가서 사는 것이 편리하다. 그런데 백화점은
평소와 달리[2] 훨씬 더 붐볐다. 현배 나이 또래의 젊은 대학생
고객이 많은 것이 특이했다. 현배는 궁금해서 백화점 점원에게
오늘 왜 이렇게 백화점이 붐비는 지 물어봤다.

(백화점에서)

현배:　　어머니께 드릴 생일 선물을 찾는데요, 무엇이 좋을까요?

판매원:　요즘 꽃무늬 스카프가 유행인데 한번 보시겠어요?

현배:　　네, 보여 주세요. 그런데 오늘 백화점에 왜 이렇게
　　　　사람이 많죠? 특히 젊은 손님들이 많군요. 무슨 특별한
　　　　날이가 봐요?

판매원:　내일 모레가 발렌타인 데이잖아요.

현배:　　발렌타인 데이면 이렇게 사람이 많은가요?

판매원:　손님은 아직 여자 친구가 없으신가 보죠? 호호호 ...

현배:　　그럼 여기 온 여자 손님들이 전부 남자 친구 선물을
　　　　사러 왔다는 말이에요?[3]

판매원:　그 뿐인가요? 여자 친구 선물을 사러오는 남자
　　　　손님들도 많아요.

현배:　　발렌타인 데이는 서양의 명절인데 여기서도 굉장하네요.

154

(학교에서)

현배: 은주야, 너한테 줄 선물이 있어.

은주: 선물? 내 생일은 아직도 멀었는데.

현배: 그저께 백화점에 갔었는데 *발렌타인 데이*니까 선물을 해야 된다고 하던데? 사람들이 너도나도 선물을 사는 바람에⁴ 나도 하나 샀지.

은주: *발렌타인 데이*에는 애인에게만 선물을 주는 거 아냐?

현배: 내가 실수했나? 애인은 아니라도 선물을 주는 건 좋은 거 잖아.

은주: 그렇지만 돈을 낭비하는 거 아니니? 모두가 이유 없이 남이 하는 대로⁵ 그대로⁶ 따라가는 것 같아.

현배: 그래서 사람들이 쉽게 외국 풍습에 휩쓸리곤 하나⁷ 봐.

단어	**VOCABULARY**

고객	customer
궁금하다	to be curious about
그대로	as it is
그저께	the day before yesterday
-끼리	together with, in a group, by themselves; 우리끼리 by ourselves
남	others, other person, stranger
낭비하다	to waste; 낭비 waste
너도나도	everyone
따라가다	to follow, to go with, to accompany, to follow in one's steps
또래	of the same age group, of the peer group
모레	the day after tomorrow
무늬	pattern, figure; 꽃무늬 floral pattern
바람에	as the result of, because of
발렌타인 데이*	Saint Valentine's Day
백화점 [배콰점]	department store
붐비다	to be crowded
생신	birthday (HON.); 생일 birthday (plain)

서양	occidental, the Occident, Western world; 동양 Orient
선물	gift, present
손님	customer
쉽게	easily
스카프	scarf
실수하다	to make a mistake; 실수 mistake, blunder
애인	girlfriend or boyfriend, lover
유행	trend, fashion; 유행이다/유행하다 to be trendy, to be in fashion
이유 없이	without reason; 이유 reason
점원	shop clerk
판매원	salesperson
편리하다	to be convenient
평소	ordinary times; 평소에 usually, ordinarily
풍습	custom, practices
-한테	to (a person) (indirect object marker in colloquial and intimate speech)
휩쓸리다	to be swept up, to be seized, to be overrun; 휩쓸다 to sweep, to seize, to overrun

*In the current Korean custom, young people of each sex have a different day for expressing their affection and fondness. Valentine's Day, February 14, is for women to give gifts to men, while March 14, known as White Day, is set aside for men to give gifts to women.

읽기 신세대 이야기   EXTRA READING

한국에서는 70년대의 경제 성장 이후에 태어난 젊은 세대를 '신세대'라고 부른다. 신세대 젊은이들은 어렸을 때 경제적 어려움 없이 자랐기 때문에 어른들과 많이 다르다. 이들의 자유로운 생각과 행동은 나이 든 사람들을 놀라게 하곤 한다. 그들은 특이한 유머 감각으로 새로운 낱말과 언어를 만들어 낸다.

감각	sense; 유머 감각 sense of humor
경제적	economical
나이 든	old; 나이 들다 to mature or get old
낱말 [난말]	word, vocabulary
성장	growth; 성장하다 to grow, to expand; 경제 성장 economic growth

신세대	new generation
어려움	difficulty, hardship
유머	humor; 유머(가) 있다 to be humorous
이후	after this (point), since
자라다	to grow up, to be raised

문형과 문법   PATTERNS AND GRAMMAR NOTES

1. A.V. + 느니 (차라리)   "(I) would rather," "it is better to . . . "

-느니 is often used with 차라리 for emphasis. It is also often followed by -는게 낫다 to mean that something is preferable to something else, as in, "It is better to do . . . than . . . " 차라리 adds emphasis to "rather."

시장에 가서 사느니 비싸지만 백화점에서 사야겠다.	I'd rather buy it at a department store than in a market even though it will be more expensive.
가까운 곳은 운전하느니 (차라리) 걷는 게 낫다.	I would rather walk than drive if it's close.
토요일에 집에 있느니 일 가겠다.	I'd go to work rather than stay home on Saturday.

These are two popular sayings using -느니:

앓느니 죽는다.	I would rather die than be sick (to suffer from illness).
시키느니 내가 한다.	I would rather do it myself than have someone else do it.

2. N. + 와/과(는) 달리   "unlike," "different from"

V. + ㄴ/은/는 것과(는) 달리	"being unlike," "different from that"
민수와(는) 달리 지수는 혼자 있기를 좋아한다.	Unlike Min-su, Chi-su likes to be alone.
듣던 것과 달리 그 선생님은 좋은 분이다.	Unlike what I used to hear, he is a good teacher.

선전과는 달리 그 물건은 전혀 싸지 않았다.	Unlike what the ads said, the items were not cheap at all.

Note that some Korean verbs use -와/과 or -하고 in the English sense of "from," "with," or "to" or as a direct object, as in the following verbs:

다르다	오렌지는 귤과 다르다.	An orange is different from a mandarin.
	오렌지는 귤하고 다르다.	An orange is different from a mandarin.
같다	A는 B와 같다.	*A* equals *B* (*A* = *B*).
비슷하다	이태리는 한국과/ 하고 지형이 비슷하다.	Italy is geographically similar to Korea.
결혼하다	이사벨라는 로벨토와 결혼한다.	Isabella will marry Roberto.
약혼하다	이사벨라는 로벨토와 약혼했다.	Isabella is engaged to Roberto.
사귀다	짐은 수잔하고 사귄다.	Jim goes out with Susan.
싸우다	남한이 북한과 싸웠다.	South Korea fought against North Korea.
	남한과 북한이 싸웠다.	South Korea and North Korea fought.
만나다	선생님과 만났다. (or 선생님을 만났다.)	I met with my teacher.

3.- 말이에요 as a question and   "do you mean . . . ?,"
     a statement   "I mean"

This ending is used colloquially. The intonation of this sentence ending tells whether the sentence is a question (rising) or a statement (level or falling). Usually, -(이)라는 말이에요 is shortened to -(이)란 말이에요, and -다는 말이에요 is shortened to -단 말이에요.

   a.   N. + 말이에요?   "Do you mean . . . ?"

N. + (이)라는 말이에요?	"Do you mean that it is . . . ?"
V. + 다는 말이에요?	"Do you mean that . . . ?"
b. N. + 말이에요.	"I mean . . . "
N. + (이)라는 말이에요.	"I mean that it is . . . ," "I am saying that it is . . . "
V. + 다는 말이에요.	"I mean that . . . ," "I am saying . . . "

(a) 그 강의실
　　말이에요? — Do you mean the classroom?

그 사람이
　외국인이란/
　이라는
　말이에요? — Do you mean that he's a foreigner?

늦잠을 잤다는
　말이에요? — Do you mean that you slept late?

유럽에 가 봤단/
　봤다는
　말이에요? — Do you mean that you've been to Europe?

(b) 이것 말이에요. — I mean this one.

저 사람이 바로
　어제 만난 그
　사람이란/이라는
　말이에요. — I'm saying that he is the very person I met yesterday.

제가 안 그랬단/
　그랬다는
　말이에요. — I mean that I didn't do/say that.

4. A.V. + 는 바람에　　"as the result of," "because of"

Literally, this idiomatic expression says "in the midst of the (whirl) wind," meaning "because / as a result (of a confusion)." It is usually used in a negative context.

늦게 도착하는 바람에
개학식에 못 갔다. — I couldn't go to the school orientation because of my arriving late.

아이들이 떠드는 바람에 깼다.	Because the children were being loud, I woke up.
어제 밤에 큰 소리가 나는 바람에 깼다.	I woke up last night because there was a loud noise.

5. Many uses of -대로

These constructions have various meanings, depending on the context.

a.   N. + 대로   "as is," "as (someone) does/says"

b.   V. + ㄴ/은/는/   "as is," "as (someone) does/says"
     ㄹ/을 대로

c.   A.V. + 는 대로   "as soon as"

(a) 이대로 쓰세요.	Please write like this. / Please copy this.
나는 나대로 갈게.	I'll go on my own/separately.
선생님 마음대로 정하세요.	Please choose as you like.
(b) 요리책에 쓰인 대로 김치 담그세요.	Please make *kimchi* as the cookbook says.
아이들은 보는 대로 따라한다.	Children imitate what they see.
형이 시키는 대로 해라.	Do as your older brother tells you.
(c) 서울에 가는 대로 편지할게.	I'll write to you as soon as I get to Seoul.
옷을 갈아 입는 대로 나가자.	Let's go out as soon as you change.
팩스를 받는 대로 알려 주십시오.	Please let me know as soon as you get the fax.

6. 그대로   "as (it) is," "the way (it) is"

This expression means "the way it is" or "the way it has been" and is frequently used in a request or a command. (See L16, GN5 for the -대로 connective.)

그대로 두세요.	Please leave it alone.
그대로 오세요.	Please come as you are.
그대로 쓰세요.	Please use it as it is. / Please keep writing in the same way you have been.

7. A.V. + 곤 하다

"from time to time, it does," "now and then"

A.V. + 곤 했다

"used to"

This pattern indicates a repeated action. It means "from time to time" or "now and then" when it ends in the present tense, and it means "used to" when it ends in the past tense.

캘리포니아에서는 가끔 지진이 나서 사람들을 놀라게 하곤 한다.	From time to time in California, there is an earthquake and it shocks people.
친구가 가끔 들르곤 한다.	My friend stops by now and then.
남들 따라서 외국 풍습에 잘 휩쓸리곤 했다.	I used to follow foreign custom blindly.
밤이면 아기가 울곤 했다.	The baby used to cry at night.

연습 EXERCISES

A. 본문을 읽고 질문에 대답하십시오.

1. 현배는 왜 백화점에 갔습니까?
2. 요즘 무엇이 유행입니까?
3. *발렌타인 데이*에 왜 백화점이 붐빕니까?
4. 값이 비싸도 왜 백화점에 쇼핑하러 갑니까?
5. 은주는 *발렌타인 데이*에 사람들이 선물 사는 것을 어떻게 생각합니까?

B. 주어진 문형을 사용하여 응답하십시오.

1. 내일 선물 사러 백화점에 같이 갈래? (-느니)
2. 한국의 추석과 미국의 추수감사절은 어떻게 달라요? (-와/과(는) 달리)
3. 여기 너 주려고 스카프 사왔어. (-다는 말이야?)

4. 아침에 왜 학교에 늦게 왔어요? (-는 바람에)
5. 일본어로 "안녕하세요"를 어떻게 말해요? (-는 대로 따라하다)
6. 선물을 종이에 싸 드릴까요? (그대로)
7. 요즘도 그 친구를 자주 만나세요? (-곤 하다)

주어진 문형을 사용하여 문장을 바꾸십시오.

8. -는 대로

예: 어머니가 노래한다, ──→ 어머니가 노래하는
    아기가 노래한다.   대로 아기가 노래해요.

예: 시간이 있다, ──→ 시간이 있는 대로 영어를 연습한다.
    영어 연습한다.

   a. 형이 춤추다, 동생이 춤추다. (춤추다 to dance)
   b. 선생님이 한자를 쓰신다, 학생이 쓴다.
   c. 집에 도착한다, 나에게 전화해.
   d. 수업이 끝나다, 식당에 갔다.

C. 단어 연습

1. 알맞은 조사 -이/가, -을/를 또는 -와/과를 넣으십시오.
   답이 한 가지 이상일 수도 있습니다.

   a. *카페*의 분위기가 평소_____ 다르다.
   b. 점원과 판매원_____ 비슷한 말이다.
   c. 모린은 언니_____ 신발 *사이즈*가 같다 (사이즈 size).
   d. 뉴스에 보면 아직도 공화당이 민주당_____ 싸우고 있다. (공화당 Republican Party, 민주당 Democratic Party)
   e. 나는 가을에 등록금 5000 불_____ 필요하다. (등록금 tuition)
   f. 슈퍼에서 뜻밖에 은주_____ 만났다. (슈퍼 supermarket)
   g. 엘렌은 친구_____ 같이 점심을 먹고 있었다.
   h. 고 선생님이 이 선생님_____ 곧 결혼한다고 한다.
   i. 민수는 테레사_____ 사귄다고 한다.

2. 알맞은 동사와 연결하십시오.

예: 파란 *셔츠에 노란 넥타이를* ————— 유행이다.
　　매는 것이

a. 제주도에 왜 돌이 많은지　　　　　　특이하다.
b. 추석 때 시장은 사람들로　　　　　　궁금하다.
　　(시장 market)
c. 올해는 *크리스마스 선물로*　　　　　붐빈다.
　　전자 게임이
d. 그 나라의 풍습을 잘 모르면　　　　　인기다.
　　처음에 가서
e. 제주도의 돌과 말이 많은 것이　　　　실수하기 쉽다.

3. 알맞은 단어를 골라 대화를 완성하십시오. 그리고 친구와
　　그 대화를 해 보십시오.

　　a. 친구들과의 대화

　　┌─────────────────────────────┐
　　│　이유, 어떻게, 이렇게, 그렇게　│
　　└─────────────────────────────┘

　　　창수: 오늘 하늘이 왜 _____ 흐리지?
　　　수진: 어제도 _____ 하늘이 흐리더라. 성호야,
　　　　　　넌 그 _____를 아니?
　　　성호: 중국에서 먼지 바람이 불어와서 그렇대.
　　　　　　(먼지 dust)
　　　수진: 넌 참 아는 것도 많다.
　　　창수: _____ 중국 먼지가 한국까지 날아올
　　　　　　수 있니?
　　　성호: 중국이 한국에서 먼 것 같지만, 바로 옆에
　　　　　　붙어 있거든.

　　b. 비행기에서

　　┌─────────────────────────────┐
　　│　쉽게, 멀다, 찾다, 드리다　│
　　└─────────────────────────────┘

　　　비행기 승무원:　안내 말씀 드리겠습니다. 지금부터
　　　　　　　　　　　면세품을 팔겠습니다. (승무원 flight
　　　　　　　　　　　attendant, 면세품 duty-free goods)
　　　판매원:　　　　 뭘 _____?
　　　승원:　　　　　 이 향수는 얼마에요? (향수 perfume)

판매원:	20 불입니다.
경환:	누구에게 주려고 향수를 고르니?
	(고르다 to select)
승원:	어머니께 _____려고. 어머니
	생일이 멀지 않았잖아.
경환:	그렇구나, 이번 선물은 _____
	골랐는데.
승원:	현배 생일은 언제지?
경환:	아직 _____ 었어. *크리스마스*
	다음 날인걸.

4. 현배의 달력을 보고 알맞은 날을 골라 문장을
   완성하십시오. (날 day, date)

   현배의 달력: 2 월 12 일   백화점 가기
                 2 월 13 일   합창 연습
                 2 월 14 일   *발렌타인 데이*
                 2 월 15 일   울산 공장 방문
                              (공장 factory)
                 2 월 16 일   서울 도착
                 2 월 17 일   합창 대회

   ┌───┐
   │ 그저께, 어제, 오늘, 내일, 모레, 글피 (two days │
   │   after tomorrow)   │
   └───┘

   예: 오늘은 *발렌타인 데이*라서 성희를 만나 저녁을
       같이 먹었다.

   a. 현배는 _____ 백화점에 다녀왔다.
   b. _____는 합창 연습이 있어서 *아르바이트*하러
       못 갔다.
   c. _____은 울산 자동차 공장을 보러 가는 날이다.
   d. 하루 그곳에서 자고, _____ 아침에 출발해서 서울에
       저녁까지는 도착할 수 있을 것 같다.
   e. _____에는 합창 대회가 있어서 아무래도 기숙사에
       늦게 들어올 것 같다.

D. 이야기하기

   1. *발렌타인 데이*에는 애인에게만 선물을 줍니까?
   2. 이번 *발렌타인 데이*에 누구에게 *카드*를 주겠습니까? 그리고
       무엇을 하겠습니까?

제 17 과

대통령 선거

올해는 한국에 대통령 선거가 있다. 그래서 요즘 한국 사람들의
관심은 온통 대통령 선거에 집중되어 있다. 거리마다 대통령
후보들의 사진이 붙어 있고 여기 저기에서 선거 운동을 하는
사람들도 많이 보인다. 현배는 만나는 사람들마다 대통령 선거에
관한 이야기를 하기 때문에 누가 대통령이 될 지 아주 궁금해졌다.
오늘은 오래간만에 경환이 형을 만나서 영화를 보기로 했는데
형에게 선거에 관해서[1] 물어 보려고 한다. 그래서 대통령 후보의
광고도 가져 간다.[2]

경환 형: 오래간만이구나, 현배야. 그 동안 잘 있었니?

현배: 네, 잘 있었어요. 형은 그 동안 어떻게 지내셨어요?

경환 형: 응, 나도 잘 지냈어. 한국말 공부는 잘 돼 가니?

현배: 처음보다는 좋아졌지만 아직도 어려운 말은 잘 몰라요.
           특히 요즘 선거에 관한 이야기를 자주 듣게 되는데
           어려운 단어가 많아서 이해를 잘 못하겠어요.

경환 형: 현배도 선거에 관심이 있니?

현배: 네, 투표 날이 다가올수록 누가 대통령이 될 지
           궁금해져요. 형은 어떤 후보자를 뽑을 거예요?

경환 형: 글쎄, 그건 아직 대답하기 곤란한데. 나라를 맡길[3]
           사람을 뽑는 거니까 신중하게 생각을 해서 결정을
           하려고 해.

현배: 그럼 형이 보기에는[4] 누가 당선될 가능성이 많은
           것 같아요?

경환 형: 그것도 대답하기 어려운 질문인데. 오늘은 현배가
            계속 어려운 것만 물어 보는구나.

현배: 오늘 형하고 있는 동안은[5] 제가 질문을 많이 할 거예요.
            대통령 선거뿐만 아니라 한국의 정치에 대해서도
            궁금한 게 많으니까요.

경환 형: 아이구, 이거 큰일 났는데. 그럼 나도 미국의
            상원 의원과 하원 의원에 관한 것 좀 몇 가지 물어
            볼까? 한국의 국회 의원하고 어떻게 다른지 알고
            싶었는데. 그리고 미국서는 대통령을 어떻게 뽑는지도
            궁금하고.

현배: 그럼 잘 됐네요. 오늘은 영화를 보는 대신[6] 정치
            이야기를 하면 되겠네요.

단어   VOCABULARY

가능성	possibility
곤란하다 [골란]	to be difficult, to be hard, to be tough
-에 관한	regarding, concerning, about
국회 의원	member of the Korean National Assembly
다가오다	to approach, to near
당선되다	to be elected, to win election
대통령	president
맡기다	to entrust, to charge with a duty
붙어 있다	to be stuck on, to be fastened to, to be posted
뽑다	to choose, to select, to elect
사진	photo
상원 의원	senator
선거	election; 선거 운동 election campaign
신중하게	prudently, cautiously, discreetly
아이구	My goodness! Oh my!
오래간만에	after a long time
온통	all, entirely, altogether
올해; 금년	this year
이해하다	to understand; 이해 understanding
정치	politics

집중되다	to be focused; 집중하다 to concentrate
하원 의원	congressman, congresswoman
후보; 후보자	candidate

문형과 문법 PATTERNS AND GRAMMAR NOTES

1. a. N. + 에 관해(서)/관하여 "about," "concerning"

   b. N. + 에 관한 "about," "on"

The adverbial phrase -에 관해(서) or the alternative form -에 관하여 is followed by a verbal clause. The noun modifier -에 관한 is followed by a noun or a noun phrase.

(a) 졸업한 후 무엇을 할 지, 장래에 관해서 생각해 봤어요?	Have you thought about what you are going to do after graduation?
미국 정치에 관해 공부하고 있어요.	I am studying about Korean culture.
한국의 역사에 관해서 논문을 쓰고 있어요.	I am writing a paper on Korean history.
(b) 한국의 문화에 관한 논문을 쓰고 있어요.	I am writing about Korean culture.
친구에 관한 문제로 의논하고 싶어.	I'd like to talk about my friend.
담배에 관한 책을 찾아 봐야지.	I'd better look for a book on cigarettes.

2. Verbs with 가다 and 오다

V. + (어/아) 오다	"to do . . . and bring"
V. + (어/아) 가다	"to do . . . and take," "to progress/go . . . (ADV.)"

-어/아 오다 and -어/아 가다 are useful helping verbs to indicate the direction of the main verb. There is no one-word verb for "to take" or "to bring" in Korean, but their equivalent expressions are 가져 가다 "to have and go" and 가져 오다 "to have and come." Similarly, Korean has 사 오다 for "to buy and bring," 캐 오다 for "to dig up and bring," and so on. (See the helping verbs chart in L14, GN7.)

잘 해 오다	to do well and bring
요약해 오다	to summarize and bring
가져 오다	to bring, to fetch
사 오다	to buy and bring
물어 오다	to bring by mouth (of dog, cat, and so on)
알아 오다	to bring back findings
집어 오다	to pick up and bring
씻어 오다	to wash and bring
싸 오다	to bring wrapped
찾아 오다	to come to visit
끌어 오다	to bring by dragging
잘 해 가다	to make well and take
요약해 가다	to summize and take
가져 가다	to take away
사 가다	to buy and take
물어 가다	to carry away by mouth
알아 가다	to take back findings
집어 가다	to pick up by hand and take away
씻어 가다	to wash and take away
싸 가다	to take wrapped
찾아 가다	to go to visit
끌어 가다	to drag away

For some verbs, -어/아 가다 indicates that the action or event is "progressing (well/slowly/fast)," as in 잘 되어 간다 "it is going well" or "it is coming to (an end)" and as in 일이 끝나 간다 "the job is coming to an end."

3. Causative suffixes 이, 히, 리, 기, 우, 구, and 추

These are suffixes to "cause" or "make" the actions happen; they turn certain verbs into causative verbs. Other ways to make the actions happen, although the meanings may differ, are to use -게 하다 "make (someone) do . . . " for all verbs, as shown in L25, GN2, and 시키다 for some verbs, as shown in L22, GN6.

대통령에게 나라를 맡긴다.	The president is entrusted with the nation.
학생에게 책을 읽혔다.	(I) made the students read books.
부모님이 재산을 늘리셨다.	My parents increased their assets.
동생에게 심부름을 시켰다.	(I) sent my little brother on an errand.

There are approximately 132 verbs that can be made into a causative verb using the suffixes 이, 히, 리, 기, 우, and 추. The 40 most common of these verbs are listed in the causative verbs chart in item 7 below. (Note that the suffixes 이, 히, 리, and 기 are also passive suffixes, as described in L15, GN4.)

4. A.V. + 기에(는) "as," "as for"

보다, 듣다, 알다, and 생각하다 are frequently used verbs in this construction. It expresses the speaker's experience or opinion.

제가 보기에는 이 책은 학생들에게 좋은 것 같아요.	In my view, this book seems to be good for the students.
어머니께서 듣기에는 진씨의 건강이 좋아졌대요.	As my mother understands it, Mr. Chin's health has gotten better.
제가 알기에는 내년부터는 대학 시험이 없어진다고 합니다.	As far as I know, there will be no college entrance exam, beginning next year.
제가 생각하기에는 대통령의 계획을 따르는 것이 좋겠어요.	In my opinion, it will be good to go along with the president's plan.

5.   A.V. + 는 동안(에)   "while," "during," "when"

This construction indicates a duration of time in which an action or an event occurs.

한국에서 사는 동안 친구를 많이 사귀었어요.	I made many friends while I was living in Korea.
기다리시는 동안 이 잡지를 읽으시겠어요?	Would you like to read this magazine while you wait?
내가 자는 동안에 눈이 많이 내렸어.	While I was sleeping, a heavy snow fell.
내가 학교에 간 동안에 친구가 왔었다.	While I was at school, a friend of mine came.

6.   a.   V. + ㄴ/은/는 대신(에)   "in place of," "instead of," "but"

   b.   N. + 대신(에)   "instead of," "as a replacement"

대신 literally means "substitution," "proxy," or "surrogate," but it also means "in exchange for" or "as a trade-off," as shown in these examples:

(a) 그 물건은 비싼 대신 튼튼해요.	That item is expensive but sturdy.
날씨기 맑은 대신 추워요.	The weather is beautiful, but it's cold.
전화를 거는 대신 편지를 쓰기로 했다.	Instead of calling, I will write a letter.
(b) 회의에 저 대신 좀 가 주시겠어요?	Would you mind going to the meeting in my place?
선물로 책 대신 스카프를 샀어.	As a gift, I bought a scarf instead of a book.
친구에게 전화 대신 편지를 했어요.	I wrote my friend a letter rather than calling him.

7. Causative verbs chart

Suffix	Verb Base	Causative Verb	Example and Gloss
이	먹다 to eat	먹이다 to feed	저는 8시에 아기에게 우유를 먹여요. I feed my baby milk at eight o'clock.
	보다 to see	보이다 to show	안내하는 직원에게 신분증을 보이세요. Please show the attendant your ID.
	죽다 to die	죽이다 to kill	개미도 죽이지 마세요. Please don't kill even an ant.
	속다 to be cheated	속이다 to cheat, to fool	사람들을 언제나 속일 수 없어요. You can't fool the people all the time.
	줄다 to shrink, to decrease	줄이다 to shrink, to reduce	바지를 줄여야 해요. I have to shorten a pair of pants.
	높다 to be high	높이다 to raise, to make tall	저 건물을 더 높인대요? Are they going to make the building higher?
	녹다 to melt	녹이다 to melt	눈을 녹여서 물을 썼어요. I melted the snow to use as water.
히	읽다 to read	읽히다 to make read	선생님께서 저에게 책을 읽히셨어요. My teacher had me read the book.
	앉다 to sit down	앉히다 to seat	그 의자에 아기를 혼자 앉히지 마세요. Please don't let the baby sit on the chair alone.
	입다 to put on (clothes)	입히다 to dress, to put on (someone)	아침에 동생에게 코트를 입혀 줬어요. I put the coat on my little sister in the morning.
	넓다 to be wide	넓히다 to widen	이 길은 넓혀야 해요. This road has to be widened.
	익다 to be cooked, to become ripe	익히다 to cook, to make done/ripe	야채는 너무 익히면 맛이 없어요. Vegetables do not taste good when overcooked.
	식다 to cool off	식히다 to cool it off	너무 뜨거우면 식히세요. If it is too hot, please cool it off.
리	알다 to know	알리다 to let be known	도착시간을 알려 주세요. Please let me know the arrival time.
	울다 to cry, to weep	울리다 to make (someone) cry	그 영화가 사람들을 울렸어요. The movie made people weep.
	살다 to live	살리다 to make one live, to save	저 개가 어린이를 살렸어요. The dog saved a child.
	돌다 to go around	돌리다 to turn	문을 열려면 핸들을 돌리세요. To open the door, turn the handle.
	늘다 to increase	늘리다 to increase	수출을 십퍼센트 늘렸다. We increased exports by 10 percent.
기	웃다 to laugh	웃기다 to make laugh	그 분은 사람들을 잘 웃겨요. He makes people laugh a lot.
	맡다 to keep	맡기다 to entrust, to check	누구에게 이 책임을 맡길까요? To whom shall I give this responsibility?

Causative Verbs Chart *(continued)*

Suffix	Verb Base	Causative Verb	Example and Gloss
	벗다 to take off	벗기다 to undress, to strip	제가 아기 신발을 벗겼어요. I took off the baby's shoes.
	신다 to put on (shoes)	신기다 to put on (shoes)	아기 신발을 다시 신길까요? Shall I put the shoes back on the baby?
	숨다 to hide	숨기다 to hide, to conceal	나는 너에게 숨기는 것이 없어. I have nothing to hide from you.
	씻다 to wash	씻기다 to let wash	도로가 비에 깨끗이 씻기었다. The road was washed clean by the rain.
	빗다 to comb	빗기다 to comb	머리를 빗겨 줄까? Shall I comb your hair?
우	자다 to sleep	재우다 to put to bed	엄마가 아기를 재우고 있어요. Mother is putting the baby to sleep.
	깨다 to be awake	깨우다 to wake	아침 7시에 좀 깨워 주세요? Would you wake me up at 7:00 A.M.?
	타다 to get on, to ride	태우다 to load, to put on (a vehicle)	엄마가 아이를 학교 버스에 태웠어요. Mother put her child on the school bus.
	서다 to stand, to stop	세우다 to stop, to erect	차를 기차역 앞에서 세워주세요. Please stop the car in front of the train station.
	비다 to be empty	비우다 to vacate, to empty	쓰레기통을 좀 비워 주시겠어요? Would you empty the wastebasket?
구	돋다 to rise, to sprout	돋구다 to enhance	운동은 밥맛을 돋구어 준다. Exercise enhances one's appetite.
추	낮다 to be low	낮추다 to lower	음악 소리를 낮추어 주시겠어요? Would you lower the volume of the music?
	늦다 to be late	늦추다 to extend, to defer	한 달은 너무 짧으니 기간을 좀 늦춥시다. One month is too short; let's extend it.
	맞다 to fit, to be correct	맞추다 to set, to match	몸에 맞추어 옷을 맞겼어요. I ordered a dress made to fit (my body).

연습   EXERCISES

A. 본문을 읽고 질문에 대답하십시오.

1. 현배는 경환이 형을 만나서 무엇을 할 계획이었습니까?
2. 현배는 요즘 무엇에 관심이 있습니까?
3. 경환이 형은 어떻게 투표할 사람을 결정하겠다고 했습니까?
4. 경환이 형은 무엇이 궁금했습니까?

B. 주어진 문형을 사용하여 대답하십시오.

1. 무슨 논문을 쓰고 계세요? (-에 관해, 관한)
2. 내일 숙제가 무엇이에요? (-(어/아) 오다)
3. 바지를 어떻게 고쳐 드릴까요? (줄이다)
4. 요즘 선거가 어떻게 되고 있어요? (-기에는)
5. 언제 논문을 다 쓰셨어요? (-는 동안에)
6. 오늘도 도서관에서 공부할 거예요? (-는 대신에)

주어진 문형을 사용하여 문장을 바꾸십시오.

7. -는 동안

  예: 어머니가 바지를 고쳤다, ──→ 어머니가 바지를 고치는
      나는 *텔레비전을* 고쳤다   동안 나는 *텔레비전을*
                                  고쳤다.

  a. 작년에 한국에 있었다, 한국어를 배웠다
  b. 비행기를 타고 한국에 가다, 잠을 자다
  c. 친구는 음악을 듣다, 나는 식사 준비를 하다

C. 단어 연습

1. 알맞은 동사와 연결하십시오.

  예: 친구에게 어머니 사진을 ─────── 보여준다.

  a. 아기에게 약을   먹인다.
  b. 아기에게 옷을   웃긴다.
  c. 아기를 의자에   신긴다
  d. 농담으로 친구들을   입힌다.
  e. 아기에게 신을   앉힌다.

2. 알맞은 동사와 연결하십시오.

  예: 누가 당선될 지 ─────── 궁금하다.

  a. 그 일은 점점 가능성이   다가오다.
  b. 친구 생일날이   알아보다.
  c. 미국의 정치에 대해   투표했다.
  d. 선거에서 2번 후보자에게   높아지다.

3. 알맞은 조사 -이/가, -을/를, -와/과, -에, -에게를 넣고,
   그 문장의 뜻을 알아보십시오. (조사 particle, case marker)

요즘 사람들의 관심이 선거_____ 집중되어 있다. 선거를 통해 국회 의원_____ 뽑는다. 후보자들은 선거 운동에 집중하고 있다. 후보자들의 사진_____ 여기 저기서 보이고, *텔레비전*을 틀면 광고가 끊임없이 나온다. 이번 선거에서는 상원 의원의 삼분의 일을 뽑게 된다. 누_____ 이 곳의 상원 의원으로 당선될지 모든 사람이 관심_____ 가지고 있다. 나는 지금 어떤 후보자_____ 투표할 지 신중하게 생각하고 있다.

4. 알맞은 동사를 골라 문장을 완성하십시오.

> 질문하다, 이해하다, 신중하다,
> 집중하다, 결정하다, 맡기다

예: 아침에 아버지께 오늘 신문의 *뉴*스에 대해 질문했다.

a. 그분이 그렇게 화가 난 것을 _____할 수 없어요.
b. 저는 주식 투자가 전공이에요. 제게 투자를 _____ 주세요.
c. 전공을 _____하기 전에 다시 한번 잘 생각해 보라고 선생님께서 말씀하셨다.
d. 음악을 들으면서 공부에 _____할 수 있어요? 맞아요, 집중이 잘 안돼서 음악을 끄려고 했어요.
e. 빨리 결정할 필요는 없습니다. _____게 결정하세요.

5. 다음 동사들은 반대의 뜻을 가지고 있습니다. 다음 문장에 알맞은 형태로 바꿔 넣으십시오.

a. 한국의 날씨는 여름에는 _____고 겨울에는 _____. (덥다/춥다)
b. *커피*는 _____데 아이스크림은 _____. (뜨겁다/ 차다)
c. 겨울이 되면 낮이 _____지고 밤이 _____진다. (짧어지다/길어지다)
d. 산은 _____고 바다는 _____다. (높다/낮다)
e. 이 물건은 가격이 너무 _____니까 세일해서 가격이 _____질 때까지 기다려야겠다. (비싸다/싸다)
f. 점원은 물건을 _____고 손님은 물건을 _____다. (팔다/사다)
g. 석유 가격이 _____면 물가가 비싸지고, 석유

　　　가격이 ＿＿＿＿면 물가가 싸진다. (오르다/내리다)
　　　(석유 petroleum, 물가 price of goods)
　h.　그 사람은 주식 값이 내릴 때 주식을 ＿＿＿＿고
　　　다시 값이 오를 때 ＿＿＿＿아서 돈을 벌었다.
　　　(팔다/사다)
　i.　선물을 ＿＿＿＿ 것 보다 ＿＿＿＿ 것이 더 기쁘다.
　　　(주다/받다)
　j.　이 원피스는 소매 길이를 ＿＿＿＿고 치마 길이는
　　　＿＿＿＿여야 한다. (늘이다/ 줄이다) (원피스
　　　a dress, 소매 sleeve)

D. 이야기하기

　1.　미국의 대통령 선거에 대해서 이야기해 봅시다. 어떤
　　　후보자들이 있습니까? 누가 대통령이 될 가능성이 가장
　　　높다고 생각합니까?
　2.　투표를 한 적이 있습니까? 투표를 할 때 어떻게 투표할
　　　후보자를 결정했습니까?

제 18 과

홍길동

현배는 시내에 나가서 새로 나온 책도 볼 겸[1] 서점에 들렀다.
지하철을 타고 가서 광화문 역에서 내렸다. 우선 서울 문고에
들어가 여러 가지 책들을 둘러보고 만화책 한 권을 사왔다.

현배: 준희야, 너도 『홍길동전』 읽어 봤니?

준희: 응, 『홍길동전』은 갑자기 왜?

현배: 오늘 서울 문고에 갔더니[2] 만화 『홍길동전』이 베스트
셀러라고 하더라. 그래서 나도 한 권 사왔는데 정말
재미있어.

준희: 『홍길동전』은 우리 나라 고전 소설이야. 홍길동은
한국의 로빈훗이라고 할 만하지.

현배: 로빈훗 이야기처럼 내용도 재미있고 액션이 많아서
신나더라.

준희: 홍길동의 무술이 뛰어나서 아이들은 누구나 좋아해.
영화도 나왔잖아.

현배: 무술이라면 나도 관심이 많은데, 그래서 그런지[3] 더
재미있었어.

준희: 네가 무술에 관심이 있는 줄은 몰랐는데? 그렇다면 오늘
택견 동아리에서 시범 경기가 있다는데 같이 가 볼래?

현배: 택견이라고? 태권도가 아니고?

준희: 둘 다 한국의 전통 무술이기는 하지만[4] 택견과 태권도는
좀 달라. 태권도는 온 몸을 쓰지만 택견은 주로 발을
사용하는 무술이야.

현배: 한국 사람은 누구나 태권도만 한다고 생각했는데
       그게 아닌가 봐.

준희: 한국의 전통 무술은 수십 가지도 넘어. 많은 종류가
       사라졌지만 요즘은 전통 무술을 배우는 젊은이들이
       점점 늘고 있어.

현배: 전에는 무술하는 사람이 드문 것 같았는데 요즘
       무술이 왜 그렇게 인기지?

준희: 일종의 스포츠로 하는 거지 뭐.[5] 그렇지만 동양의
       무술에서는 운동만 배우는 것은 아니야. 동양
       무술에서는 정신 수양을 특히 강조하거든.[6] 나도 처음에는
       호기심에서 태권도를 배우기 시작했는데 인내심과
       예절도 많이 배우게 되더라.

고구려 고분 벽화 "사냥하는 무사" (6 세기)

"Hunting Scene" from a tomb mural of the Koguryŏ kingdom
(sixth century)

단어   VOCABULARY

강조하다	to emphasize, to stress; 강조 emphasis
경기	(sports) game, tournament
고전	classics, classical literature
광화문 역	Kwang-hwa-mun stop or station
권	volume (book)
그래서 그런지	maybe that is why
동아리	club, group
둘러보다	to look around, to make a survey
드문	scarce, rare, unusual; 드물다 to be scarce, to be rare
로빈훗	Robin Hood
만화	cartoon, comics
무술	martial arts
-문고	bookstore; 서울 문고 Seoul Bookstore
베스트셀러	best-seller
사라지다	to disappear
서점	bookstore
소설	fiction, novel
수양	mind cultivation; 수양하다 to train one's mind
스포츠	sports
시내	downtown, within city limits
시범	example, demonstration; 시범 경기 exhibition game or match
신나다	to be exciting
인내심	patient mind, endurance; 인내 patience
일종의	a kind of, a sort of; 일종 a kind, a sort
점점	gradually
정신	mind, consciousness, mentality
태권도	tae kwon do
택견	form of Korean martial art
호기심	curiosity
『홍길동전』	*The Tale of Hong Kil-dong*

읽기   홍길동전* (洪吉童傳)   EXTRA READING

홍길동은 높은 관리의 아들로 태어났는데 학문을 잘하고 재주가
많았으며, 무술이 특히 뛰어났다. 그러나 첩에게서 태어난 아들이기

때문에 사회로부터 천대를 받았다. 어려서부터 이것에 불만을
품고 있던 홍길동은 집을 떠나게 되었으며, 그러다가 도둑들의
우두머리가 되었다. 서양의 로빈훗 같이 의로운 도적이 되어, 온
나라를 돌아다니면서 관리들이 옳지 못하게 모아 둔 재산을 빼앗아
가난한 사람들에게 나누어 주었다. 그리고 나쁜 관리들을 혼내
주었다.

　　왕은 홍길동을 잡으라고 명령을 내렸다. 그러나 홍길동은 잡히지
않았다. 결국 왕은 홍길동에게 나라을 잘 다스리겠다고 약속하고
그에게 관직을 주었다. 그러나 홍길동은 그것을 거절하고 자기를
따르는 사람들을 데리고 먼 곳에 있는 섬으로 가서 그곳에 새로운
나라를 세웠다.

*There were frequent invasions from the north and from the south during
the 1590s, but the ruling nobility held their power under which corrupt
government officials neglected the welfare of the people. It was in this period
that Hŏ Kyun (c. 1569–1618) wrote *The Tale of Hong Kil-dong*, a social satire
criticizing the social conditions through the story of Hong Kil-dong, an
illegitimate son of a *yangban*. Although there were many illegitimate sons
who were reared and educated in the traditional nobility class, few were
allowed to enter government service, thus creating a class of young men
frustrated and discontent who resorted to civil disobedience. Revealing the
despotic rule of the time, the authorities executed Hŏ Kyun for his critical
view of society, on the grounds of real or fabricated offenses. Hŏ Kyun came
from the Confucian scholarly family whose sons were eminent scholars and
whose daughter was the famous poet Hŏ Nansŏlhŏn.

가난하다	to be poor
거절하다	to refuse
결국	finally, in the end
관리 [괄리]	bureaucrat, government official
관직	government position
그러다가	while doing so, meanwhile
나누어 주다	to distribute
나쁜	bad, wicked;　나쁘다 to be bad, to be wicked
다스리다	to govern, to rule
데리고	accompanying
도둑; 도적	thief, burglar;　도둑질하다 to steal
명령 [명녕]	order, command;　명령을 내리다 to order, to command
모아 두다	to accumulate
불만	discontent;　불만을 품다 to be discontent, to have a grudge

빼앗다	to snatch, to take away
온	all, entire; 온 나라 all over the country; 온 집안 entire family/home
옳다 [올타]	to be right, to be correct
우두머리	head, leader, chief
의로운	righteous; 의롭다 to be righteous
재산	property, asset
천대	mistreatment, ill-treatment; 천대를 받다 to be mistreated
첩	concubine
품다	to bear in mind, to harbor
학문	scholarship, academic knowledge
혼내 주다	to reprimand, to teach a lesson (colloquial)

문형과 문법   PATTERNS AND GRAMMAR NOTES

1. A.V. + ㄹ/을 겸   "while doing . . . "

This construction indicates that the second action has a dual purpose. Taking advantage of the situation, you do one thing while doing something else at the same time.

선생님도 뵐 겸 학교에 갔다.	I went to school and at the same time visited my teacher.
친구도 사귈 겸 한국 학생회에 나갔다.	I went to attend the Korean students' meeting and also to make friends (there).
점심도 먹을 겸 집에 갔다.	I went home and also had lunch.

2. a. V. + 더니   "and then," "since," "but"

  b. V. + 었/았더니   "since," "because," "so," "as," "when"

-더니 is not used with *I* or *we*. This restriction does not apply to -었/았더니.

(a) 수잔이 한국에 가더니 소식이 없네.	Since Susan went to Korea, there has been no news.

인류학을 공부하더니 She was studying anthropology, and
지금은 사회학을 now she has changed to
공부한다. sociology.

(b) 아침 일찍 학교에 Because I went to school early
갔더니 교실이 in the morning, the classroom
텅 비어 있었다. was completely empty.

전화를 했더니 I called a friend, but he was al-
친구는 벌써 ready out.
나가고 없었다.

밥을 많이 먹었더니 I ate too much and have a
배가 아프다. stomachache.

우리가 공부를 Because we studied hard, we did
열심히 했더니 well on the test.
시험을 잘
봤어요.

Note that the subjects of the -었/았더 connective are usually not the same. For example, 톰은 책방에 갔더니 책을 샀다 is not correct, but 톰은 책방에 가더니 책을 샀다 or 톰이 책방에 갔더니 민수가 와 있었다 is fine.

3. V. + (어/아)서 그런지   "maybe because,"
                            "it could be because"

This expression indicates the speaker's conjecture or reasoning.

바빠서 그런지 쫀은 무술에 Maybe because he is busy, John is
관심이 없다. not interested in the martial
arts.

잠을 못 자서 그런지 It could be that because I didn't
머리가 아프다. sleep, I have a headache.

학생이 많이 늘었다. 그래서 The number of students has
그런지 교실이 increased. Maybe that's
모자란다. why there aren't enough
classrooms.

4. a. V. + 기는 V. + 지만   "it is true that . . . , but"

    b. N. + (이)기는 하지만   "it is true that . . . , but,"
                              "although it is . . . "

This construction indicates that the speaker recognizes the fact.

(a) 비행기가 빠르기는 　　하지만 비싸다.	It is true that airplanes are fast, 　　but they are expensive.
데이비드가 요리를 　맛있게 하기는 　하지만 시간이 　없어서 잘 하지 　않는다.	It is true that David is a good cook, 　　but he doesn't cook because 　　he doesn't have time.
(b) 전통 무술이기는 　　하지만 잘 　　몰라요.	It is a traditional martial art, but I 　　don't know it well.
좋은 선물이기는 　하지만 저는 못 　받겠어요.	Although it is a nice gift, I cannot 　　accept it.

5. Ending expression 뭐

There is no equivalent expression in English for 뭐. It is a colloquial sentence-ending expression meaning something like "what else?" in 나 학교에 갔지 뭐 "I went to school, what else?" or "I went to school, you know." It is used only in intimate and informal conversation and follows the -지(요) or -나(요) sentence ending.

일종의 스포츠로 하는 　거지 뭐.	They are doing it as a kind of sport, 　　nothing more.
오늘 안 오려나 보지 뭐.	I guess he's not coming today, you 　　know.
학교에나 가지요 뭐.	I'll just go to school, nowhere else.
제가 어디 가나요 뭐.	I don't go anywhere, you know.

6. V. + 거든(요)　　　　　　　　　"you know"

This intimate or polite sentence ending says something like "you know," as in "I saw the movie, you know."

무술은 건강에 좋거든.	You know, martial arts are good 　　for your health.
내일은 휴일이거든.	Tomorrow is a holiday, you know.

꼬마 동생 정엽이가 숙제를   My baby brother Jung-yup ripped
찢었거든요.   my homework, you know.

연습   **EXERCISES**

A. 본문을 읽고 질문에 대답하십시오.

1. 현배는 서울 문고까지 어떻게 갔습니까?
2. 현배는 왜 만화『홍길동전』을 샀습니까?
3. 『홍길동전』은 어떤 소설입니까?
4. 아이들은 왜 홍길동을 좋아합니까?
5. 동양 무술에서는 무엇을 강조합니까?

B. 주어진 문형을 사용하여 대답하십시오.

1. 왜 광주에 내려 갔니? (-ㄹ/을 겸)
2. 아버지께서 여행에서 왜 빨리 돌아오셨어요? (-더니)
3. *아르바이트*를 해 보니까 어때요? (-았/었더니)
4. 동아리 모임에 사람이 많이 왔어요? (-(어/아)서 그런지)
5. *피아노* 잘 치니? (-지 뭐)
6. 태권도는 왜 배우세요? (-거든요)

주어진 문형을 사용하여 문장을 바꾸십시오.

7. -(이)기는 하지만 or -기는 V. + 지만

   예: 홍길동은 무술을 잘 한다. ──→ 홍길동은 무술을 잘
                                하기는 하지만 기술이
                                더 필요하다.

   a. 경주는 깨끗한 도시이다.
   b. 오늘 날씨가 덥다.
   c. 택견은 여성적인 무술이다.

8. -거든(요)

   예: 젊은이들은 무술에 관심이 많다. ──→ 젊은이들은
                                    무술에 관심이
                                    많거든.

   a. 동양무술은 정신수양에 좋다.
   b. 마크는 택견을 배우기로 했다.
   c. 판소리가 인기이다.

C. 단어 연습

1. 다음 단어들은 반대의 뜻을 가지고 있습니다. 문장 속에
   알맞는 형태로 바꿔 넣으십시오.

   a. "요즘 어때? 바쁘지?" "아니, _____기는커녕 하루
      종일 _____." (바쁘다, 한가하다)
   b. 끊임없이 새 배우들이 _____고 인기 없는 배우들은
      _____. (나타나다, 사라지다)
   c. 소고기를 먹는 사람은 _____고 닭고기를 먹는
      사람은 _____다. (줄다, 늘다)
   d. 밖에서 _____ 큰 소리가 나다가 _____ 소리가
      그쳤다. (점점, 갑자기)

2. 알맞은 단어를 골라 넣으십시오.

   ┌───┐
   │ 여기 저기, 여러 가지, 이 사람 저 사람, 시합, 경기 │
   └───┘

   a. 시내를 _____ 돌아 다닌다.
   b. 기숙사 친구를 _____ 만나 본다.
   c. 책들을 _____ 찾아 본다.
   d. 시합과 _____는 비슷한 말이다.
   e. 오늘 축구 _____이 있어서 집에 늦게 들어올
      것 같아요.

3. 단어의 뜻을 알아보고 알맞은 명사를 골라 문장을 완성하
   십시오.

   ┌───┐
   │   호기심, 인내심, 반항심, 질투심, 동정심   │
   └───┘

   a. 신기한 것을 보면 알고 싶다는 _____을 느낀다.
   b. 엄마가 동생을 더 사랑하는 것 같을 때 형이
      _____을 느낀다.
   c. 자유가 없을 때 _____을 느낀다.
   d. 친구를 잃은 사람을 볼 때 _____을 느낀다.
   e. 힘든 일을 참고 끝까지 하기 위해 _____이 필요하다.

4. 다음 단어의 뜻을 찾아보고, 손이 필요한 동사, 발이
   필요한 동사, 또는 손발이 필요한 동사를 찾아보십시오.

> 기다, 걷다, 넘어지다, 구르다, 차다, 밟다, 밀다,
> 밀치다, 치다, 받다, 때리다, 꺾다, 꼬집다,
> 쓰다듬다, 어루만지다, 긁다

   a. 손이 필요한 동사:
   b. 발이 필요한 동사:
   c. 손발이 필요한 동사:

D. 이야기하기

1. 로빈훗 이야기의 줄거리를 말해 보십시오.
2. 자신이 좋아하는 스포츠에 대하여 이야기해 보십시오.
   좋아하는 이유를 이야기해 보십시오.
3. 어렸을 때 어떤 만화를 재미있게 읽었습니까?

제 19 과

음악 공연 예약

전화벨 소리 때문에 잠간 낮잠이 들었던[1] 현배는 깜짝 놀라 깼다.
유미에게 전화를 하겠다고 약속하고 깜빡 잊어 버렸더니 유미가
전화를 한 거였다. 아침에 유미를 만났을 때 이번 주말에 뭘 할까
의논하기로 했었다.

유미: 현배야, 이번 주말에 뮤지컬 보면 어떨까?

현배: 뮤지컬? 한국에 브로드웨이 뮤지컬이 들어 왔니?

유미: 아니, 브로드웨이가 아니고 한국 전통 음악이야.

현배: 『홍길동전』?

유미: 『홍길동전』밖에 모르네 ... 이것은 『홍부전』이라는
        판소리를 뮤지컬로 현대화한 거야.

현배: 사랑 이야기니? 어디선가 들어 본 이름이다.

유미: 아니. 사랑이 아니라 욕심장이 형과 마음씨 착한 동생
        사이에 일어난 일이야. 노래와 연기가 아주 좋대.

현배: 그럼 은주도 함께 데리고 가자.

유미: 좋아. 은주가 음악 팬이라지?[2] 어제 학교에서 만났었는데
        그때 같이 가자고 할 걸 그랬다.[3]

현배: 지금이라도 집에 전화해서 같이 가자고 물어 볼까?

유미: 지금 전화해 봤자[4] 없을 걸. 보나마나[5] 학교에 있을 거야.
        곧 미술전이 있어서 요즘 아틀리에에서 매일 그림만
        그린대.

(예매처에서)

현배:　'흥부전'을 세 장 예매하려고 하는데요.

매표원:　몇 일 표로 드릴까요? 주말 표는 다 매진됐고
월요일과 화요일 표가 있습니다.

현배:　월요일 7 시 것으로 주세요.

매표원:　S석, A석, B석 세 종류가 있는데 어떤 것으로
하시겠습니까?

현배:　B석으로 주세요. 가능하면 가운데 앞자리로 주시면
고맙겠습니다.

매표원:　2층도 괜찮겠어요? 1층에는 세 자리가 나란히 빈
데가 없네요.

현배:　1층이 좋지만 할 수 없지요 뭐. 2층 자리로 주세요.

매표원:　값은 세 장에 45,000원입니다.

현배:　카드로 지불해도 되겠지요?

매표원:　물론이지요.

유미:　어유, 다 됐으면 빨리 가자. 날씨가 어찌나 더운지
죽을 지경이야.[6]

현배:　그래. 어디 가서 냉커피라도 한 잔 마시자.

단어　　　　　　　VOCABULARY

가능하다	to be possible;　가능하면 if possible
공연	performance (music, drama, or dance)
나란히	side by side, in line, in a row
냉커피	iced coffee;　냉수 iced water
데리고 가다	to take along;　데리고 오다 to bring together
마음씨	mind, heart;　마음씨 착한 good-hearted, good-natured
뮤지컬	a musical
미술전	art exhibition
-석	seat (for tickets);　A석 A-class ticket
아틀리에	atelier, studio

앞자리	front seat; 자리 seat
약속	promise, appointment; 약속하다 to promise
연기	performance, acting; 연기하다 to act
예매처	booth for advance sales
예매하다	to sell/buy in advance
욕심장이	greedy person
의논하다	to discuss; 의논 discussion
-잔	cup (of); 커피 한잔 cup of coffee
잠이 들다	to fall asleep
-장	piece; 세 장 three pieces; 표 석장 three (pieces of) tickets
죽다	to die
지경이다	to be at the point of; 죽을 지경이다 to almost die
지불하다	to pay; 지불 payment
착한 [차칸]	good-hearted, good-natured; 착하다 to be good-hearted
카드	credit card
팬	fan, admirer
현대화하다	to modernize; 현대화 modernization
홍부전	*The Tale of Hŭngbu*

읽기 판소리 홍부전   EXTRA READING

형 놀부와 동생 홍부간의 갈등과 화해가 이 이야기의 줄거리입니다.

어느 마을에 부자가 살고 있었습니다. 그 부자에게는 아들 형제가 있었는데, "얘들아, 형제간에 우애 있게 지내야 한다"라는 유언을 남기고 죽었습니다. 그러자 심술쟁이이고 욕심쟁이인 형 놀부는 동생 홍부네 식구들을 천대하기 시작했습니다. 마음씨 착한 홍부는 불평도 없이 일만 했습니다. 어느 날 놀부는 홍부를 부르더니, "이젠 너희들 꼴도 보기 싫다. 당장 이 집에서 나가거라" 하고 홍부를 내쫓았습니다. 그래서 홍부와 식구들은 먼 곳에 가서 오두막집을 짓고 살았습니다. 집이 너무 작아서 누우면 발이 밖으로 쑥 나오고, 일어서면 머리가 천장을 뚫고 나왔습니다. 그러나 홍부는 불평도 걱정도 하지 않았습니다.

겨울이 가고 봄이 왔습니다. 남쪽에 갔던 제비들이 돌아와 홍부네 초가집 지붕에 둥지를 만들고 살았습니다. 하루는 홍부가 앞마당에서 일을 하고 있는데, 새끼 제비들이 울부짖는 소리가

들렸습니다. 고개를 돌려보니 커다란 구렁이가 제비둥지로 들어가고
있었습니다. 제비 한 마리가 땅에 떨어져 다리가 부러지고
말았습니다. 홍부는 구렁이를 내쫓고 제비를 정성껏 치료해
주었습니다. 그러다가 가을이 되자 제비들은 남쪽으로 떠났습니다.
    다시 봄이 찾아 왔습니다. 홍부가 밭에 나가 일을 하고
있었는데, 제비들이 날아와 홍부 앞에 씨앗 한 개를 떨어뜨렸습니다.
그것을 주워서 심었더니 가을이 되자 큰 박이 주렁주렁 열렸습니다.
홍부와 부인은 하도 배가 고파서 박이라도 먹으려고 박을 따다가
톱으로 썰었습니다. 그런데 이게 웬일입니까! 박 속에는 박 씨가
아니라 금 은 보물들이 가득 차 있었습니다. 또 다른 박을 따서
톱질을 했습니다. 거기에서도 역시 눈부신 보석들이 쏟아져
나왔습니다.

그후에 홍부와 놀부는 어떻게 되었을까요?

가득	full, fully
-간	between
갈등	conflict, tension; 갈등(이) 있다 to have conflict or tension
고개	neck
구렁이	boa, large snake
꼴 보기 싫다	hate to see (the face of a person)
내쫓다	to expel, to chase out
당장	immediately, right now
둥지	nest
따다	to pick
땅	earth, land, ground
떨어뜨리다	(Vt.) to drop; 떨어지다 (Vi.) to drop
뚫다 [뚤타]	to make a hole
박	gourd; 박 씨 gourd seed; 박 꽃 gourd flower
보물	treasure, valuables
보석	jewel, gem, precious stone
부러지다	(Vi.) to break; 부러뜨리다 (Vt.) to break
부자	rich person
불평	complaint; 불평하다 to complain
새끼	chick, baby (animal)
심다	to plant
심술쟁이	grouch, ill-tempered person

쏟아지다 [쏘다지다]	to pour out, to gush out
씨앗; 씨	seed
앞마당 [암마당]	front yard
오두막집	hut
우애	brotherly or friendly love
울부짖는 [울부진는]	crying; 울부짖다 to cry out
유언	last words, dying wish; 유언하다 to express dying wish
정성껏	with care, with devotion
제비	swallow (bird)
주렁주렁	(hanging) in clusters
줄거리	outline, plot; stalk, stem; 이야기 줄거리 main plot of story
줍다	to pick up (from the ground)
지붕	roof
차다	(Vi) to fill up; (Vt) 채우다 to fill up
천대하다	to mistreat, to treat with contempt
천장	ceiling
초가집	thatched house
치료하다	to treat (a patient), to give medical treatment
하도	too (much), very
화해	reconciliation; 화해하다 to reconcile

문형과 문법   PATTERNS AND GRAMMAR NOTES

1. Verbs for involuntary action: 들다, 걸리다, and 나다

Many body-related functions are treated as involuntary or noncontrollable acts and are expressed by 들다 "come under," 나다 "arise," or 걸리다 "be caught."

들다	나다	걸리다
잠이 들다	열이 나다	감기에 걸리다
to fall asleep	to have a fever	to catch a cold
감기가 들다	병이 나다	병에 걸리다
to catch a cold	to get sick	to get sick
병이 들다	화가 나다	
to get sick	to get upset	

들다	나다	걸리다
물이 들다	땀이 나다	순경에게 걸리다
to be influenced (literally, to be colored)	to perspire	to be caught by a cop

2. Question ending -다지요?   "isn't it . . . ?"

As an indirect question ending, -다지요 expresses something close to "don't I hear/don't they say . . . ?," as in 지금 뉴욕에 비가 온다지요? "Don't they say it's raining now in New York City?"

a. V. + 다지 (요)?	"don't/didn't I hear . . . ?"
V. + 었/았다지 (요)?	"don't/didn't I hear . . . ?"
b. N. + (이)라지 (요)?	"don't/didn't I hear that it's . . . ?"
N. + (이)었다지 (요)?	"don't/didn't I hear that it was . . . ?"
(a) 그 분은 오페라를 좋아한다지요?	Don't they say that he likes opera?
너는 벌써 표를 샀다지?	Didn't I hear you bought the ticket already?
그 분이 대통령에 당선됐다지?	Didn't I hear that he was elected president?
(b) 내일이 독립 기념일이라지요?	Don't they say it's Independence Day tomorrow?
은주가 오페라 팬이라지요?	Don't I hear Eun-ju is an opera fan?
그 책이 인기였다지요?	Didn't I hear that the book was popular?

3. A. V. + ㄹ/을 걸 그랬다   "should have . . . "

This short form of -ㄹ/을 것을 그랬다 indicates mild regret, as in "I should have done . . . "

같이 가자고 할 걸 그랬다.	I should have asked her/him to go with me.
점심을 미리 먹을 걸 그랬다.	I should have eaten lunch earlier.

떡국을 끓일 걸 그랬다.	I should have cooked (boiled) the rice-cake soup.

4. V. + (어/아) 봤자/보았자   "even if (I try) doing . . . ,"
"even if (something) is . . . "

This connective indicates the speaker's supposition of the fact or the event.

지금 후회해 봤자 소용없어.	Even if you are remorseful now, it is of no use. / There is no point in being remorseful now.
뛰어 봤자 *버스를* 잡기는 힘들걸.	It'll be hard to catch the bus even if you run.
누구에게 의논해 보았자 다른 좋은 수가 없을 것 같다.	Even if you discuss it with someone, there won't be any good solution.
사람이 키가 커 봤자 7 피트도 안 될 거다.	Even if a man is tall, he is probably less than seven feet.

5. A.V. + (으)나 마나   "no use," "no point doing," "not worth doing"

This pattern indicates a futile attempt or uselessness, meaning literally "whether to do it or not."

가나 마나 우리는 늦어서 그 영화는 못 봐.	There is no use going; we can't see the movie because we're late.
그 약은 먹으나 마나였다.	The medicine was no use. It didn't help.
경주에게 말해보나 마나 안 간다고 할 거야.	There is no point asking Kyungju; she'll say she won't go.

6. A.V. + ㄹ/을 지경이다   "to/at the point of . . . ,"
"almost," "nearly"

This expression is often preceded by a verb of hardship, such as 포기하다, 쓰러지다, 죽다, 울다, 꺾어지다, or 넘어 지다.

시험이 너무 어려워 울 지경이었다.	The exam was so difficult that I almost cried.
피곤해서 쓰러질 지경이다.	I am so tired that I'm about to collapse.

목이 말라서 죽을 지경이었다.	I almost died of thirst.

연습   EXERCISES

A. 본문을 읽고 질문에 대답하십시오.

1. 현배는 무엇을 잊어버리고 있었습니까?
2. 『홍부전』은 무엇에 대한 이야기입니까?
3. 은주는 왜 학교에서 그림만 그립니까?
4. 현배는 왜 2층에 있는 자리의 표를 샀습니까?

B. 주어진 문형을 사용하여 대답하십시오.

1. 왜 기침을 하세요? (걸려서)
2. 빨리 가면 *버스*를 탈 수 있을까? (-(어/아) 보았자)
3. 은주에게 전화해 보면 어떨까? (-(으)나 마나)
4. 일이 아직도 많니? (-ㄹ/을 지경이다)

주어진 문형을 사용하여 문장을 바꾸십시오.

5. -ㄹ/을 걸 그랬다

예: 은주에게 전화를 걸다. ──→ 은주에게 전화를
                                  걸 걸 그랬다.

  a. 무술을 배우다.
  b. 친구에게 줄 선물을 사다.
  c. 친구를 데리고 가다.

6. -라/다지요?

예: 유명한 판소리이다. ──→ 유명한 판소리라지요?

  a. 준희가 미국에 돌아갔다.
  b. 은주는 그림을 그린다.
  c. *오페라* 표가 비싸다.

C. 단어 연습

1. 알맞은 부사를 골라 문장을 완성하십시오. 같은 부사를 한번 이상 쓸 수 있습니다.

> 잠깐(만), 깜빡, 깜짝

    a. _____ 갔다 올게.

    b. 네가 갑자기 들어와서 _____ 놀랐어.

    c. 잠이 _____ 들었었나봐.

    d. 전화 좀 _____ 쓸 수 있을까요?

    e. 내일이 네 생일인 것을 _____ 잊어버렸네.

    f. 여기 _____ 와 보시겠어요?

2. 알맞은 단어를 골라 문장을 완성하십시오.

> 연기, 가수, 배우, 판소리, 무대

    a. *뮤지컬* 가수들은 노래뿐만 아니라 _____도 잘
   해야한다.

    b. *뮤지컬*에서는 가수가 연기도 하기 때문에 _____에서
   여기저기 돌아다니지만 _____에서는 노래하는
   사람이 무대에 가만히 서서 노래를 부른다.

    c. 노래를 부르는 사람을 _____라고 한다.

3. 알맞은 동사를 골라 문장을 완성하십시오.

> 예매하다, 매진되다, 지불하다, 사다

    a. 현주: 내일 *오페라* 구경 갈래?
        유미: 표를 _____?

    b. 현주: 아직 _____ 안 했어.
        유미: 앞자리가 있을까?

    c. 현주: 나는 뒷자리라도 좋으니까 표나 _____
               되지 않았으면 좋겠어.
        유미: 내 표 값은 현금으로 줄까?

    d. 현주: 내가 우선 *크레디트 카드*로 _____.
        유미: 그래.

4. 알맞은 단어를 골라 문장을 완성하십시오.

> 현대화(되/하다), 식민지화(되/하다), 서구화(되/하다)

    a. 요즘 한국 사람들은 한복을 _____해서 많이 입는다.

    b. 십구 세기에 많은 아프리카 나라들이 _____되었다.

    c. 한국 사회는 많이 _____되었다.

D. 이야기하기

1. 학생이 좋아하는 *뮤지컬*은 어떤 것입니까? 그 *뮤지컬*의
   줄거리를 말해 보십시오.
2. 여러분이 알고 있는 영화 중에서 사랑 이야기나 우정
   이야기 또는 전쟁 이야기를 각각 한 가지씩 들어보십시오.
3. 연극이나 영화 구경을 가기 위해 전화로 예약을 하려고
   합니다. 친구와 같이 예약하는 대화를 만들어 보십시오.

제 20 과

조선족 학생과의 만남

현배는 친구 준희를 통해 조선족 학생을 만나게 되었다. 조선족이란 중국에 살고 있는 한국인을 부를 때 쓰는 말이다. 세 사람은 학교 앞의 *카페*에서 만났다.

준희: 인사하세요, 이 쪽은 박 현배인데 미국에서 방학을 이용해서 한국에 공부하려고 와 있지요. 이 쪽은 중국 북경 대학에서 온 김 만철이에요. 중국에 사는 조선족이랍니다.[1]

현배: 안녕하세요. 조선족은 중국 교포이지요?

만철: 그렇지요. 저는 교환 학생으로 와서 역사를 공부하고 있어요.

현배: 우리 말을 아주 잘 하시네요. 중국에서도 한국 말을 많이 쓰나요?

만철: 학교에서는 조선 말을 쓸 기회가 전혀[2] 없어요. 그러나 제 고향 연변에서는 조선 말을 많이 써요. 자랄 때 집에서는 조선 말만 사용했어요. 미국 교포들은 어때요?

현배: 어디에 사는 지에 따라 다르다고 할 수 있어요. 저는 한국인이 드문 곳에서 살다보니[3] 한국어를 배울 기회가 적었어요.

준희: 중국에서 쓰는 한국어, 아니 조선 말은 북한 말에 더 가까워요?

만철: 예, 서울 말과는 달라요. 액센트가 특히 다르지요.

현배: 제가 북한 말을 들으면 전혀 못 알아 들을까요?

만철: 전혀 못 알아 들을 정도는[4] 아닐 거예요. 그런데
          서울에 와 보니 서구에서 들어온 외래어가 특히
          많군요. 처음에 *엘리베이터, 에어콘* 등이 무슨 소린지
          몰라서 어리둥절했었어요.[5]

현배: 그건 저도 마찬가지예요.[6] 한국에서 사용하는 영어
          외래어는 발음이 영 달라서 알아듣기가 쉽지 않았어요.

준희: 뭐 드시겠어요? *커피, 콜라, 쥬스?*

만철: 외래어 하나 또 배웠네요.

종업원: 주문하시겠어요?

준희: *커피* 두 잔하고 *오렌지 쥬스* 한잔 주세요. 빨리요.

현배: 하하, 한국은 정말 바쁜 나라인가 봐요. 외국인들이 가장
          먼저 배우는 한국 말이 무엇인지 아세요? 바로 '빨리,
          빨리' 랍니다. 하하.

만철: 맞아요.

준희: 그렇지만 그 '빨리 빨리' 덕택에[7] 한국이 이렇게 빨리
          성장할 수 있었잖아?

단어   VOCABULARY

교포	Koreans residing abroad, overseas Koreans
-덕택에	owing to, thanks to
마찬가지이다	to be the same, to be similar
만철	Man-chul (man's name)
발음	pronunciation; 발음하다 to pronounce
북경	Beijing
북한	North Korea
사용하다	to use
서구	western Europe; 서양 the West; 동구 eastern Europe
성장하다	to grow; 성장 growth
소리	sound, word; 무슨 소리야? What's this sound? What do you mean?

액센트	accent
어리둥절하다	to feel confused, to be bewildered or at a loss
에어콘; 냉방기	air conditioner
엘리베이터; 승강기	elevator
연변	Yŏnbyŏn (northeastern region in China near North Korean border)
영	completely, not at all
외래어	word of foreign origin, loanword
자라다	to grow up, to be raised
전혀	entirely (not), completely (not)
정도	extent, degree
조선족	Chosŏn nationals, Korean-Chinese
주문하다	to order; 주문 an order, ordering
준희	Jun-hie (woman's name)

읽기 조선족* 이야기   EXTRA READING

중국의 조선족들은 주로 압록강 근처에 살고 있다. 현재의 중국과
한국 사이의 국경선은 조선 시대에 정해졌지만, 그 이전부터도 적지
않은 한국 사람들이 국경선 안팎에 모여 살고 있었다. 특히
일제 시대에 많은 한국인들이 국경을 넘어 중국으로 이주했다.
그때는 이곳이 독립 운동의 중심지가 되기도 했다.

  이 지역에 살고 있는 조선족들은 민족에 대한 자부심이 높아서
자신의 언어와 문화를 지키려고 많은 노력을 해 왔다. 이러한
노력의 덕택으로 조선족은 자치구를 가지고 있다. 중국에는 조선족
이외에도 오십 여 소수 민족이 있다.

*Chosŏn-jok (조선족; literally, "Chosŏn nationality/ethnicity"), the term used by
the Chinese to refer to the Korean-Chinese, is relatively new in South Korea
because there was little communication between South Korea and North Korea
or the People's Republic of China from the mid-1940s to the early 1990s. The
majority of the 1.5 million Korean-Chinese live in the Yŏnbyŏn (*Yanbien* in
Chinese) area, which borders the northwestern part of North Korea.

  Ethnic Koreans of different countries have different names. Korean-Chinese
are called 조선족 by the Chinese, and Korean-Americans are called 재미 교포
and Korean-Japanese called 재일 교포 by the South Koreans. Korean-Russians
are called 고려인 by the North Koreans.

  There are more than 1 million Korean-Americans; the majority of them live
in the Los Angeles, San Francisco, and New York City areas and in Hawaii.
Korean-Russians in the former Soviet Union number about a half million, but

currently they are largely in the Almaty area of Kazakhstan and the Tashkent area of Uzbekistan. There are also pockets of Korean residents in Australia, Brazil, Argentina, Mexico, and various European countries.

국경선	national border line; 국경 national border
노력하다	to make an effort; 노력 effort, endeavor
독립 [동닙]	independence; 독립 운동 independence movement
민족	ethnic group, race, (ethnically identical) people
소수	minority; 다수 majority; 소수 민족 ethnic minority
안팎에 [안파께]	in the inside and outside; 안팎 the inside and the outside
압록강	Apnok River (also known as Yalu River)
-여	more than; 십 여 개의 식당 more than ten restaurants
이외에도	additionally, besides; 이외 others
이전	(from) the previous, before; 이후 after this
이주하다	to move, to immigrate; 이주 moving, immigration
일제시대 [일쩨시대]	Japanese occupation period
-자신	self; 자신의 of one's own
자부심	pride
자치구	self-governing region
적지 않은	not a few; 적다 to be few
정해지다	(Vi.) to be set, to be decided; 정하다 (Vt.) to decide on, to choose
지역	region
지키다	to keep, to preserve, to guard

문형과 문법   PATTERNS AND GRAMMAR NOTES

1. Indirect speech: formal   "they say . . . ," "someone says . . . "
   short forms

   Below are the short forms of formal indirect speech endings. (For the informal short endings -대요, -(이)래요, -(으)래요, -내요, and -재요, see L9, GN5.)

a. Statement V. + 답니다   "they say"
    Statement N. +   "they say that it is"
    (이)랍니다

b. Command V. +   "they tell/ask/order"
    (으)랍니다

c. Question V. + 냡 니다   "they ask/say"

d. "Let's" V. + 잡니다   "they ask/invite to do"

(a) 만철이는 중국에   (They say) Man-chŭl is a
    사는 조선족   Korean who lives in China.
    이랍니다.

    그 분은 운동선수   (They say that) he is an athlete.
    랍니다.

(b) 전화를 받으랍니다.   (They tell you) to answer the
                                phone.

    전화를 받아   (They ask you) to answer the
        달랍니다.   phone (for someone).

(c) 내일 바쁘냡니다.   (They ask) whether you are busy
                                tomorrow.

(d) 내일 백화점에 같이   (They invite you) to go to the
    가잡니다.   department store with them
                                tomorrow.

2. Adverb with negative

Certain adverbs are followed by a negative, such as 안 or 못, or a negative ending, such as 없다, 아니다, -지 않다, -지 못 하다, -지 말다, 모르다, or 마세요. Some examples of these follow:

전혀 completely, never at all   집에서는 전혀 운동을 할 기회가 없다.
                                  I have no time to exercise at home.

도무지 not at all   서울의 길을 도무지 모르겠다.
                                  I don't know the streets of Seoul at all.

영 not at all, none   카렌한테서 영 소식이 없다.
                                  There is no news at all from Karen.

결코 by no means, never

우리는 결코 일을 못 끝내겠다.
By no means will we be able to finish
the job.

꼼짝 not even a tiny bit
(of motion)

꼼짝 말고 있어! (See L6, GN3.)
Stay still!/Don't move!

도저히 not possibly

나는 도저히 여덟 시까지 못 가요.
I can't possibly make it by eight
o'clock.

좀처럼 hardly, not often

고등학교 친구들을 좀처럼 못
만나요.
I hardly see my high school friends.

통 at all

요즘 시내에 통 안 나갔어요.
Lately, I haven't been to the city at all.

그리 not so (much, long,
big, good, or the like)

금강산은 남한에서 그리 멀지 않다.
The Kŭmgang Mountains are not so
far from South Korea.

과히 not very

그 일은 과히 어렵지 않아요.
The work is not very difficult.

별로 not especially

어제는 별로 바쁘지 않았어요.
I was not especially busy yesterday.

절대로 never, ever

비밀을 절대로 말하지 마세요.
Never talk about our secret.

3. V. + 다 보니 　　　　　　"while (doing/being),"
　　　　　　　　　　　　　　　"as . . . (is doing)," "as," "since"

This pattern indicates that one becomes aware that while something
is happening, something else has also happened. The pattern can also in-
dicate the cause for the next action or event.

자다 보니 기차가 뉴욕에
　도착했다.

(I woke up and became aware that)
　　while I slept, the train had
　　arrived in New York City.

친구와 얘기하면서 걷다
　보니 벌써 학교에 왔다.

(I realized that) we'd already
　　arrived at the school as we
　　walked while talking.

값이 비싸다 보니 아무도
　사가는 사람이 없다.

As the price was so high, nobody
　　was buying it.

날씨가 나쁘다 보니 모임에 사람이 아무도 안 나왔다.	Nobody came to the meeting since the weather has been bad.

4. V. + ㄹ/을 정도로   "(so) . . . to the extent that," "(so) . . . to the point that"

This pattern expresses a hypothetical or real degree, limit, or extent of the performance, action, or behavior.

일어나지도 못 할 정도로 피곤하다.	I am so tired (to the point) that I can't get up.
숨을 쉬지도 못 할 정도로 많이 먹었다.	I ate so much (to the extent) that I can't breathe.
걸어다니기가 힘들 정도로 비가 많이 왔다.	It rained so much that it was difficult to walk around.

5. V. + 었/았었다   "it has/had been," "it has/had had" (double past)

This construction means that something has/had happened or has/had not happened at a specific moment in the past. The simple past tense 었/았 indicates the completion of an action or an action in the past. If an action is completed, it is in the past tense, as in 앉았다, which means "I sat down" (but it may also mean "I am in a sitting position"). The double past tense marker 었/았었 indicates either an action that was completed in the past (and then some other action came after it) or a simple experience, as in the following examples:

무슨 소린지 몰라서 어리둥절했었어요.	Without knowing what it meant, I was confused (but not anymore).
이모 이름을 잊었었다. 그런데 지금은 생각이 난다.	I had forgotten my aunt's name. But now I remember.
내가 한국에 가기 전에 손 교수님을 한번 만났었다.	Before I went to Korea, I had met Professor Sohn once.
그날은 날씨가 무척 추웠었다.	It was/had been so cold that day.
하루꼬가 뉴욕에 갔었다.	Haruko has been to New York.

6. Many uses of 마찬가지   "same thing," "similar thing"

This term has many possible combinations with connectives, sentence endings, verbal modifiers, and particles, as shown in these examples:

마찬가지다.	It is the same (thing).
마찬가지냐?	Is it the same?
마찬가지로	similarly, in the same manner, same as
마찬가지의	the same kind of
마찬가지면	if it's the same
마찬가지지만	although it's the same
초등 학생들도 대학생과 마찬가지로 컴퓨터가 없으면 안 된다.	Like college students, students in elementary school must have/ can't do without computers.
가나 안 가나 마찬가지지만 가겠다.	Whether I go or not is all the same to me, but I'll go.
버스나 값이 마찬가지면 기차로 가자.	If the fare is the same as for the bus, let's take the train.

7. a. N. + 덕택에 or 덕분에   "thanks to (you) . . . "

   b. V. + ㄴ/은/는 덕택에 or 덕분에   "due to (your) generosity," "thanks to you"

This polite acknowledgment of a favor or generosity is another way of saying "thank you." It is used liberally even when there is no favor or generosity received, as in 덕택에 잘 지냅니다 in response to 요즘 어 떠세요?

(a) 구 선생님, 덕택에 한국어를 많이 배웠어요.	Thanks to you, Mr./Ms. Koo, I learned a great deal of Korean.
흥부 덕분에 제비가 목숨을 구했다.	Thanks to Hŭngbu's help, the swallow survived.
(b) 아버님께서 열심히 일하신 덕분에 저는 대학을 어렵지 않게 다녔어요.	Thanks to my father's hard work, I went to college without hardship.

한국 친구를 사귄
　　덕택에 유웬은
　　한국말을 잘 배웠다.

Thanks to having a Korean
　　friend, Yu-wen learned Korean
　　well.

그곳에 친구가 있는
　　덕분에 여행을
　　편하게 했다.

Thanks to my friend who was there,
　　I had a comfortable trip.

연습   EXERCISES

A. 본문을 읽고 질문에 대답하십시오.

1. "조선족"이란 누구를 말합니까?
2. 만철이라는 학생은 왜 한국에 와 있습니까?
3. 중국 교포의 조선 말과 한국 말이 어떻게 다릅니까?
4. 외국인이 가장 먼저 배우는 한국말이 무엇이라고
   생각했습니까?

B. 주어진 문형을 사용하여 응답하십시오.

1. 비행기 안에서 잠을 잘 잤어요? (전혀)
2. 중국에 간 친구와 연락이 있어요? (거의)
3. 왜 이렇게 늦게 왔어요? (-다 보니)
4. 아기가 얼마나 시끄럽게 울었어요? (-ㄹ/을 정도로)
5. 저 컴퓨터는 이 컴퓨터보다 비싸요? (마찬가지)
6. 어제 어디 갔었니? (-었/았었다)
7. 마이클 씨는 한국어를 참 잘 하시네요. (덕분에)
8. 이사를 끝내셨어요? (-ㄴ/은/는 덕분에)

다음 문장들을 끝마치십시오. 그리고 그 뜻을 말해 보십시오.

9. 아침에 늦잠을 자다보니 ＿＿＿＿＿＿＿＿＿＿＿＿＿.
10. 무술을 배우다보니 ＿＿＿＿＿＿＿＿＿＿＿＿＿＿.
11. 운동을 많이 하다보니 ＿＿＿＿＿＿＿＿＿＿＿＿＿.

주어진 문형을 사용하여 문장을 바꾸십시오.

12. -(이)랍니다

    예: *커피는 외래어이다.* ——→ *커피는 외래어랍니다.*

    a. 저는 고향이 경주입니다.

    b.   이 분은 지휘자이다.
    c.   이것이 제 어머니 사진이다.

C. 단어 연습

  1.   다음 문장을 완성하십시오.

    a.   _____는 외국에서 들어온 말을 부를 때 쓰는
       말이다.

    b.   _____는 외국에 사는 자기 나라 사람을 부를
       때 쓰는 말이다.

    c.   _____는 잘 팔리는 책을 부를 때 쓰는 말이다.

    d.   *오페라란* _____.

    e.   *뮤지컬이란* _____.

    f.   *동아리란* _____.

  2.   알맞은 동사를 골라 넣으십시오.

> 사용하다 versus 이용하다

    a.   방학을 _____ 한국에 다녀왔다.
    b.   전화를 잠깐 _____도 괜찮겠습니까?
    c.   국제 회의에서 영어와 한국어를 _____했다.
    d.   한국 가는 기회를 _____ 한국말 실력을
       늘리겠다.
    e.   친구를 _____ 돈을 벌겠다고?

  3.   다음 질문에 "많다," "적다," "드물다," "있다" 또는 "없다"
     를 사용하여 대답하십시오.

    a.   미국에서 한국말을 배울 기회가 많습니까?
    b.   대학교에서 여자/남자 친구를 사귈 기회가 많습니까?
    c.   방학 때 돈을 벌 기회가 많았습니까?
    d.   학기 중에 공연을 보러 갈 기회가 있었습니까?
    e.   학교에서 고전 음악을 들어볼 기회가 있습니까?

  4.   친구나 웃어른들을 소개하려고 합니다. 어떻게
     말하겠습니까? (웃어른 elder, superior)

> 이 쪽은 . . . 이 쪽은 . . . ; 이 분은 . . . 이 분은 . . .

예: (성배와 낸시) 이 쪽은 연수하러 와있는 성배고, 이
    쪽은 역사학과에 다니는 낸시야.

   a.   (진수와 영진)
   b.   (친구의 아버님과 우리 어머님)
   c.   (요시와 리챠드)

D. 이야기하기

1.   영어를 가르칠 때 무슨 말을 제일 먼저 가르치겠습니까?
     왜 그러겠습니까?
2.   한국어에 많이 사용되고 있는 외래어의 예를 들어보십시오.
     외래어가 왜 많이 쓰입니까?
3.   미국에서 많이 쓰이는 외래어는 무엇이 있습니까?

제 21 과

전자 제품이 고장나다

현배는 *씨디 플레이어*를 사려고 이모와 함께 용산 전자 상가에
갔다. 전자 상가에는 많은 종류의 전자 제품들이 다양하게[1]
전시되어 있었다. 이곳에서 잘 고르면 최신 제품을 백화점보다 싼
가격에 살 수 있다. 현배는 신형 *씨디 플레이어*를 정가보다 30%
정도 싸게 구입할 수 있었다. 현배와 이모는 집에 돌아오자마자
새로 사온 *씨디*를 박스에서 꺼내 음악을 신나게 들었다.

현배: 한국제 오디오의 품질이 아주 좋네요.

이모: 국산 전자 제품은 다 알아줘.

현배: 좋은 선물을 사 주셔서 고맙습니다. 미국에 가서도 잘
쓰겠어요.

이모: 그런데 *어댑터*가 필요할 걸. 여기서는 220 볼트를 쓰는데
미국은 110 볼트를 쓴다지? 미국에서 쓰기는 불편하겠다.
*어댑터*도 있으면 좋았겠는데.[2]

현배: *어댑터*도 하나 사죠 뭐. 용산 전자 상가에서는 언제나 싸게
살 수 있나요?

이모: 보통 백화점 가격보다 4분의 1은 싼 것 같아. 그런데
우리는 그것보다 더 싸게 산 셈이야.[3]

현배: 어! 이상하다. 음악 소리가 점점 줄어드네요.

이모: 나도 그런 것 같다. 껐다가[4] 다시 켜 보면 어떨까?

현배: 그래도 또 소리가 작아지네요. 뭐가 잘 못 됐나봐요. 아까
좀 떨어뜨렸는데 고장난 건 아니겠죠?

이모: 큰 고장은 아닐 거야. *서비스 센터*에 전화해 봐라.

(전화)

직원: 금성 서비스 센텁니다.

현배: 오늘 *씨디 플레이어*를 구입했는데요. 처음에는 괜찮다가
점점 소리가 작아져요.

직원: 아 그러세요. 혹시 떨어뜨리지는 않으셨나요?

현배: 상자를 뜯다가 좀 떨어뜨렸어요. 고칠 수 있는 지 걱정이
되네요.

직원: 고칠 수 있고 말고요.[5] 고쳐 드릴 테니 염려 마세요.

현배: 좀 빨리 필요한데 일 주일 안에 가능할까요?

직원: 물론이지요. 내일 가져오시면 닷새 안으로 고쳐 드리도록[6]
하겠습니다.

현배: 비용은 얼마나 들까요? 제가 내야 하나요?

직원: 비용은 걱정 마십시오. 새로 사신 제품이라 무료로 고쳐
드립니다. 그런데 *서비스* 기간이 지나면 소비자가 비용을
부담해야 합니다.

현배: 고맙습니다. 그럼 내일 뵙겠습니다. 안녕히 계십시오.

단어　　　　　VOCABULARY

가격	price
가능하다	to be possible, it's possible
고르다	to select, to choose
고장	breakdown;　고장나다　to be out of order
고치다	to repair, to fix
구입하다	to purchase;　구입　purchase, buying
국산	domestic, made in Korea;　국산품　Korean/ domestic product
금성	Kŭmsŏng, Gold Star (name of company)
꺼내다	to take out (of box, envelope, or the like)
끄다	to switch off, to turn off, to extinguish
다양하게	variously;　다양하다　to be various
닷새	five days;　닷새 안에　within five days
떨어뜨리다	(Vt.) to drop;　떨어지다　(Vi.) to drop

뜯다	to take apart, to tear apart (and open)
무료(로)	free (with no charge)
볼트	volt
부담하다	to pay, to bear the expense; 부담이 크다 to cost a lot
불편하다	to be uncomfortable, to be inconvenient
비용	expense
상자	box
서비스 센터	service center
-셈이다	it is as though
소비자	consumer; 소비하다 to consume
신나게	happily, elatedly, excitedly; 신나다 to be excited
신형	new style
씨디 플레이어	CD player; 씨디 CD
알아 주다	to recognize, to appreciate
어댑터	adapter
염려하다 [염녀]	to worry; 염려하지 마세요. Don't worry.
오디오	audio system, stereo set
용산	Yongsan (district in Seoul)
이상하다	to be odd or strange
잘못하다	(something) goes wrong
전시되다	to be exhibited; 전시하다 to exhibit; 전시 exhibition
전자 상가	mall of electronics stores
전자 제품	electrical or electronic item
정가 [정까]	regular price, sticker price
-제	made in or by; 독일제 made in Germany
제품	product, goods
줄다	to decrease; 줄어들다 to (gradually) decrease
최신	the newest
켜다	to switch on
품질	quality (of item or merchandise)
혹시	by any chance

읽기 환경 문제와 에너지 절약   EXTRA READING

세계적으로 에너지 자원이 점점 줄어들고 있다. 수력 발전뿐만
아니라 화력, 원자력 또는 태양이나 바람의 힘까지 이용하여

전기를 만들고 있다. 그래도 *에어콘*, 냉장고, *컴퓨터* 같은 전자
제품의 사용이 해마다 늘고 있어서 전기가 점점 모자란다.

한국에서는 누구나 전기를 절약하기 위해 노력한다. 가끔
젊은이들이 생각 없이 전기를 낭비하는 것을 보고 어른들은
꾸지람을 한다. 전압을 110 볼트에서 220 볼트로 올리는 이유도
전기를 절약하기 위해서다.

그리고 *에너지* 절약뿐만 아니라 우리가 살고 있는 환경을
생각하는 것도 중요한 일이다. 자원을 많이 사용할수록, 그리고
소비가 늘수록 환경은 점점 더 오염되기 때문이다.

기계	machine, machinery
꾸지람	scolding, rebuke; 꾸지람하다 to scold; 꾸지람 듣다 to be scolded
낭비하다	to waste; 낭비 waste
모자라다	to lack, to be insufficient
사용	use; 사용하다 to use
생각 없이	without thinking
세계적으로	internationally, worldwide
소비	consumption; 소비하다 to consume
수력 발전 [발쩐]	hydroelectric power generation
오염되다	to be polluted
올리다	to raise
원자력	nuclear power
자원	resources
전기	electricity
전압 [저납]	voltage
절약하다 [저랴카다]	to save, to be thrifty
태양; 해	sun
화력	thermal power
환경	environment; 환경 오염 environmental pollution

문형과 문법   PATTERNS AND GRAMMAR NOTES

1.   Various uses of V. + 게

-게 is used to make an adverb from a descriptive verb, as in 쉽게 "easily," or to connect two verbs to indicate a certain aspect of the sentence, as in -게 되다, -게 하다, -게 마련이다, and -게 시키다. (See L23, GN2 and L25, GN2.)

a. D.V. + 게   "-ly" (adverb)

b. V. + 게 되다   "to turn out," "to become," "to get to"

c. V. + 게 하다/만들다   "to make (someone) do (something)"

d. V. + 게 마련이다   "it's expected," "it's (only) natural"

   (a) 전자 제품이   Electrical items were displayed
         다양하게   variously.
         전시됐다.

         그 아이가 귀엽게   He has a cute smile. (Literally: He
         웃는다.   smiles cutely.)

         공주는 슬프게   The princess wept sadly.
         울었다.

Some other examples are 이렇게, 어떻게, 싸게, 반갑게, 무섭게, 급하게, and 못지 않게.

    (b) 그 친구를 알게   I got to know him / her.
         되었다.

         나는 부산에 가게   (It turned out that) I went to
         되었다.   Pusan.

         아이들을 위해서 그   (It turned out that) the building
         건물을 세우게   will be built for children.
         되었다.

    (c) 그는 사람들을   He/she surprises people.
         놀라게 한다.

         학생들에게 영어로   I make students respond in Korean.
         대답하게 한다.

         기다리게 해서   I am sorry that I made you wait.
         죄송해요.

    (d) 이긴 사람이 한 턱   The winner is supposed to treat.
         내게 마련이야.

돈이 있으면 쓰게 마련이다.	It's only natural to spend money if one has some.

Note that there is another frequently used -게, which is a colloquial form of -것이 in the ㄴ/는/ㄹ/을 + 것이 or the 이/그/저 + 것이 expression.

그게 아니에요.	I don't mean that.
할 게 많아요.	I've a great deal to do.
걷는 게 낫다.	It's better to walk.
이것쯤은 알아두는 게 좋아.	It's good to know at least this.
찬 거 마실 게 없어요.	There isn't anything cold to drink.

2.   Supposition, guess, and intention -겠

-겠 not only indicates a future action but also indicates a supposition, guess, or intention. In many cases, it closely resembles -을/를 것이다.

오후 2 시니까 편지가 왔겠다.	Since it's 2:00 P.M., the mail must have arrived. (guess)
나는 내일 미국으로 떠나겠다.	I will leave for the United States tomorrow. (intention)

-겠 is often used with -(으)면 to indicate a wish or a hope, as in -(으)면 좋겠다 "it would be nice if . . . " or "I wish it would/were . . . " and in -(으)면 좋았겠다 "it would have been nice if . . . "

비가 많이 왔으면 좋겠다.	I wish it would rain a lot.
어댑터가 따라왔으면 좋았겠다.	It would've been nice if an adapter had come with it.
내 차가 고장이 안 났었으면 좋았겠는데.	It would've been nice if my car hadn't broken down.
내 프린터가 고장이 안 나면 좋겠다.	I wish my printer wouldn't break down.

3.   a.   V. + ㄴ/은/는 셈이다   "it is (almost) as though," "I would say . . . "

     b.   A.V. + ㄹ/을 셈이다   "(one) plans to," "(one) intends to"

-ㄴ/은/는 셈이다 indicates a calculated result and is a colloquial expression. -ㄹ/을 셈이다 indicates an intention or a plan.

(a) 비싸게 산 셈이다.　　　(It's almost as though) we paid too much.

　　이 아파트는 값에 비해 넓은 셈이다.　　　(I'd say) this apartment is large, considering the price.

　　매일 학교에 가는 셈이다.　　　It's almost as though I go to school every day.

(b) 나는 오전 중에 돌아 올 셈이었다.　　　I was planning on coming back before noon.

　　너 앞으로 어떻게 할 셈이야?　　　What are you planning to do from now on?

　　나를 바보 만들 셈이냐?　　　Are you going to make a fool of me?

4.　Construction with -다가

a.　V. + 다가　　　"while doing," "as (something) is going on"

b.　V. + 었/았다가　　　"while/when," "and then"

These connectives indicate an interrupted action followed by another action. The actor of both actions is usually the same. There are some exceptions—for example, 비가 오다가 해가 났다 "It was raining, and then the sun came out."

(a) 길을 가다가 친구를 만났어요.　　　On my way, I met a friend.

　　이 길로 똑바로 가다가 왼쪽으로 가세요.　　　Go straight this way, and then go left.

(b) 껐다가 다시 켜보면 어떨까요?　　　How about turning it off and then turning it on?

　　옷을 입었다가 다른 옷으로 갈아입었어요.　　　I wore one set of clothes and then changed into another set.

5. V. + 고 말고(요)   "of course, . . . will be/do,"
                                 "it goes without saying"

This sentence ending indicates the speaker's willingness to do or his or her complete agreement with a fact. It is used in a casual or an intimate context.

오늘 날씨가 춥고 말고.	It surely is cold today.
미국에 도착하면 편지를 쓰고 말고요.	Of course I'll write to you when I get to the United States.
카를로스군은 사람이 부지런하고 말고.	Carlos surely is a diligent fellow.

6. A.V. + 도록 하다   "to try to make,"
                                 "to have someone do"

This pattern indicates an effort "to make something happen" or "to have someone do something."

이틀 내에 고쳐 드리도록 하겠습니다.	I'll try to repair it within two days.
이틀 내에 누가 고쳐 드리도록 하지요.	I'll have someone repair it in two days.
전기를 아껴 쓰도록 하겠습니다.	I'll try to save electricity.
사람들에게 전기를 아껴 쓰도록 하겠습니다.	I'll make people thrifty with electricity.
최신 제품들을 전시하도록 했습니다.	I tried to display the latest products.
사원이 제품들을 전시하도록 했습니다.	I had an employee display the items.
설명서를 다 읽도록 하겠습니다.	I'll try to read all the instructions.
학생들이 설명서를 읽도록 하겠습니다.	I'll try to have the students read the instructions.

연습 EXERCISES

A. 본문을 읽고 질문에 대답하십시오.

1. 현배와 이모는 오늘 왜 용산 전자 상가에 갔습니까?
2. 사람들은 왜 전자 상가에서 물건을 구입합니까?
3. 현배의 새 *씨디 플레이어*는 왜 고장이 났습니까?
4. *어댑터*가 필요한 이유는 무엇입니까?
5. *서비스 센터*는 무엇을 하는 데입니까?
6. *서비스 센터*에서는 왜 무료로 *씨디 플레이어*를 고쳐줍니까?

B. 주어진 문형을 사용하여 대답하십시오.

1. 차을 얼마 주고 사셨어요? (-ㄴ/은/는 셈이다.)
2. 어떻게 그 친구를 알게 되었어요? (-다가)
3. 독일에 가시면 연락하시겠지요? (-고 말고요.)
4. 이따 한시까지 올 수 있어요? (-도록)
5. 새 냉장고가 고장났는데 무료로 고쳐 주시겠어요? (-도록)
   (냉장고 refrigerator)

주어진 문형을 사용하여 문장을 바꾸십시오.

6. -았/었겠다

예: 톰은 고장난 차를 고친다. ——➤ 톰은 고장난 차를
고쳤겠다.

a. 영희는 판소리 "흥부전"을 구경한다.
b. 동생이 "흥부전" 표를 구입한다.

7. -ㄴ/은/는 셈이다

예: 내가 친구 *컴퓨터*를 고장냈다. ——➤ 내가 친구 *컴퓨터*를
고장낸 셈이다.

a. 홍길동은 한국의 로빈훗이다.
b. 한국의 판소리는 서양의 *뮤지컬*과 같다.

C. 단어 연습

1. 알맞은 "-게" 부사를 골라 문장을 완성하십시오.

싸게, 가볍게, 짧게, 신나게, 급하게

  a. 신문 기사를 쓸 때에는 _____ 쓰세요.
  b. 여행할 때 짐을 _____ 싸세요.
  c. 학기말 시험이 끝나서 _____ 놀았어요. (학기말
     시험 final exam)
  d. 약속 시간에 늦어서 _____ 뛰어갔어요.
  e. 세일 중에 워크맨을 하나 _____ 샀어요.

2. 알맞은 동사를 골라 넣으십시오.

┌─────────────────────────┐
│ 끄다 versus 켜다   │
└─────────────────────────┘

예: 텔레비전을 껐더니 집안이 조용하다.

  a. 자동차 시동을 _____더니 라디오도 같이 켜졌다.
     (시동 engine start)
  b. 텔레비전을 _____고 책을 읽기 시작했다.
  c. 불을 _____서 어둡게 하고 오디오를 _____면
     분위기가 어때? (불 light)
  d. 컴퓨터를 안 쓸 때는 _____. 전기를 아껴야지.
  e. 불을 _____는 사람을 소방수라고 부른다. (불 fire,
     소방수 firefighter)

3. 비슷한 뜻의 단어를 찾아서 써 넣으십시오.

┌──┐
│ 고장나다, 되다, 지불하다, 가격, 사다, 수리하다, 돈   │
└──┘

  a. 이 기계가 망가졌어요.
  b. 보고서에 차를 구입했다고 썼다. (보고서 report)
  c. 이번 대회를 준비하는데 비용이 많이 들었습니다.
  d. 이 넥타이는 값이 얼마지요?
  e. 돈을 카드로 낼까?
  f. 내일까지 배달이 가능합니다. (배달 delivery)
  g. 기사가 차를 고쳤다고 해요. (기사 driver)

4. 알맞은 동사를 골라 문장을 과거형으로 완성하십시오.
   같은 동사가 한 번 이상 쓰일 수 있습니다. (과거형 past
   tense)

> 뜯다, 열다, 꺼내다, 넣다, 고르다

a. 새로 사온 오디오 박스를 _____.
b. 돈을 _____서 점원에게 주었다.
c. 백화점에서 마음에 드는 지갑을 하나 _____.
d. 가방을 _____고 속에서 책을 한 권 꺼냈다.
e. 책을 읽고 나서 다시 가방 속에 _____.
f. 슈퍼마켓에 가서 음료수를 _____. (음료수 drink)
g. 과자를 하나 사서 봉지를 _____. (봉지 bag)
h. 과자 봉지 속에서 과자를 하나 _____.
i. 콜라 뚜껑을 _____. (뚜껑 lid, cap)
j. 열쇠로 창문을 _____.

5. 알맞은 단어를 골라서 문장을 완성하십시오.

> 최신, 종류, 기간, 독일제, 미제, 전시

a. 동물을 연구하신다면서요? 어떤 _____의 동물을 연구하시는데요?
b. 오늘 미술전시장에 같이 갈래? 은주의 그림이 _____ 되어 있대.
c. 저기 저 *컴퓨터* 어떠니? _____ 기술로 만들었대. (기술 skill, technology)
d. 자동차는 _____를 알아 주지. 미국서 만든 _____ 보다도 좋다고 해.
e. 빨리 백화점에 가보자. 연말 *세일* _____ 이 내일까지래.

D. 이야기하기

1. 제품 설명서를 가지고 와서 읽고 설명해 보십시오.
2. 전기 *에너지* 절약은 어떻게 하겠습니까?
3. 일년 동안 쓴 냉장고가 고장이 나서 애프터 서비스를 받기 위해 서비스 센터에 전화를 했습니다. 친구와 대화를 만들어 보십시오.

제 22 과

무역 회사 통역을 하다

친구 아버지가 운영하시는 회사로 미국인 *바이어*가 찾아 왔다.
평소에 통역을 하던 직원에게 급한 일이 생기는 바람에 대신
통역할 사람이 필요하게 됐다. 그래서 친구의 부탁을 받고 현배가
하루 동안 통역을 대신 하기로 했다. 전문 용어를 잘 몰라서
사양할까 하다가[1] 한 번 해보기로 했다.

(회사 현관)

안내:　　　어서 오십시오. 어떻게 오셨습니까?

현배:　　　네, 김 과장님을 뵈러 왔는데요.

안내:　　　잠깐만 가다리세요. 김 기수 과장님은 102 호실에
　　　　　계십니다. 저도 과장님께 마침 서류를 전해 드리러
　　　　　가던 참이니[2] 같이 가시죠.

현배:　　　고맙습니다.

(사무실)

김 과장:　　어서 오세요. 박 현배 군 맞지요? 만나서 반갑습니다.

현배:　　　안녕하세요. 늦지 않았는지 모르겠습니다.

김 과장:　　아뇨, 시간에 잘 맞춰 오셨습니다. 이 쪽으로
　　　　　앉으십시오. 오늘 할 일을 간단히 설명해 드릴게요.
　　　　　경영학을 공부한다니 무역에 대해서도 잘 알겠군요.

현배:　　　영어로는 알지만 전문 용어를 한국말로 잘 몰라서 잘
　　　　　할 수 있을 지 모르겠습니다.

김 과장: 수출과 수입에 대한 말만 잘 알고 있으면 되니까 너무
         걱정 마세요.

현배: 그런데, 과장님 회사는 전자 제품을 많이 수출하신다고
         들었는데 주로 어느 나라로 수출하세요?

김 과장: 우리 회사 생산품의 약 60 퍼센트 정도가 수출되는데
         아마 세계에 안 가는 곳이 없는 것 같아요. 끝나고
         나서 같이 우리 공장을 둘러 보실까요?

현배: 요즘 미국 사람들이 한국 경제에 대한 관심이 큰데
         한국 무역은 요즘 어떤가요?

김 과장: 수출도 많은데다가[3] 수입도 많아져서 요즘 무역이
         활발해졌어요.

현배: 오늘 계약을 하게 되나요?

김 과장: 네, 그러기를 바랍니다.[4] 다른 문제는 없는데 그
         쪽에서 원하는 날짜가 너무 급해서 가격을 높일
         수밖에 없었어요.[5] 그 점을 잘 이해시켜[6] 주세요.

현배: 최선을 다해 보겠습니다.

단어   VOCABULARY

경제	economy
계약	contract
공장	factory
과장님	department head (HON.); 과장 manager, section chief
-군	Mr. — (to young man by superior)
그러기를; 그렇게 되기를	hoping it would turn out so
급하다	to be in a hurry, to have an emergency; 급히 in a hurry, urgently
날짜	(due) date; 날짜가 급하다 to be in a rush, time is running out
높이다	to raise
다하다	to exhaust; 최선을 다하다 to do one's best
마침	just at the right time, just at the right moment

무역	trade, import and export
문제	problem; 문제 없다 No problem.
바라다	to wish, to hope
바이어	buyer
부탁	request, favor; 부탁하다 to request, to ask a favor
사양하다	to decline, to turn down (politely)
생산품	products, manufactured; 최선을 다하다 to make one's best goods
서류	document, paper
수입	import
수출	export
안내	guide, information
운영하다	to manage, to administer; 운영 management, administration
원하다	to want, to wish
이해시키다	to make someone understand; 이해 understanding
잠깐만	just a moment, a little while
전문 용어	technical terms
전해 드리다	to relay (for someone) (HON.)
주로	mainly, mostly
직원	company employee
-쪽	side, way; 이 쪽 this way; 저 쪽 that way
최선	(one's) best; 최선을 다하다 to do one's best
통역하다	to interpret; 통역 interpretation
퍼센트	percentage (프로 for colloquial)
평소에	usually, ordinarily; 평소 ordinary times
활발하다	to be active, to be lively
현관	front entrance

읽기 한국의 무역에 대하여   EXTRA READING

한국의 경제는 무역이 중심이다. 땅이 작고 천연 자원이
부족하지만 인력 자원은 많은 편이다. 그래서 외국에서 재료를
수입하여 한국에서 제품을 만든 후 다시 수출하는 산업이 발달하게
되었다.

한국 경제는 무역에 크게 의존하기 때문에 해외 경기와
달러 환율에 많은 영향을 받게 된다. 전에는 의복이나 신발 등을
주로 수출했는데 요즘은 반도체와 자동차, 그리고 철강 등을 많이
수출하고 있다.
　　그러나 점차 생활 수준이 높아지고 임금이 비싸짐에 따라
생산비가 높아지게 되는 것이 문제점이 되고 있다. 이러한 문제를
해결하고, 또 새로운 수출 상품을 개발하기 위해서 한국에서는
많은 연구를 하고 있다.

개발하다	to develop
경기	state of economy, business conditions
넉넉하다 [넝너카다]	to be sufficient, to have enough (time, space, or money)
더군다나	furthermore
반도체	semiconductor
상품	merchandise
생산비	production cost
수준	level;　생활 수준 living standard
영향	influence
위해서	for, for the sake of
의복	clothes
인력 [일력]	human power;　인력자원 human resources
임금	wages
재료	material
점차	gradually
중심	center, core
천연 [처년]	natural;　천연 자원 natural resources
철강	steel
해결하다	to solve
해외	abroad, overseas

문형과 문법　PATTERNS AND GRAMMAR NOTES

1.　A.V. + ㄹ/을까 하다가　　　　　"considered doing . . . but . . . ,"
　　　　　　　　　　　　　　　　　"was going to . . . then . . . "

　　-ㄹ/을까 하다가 is the combination of -ㄹ/을까 "consider doing"
and -하다가 (interrupted action) and indicates that one considers do-
ing one thing then changes to doing something else.

사양할까 하다가 해 보기로 했다.	I was going to decline but decided to try.
한국 음식을 시킬까 하다가 중국 음식을 시켰다.	I was going to order Korean food but then ordered Chinese.
비행기를 탈까 하다가 기차 편을 이용하기로 했다.	I was considering the airplane but decided to take the train.
머리가 아파서 집에서 쉴까 하다가 도서관에 왔다.	I was going to rest at home because of my headache but came to the library.

2. a. A.V. + 던 참이다/ 차이다 | "(I am) in the middle of doing/ being ... "

 b. A.V. + 던 참에 | "in the middle of doing"

As a colloquial expression, -던 참이다 indicates that "I am in the middle of an action" and that usually some other action follows. -던 참에 indicates that, in addition to "in the middle of an action," it is an opportune moment.

(a) 지금 뭐하니?	What are you doing?
번역하던 참야.	I am (in the middle of) translating.
어디 가요?	Where are you going?
과장님께 서류를 전해 드리러 가던 참이에요.	I was just on my way to deliver the paper to the manager.
(b) 배고프던 참에 잘 됐다. 먹으러 가자.	Great! I am (in the middle of being) hungry. Let's go eat.
과장님께 서류를 전해 드리러 가던 참에 과장님을 복도에서 만났다.	On my way to deliver the paper to the manager, I ran into her in the hallway.

A more often used pattern is -려던 참이다 or -려던 참에, which indicates that one is just about to do one thing when something else happens.

버스를 타려던 참에 그를 만났다.	As I was just about to get on the bus, I met him.
안 그래도 전화하려던 참이었어.	I was just about to call you anyway.

3. V. + ㄴ/은/는 데다가   "in addition to," "not only . . . but also," "and also"

This connective is composed of the -는데 connective followed by -다가.

물가가 오른 데다가 환율도 올랐다.	The prices have gone up, and the exchange rate has also gone up.
책도 많이 읽는 데다가 운동도 열심히 한다.	Not only does she read many books, but she exercises diligently.
재주도 많은 데다가 성격도 좋다.	Not only is he talented, but he has a good personality.

4. V. + 기를 바라다   "to wish," "to pray for," "to hope for"

This expression indicates a simple wish, desire, or hope.

네, 그러기를 바랍니다.	Yes, I wish it would be so.
사업이 잘 되기를 바래요.	I pray your business will do well.
그 친구와 잘 지내기를 바래.	I hope you get along well with your friend.
선물로 사 준 책을 재미있게 읽기를 바랍니다.	I hope you will enjoy the book given to you as a gift.

5. V. + ㄹ/을 수밖에 없다   "there is no way/choice but to . . . ," "have to"

가격을 높일 수밖에 없다.	There is no way but to raise the price.
할 게 너무 많아서 밤을 새울 수밖에 없겠어요.	There is so much to do, I have no choice but to stay up all night.
돈을 절약할 수밖에 없었다.	I had to be frugal with money.
싫지만 치과에 가는 수밖에 없다.	I hate it, but there's no way but to go to a dentist.

6. N. phrase or clause + 을/를   "to make (someone) do . . . ,"
시키다   "to order"

The verb 시키다 is used in two ways: as a causative verb, it makes some-
one do something, and as a verb, it means "to order" in a restaurant. In
the former sense, it is generally used with verbs that end in -하다,
as in 이해(를) 하다, 공부(를) 하다, 입학(을) 하다, 숙제(를) 하다,
청소(를) 하다, or 걱정(을) 하다. Not all -하다 verbs can be used with
시키다—for example, 변하다 or 망하다.

   a.   "to make someone do something"

문제를 이해시켰다.	I made him understand the problem.
동생을 시켜서 도서관에서 책을 빌려 왔다.	I borrowed books by sending my younger brother to the library.
동생에게 심부름을 시켰다.	I sent him on an errand.
교실에서 말 시키지 마.	Don't make me talk in the classroom.

   b.   "to order"

나는 냉커피를 시켰다.	I ordered an iced coffee.
피자 일 인분하고 스파게티 이 인분을 시키자.	Let's order pizza for one and spaghetti for two.

연습   EXERCISES

A. 본문을 읽고 질문에 대답하십시오.

  1.   현배는 어떻게 통역을 하게 됐습니까?
  2.   현배는 왜 통역하는 것을 걱정했습니까?
  3.   안내하는 사람은 현배에게 누구를 만나라고 했습니까?
  4.   무역 회사에서는 왜 가격을 올릴 수밖에 없었습니까?

B. 주어진 문형을 사용하여 대답하십시오.

  1.   어제 왜 전화를 안 했어? (-ㄹ/을까 하다가)

2. 점심 드셨어요? (-던 참이다)
3. 그 회사는 일하기가 어때요? (-ㄴ/은/는 데다가)
4. 무엇을 전공하고 싶어요? (-기를 바라다)
5. 왜 갑자기 음식 값을 올리셨어요? (-ㄹ/을 수밖에 없다.)
6. 편지를 부쳐야겠는데 바빠서 못 가겠네요. (-을/를 시키다)

다음 문장들을 예와 같이 주어진 문형으로 바꾸십시오.

7. -ㄹ/을까 하다가

   예: 경제학을 전공하다, ⟶ 경제학을 전공할까 하다가
       경영학을 전공하다.   경영학을 전공했다.

   a. 컴퓨터를 사러 백화점에 가다, 전자 상가에 가다.
   b. 방학동안 스키를 타러 가다, 하와이에 여행가다.
   c. 소설가가 되다, 영화 감독이 되다.

8. -ㄴ/은/는 데다가 ... 까지

   예: 비가 오다, 눈이 오다. ⟶ 비가 오는 데다가
                              눈까지 온다.

   a. 가격이 비싸다, 품질이 나쁘다.
   b. 물가가 오르다, 수출이 안되다.
   c. 무역 용어를 배웠다, 돈을 벌었다.

9. -기를 바라다.

   예: 통역에 실수를 하지 않다. ⟶ 통역에 실수를 하지
                                않기를 바래요.

   a. 약속에 늦지 않다.
   b. 시험을 잘 치다.
   c. 전문 용어를 잘 이해시키다.
   d. 현배가 최선을 다하다.

C. 단어 연습

   1. 알맞은 동사를 연결하십시오.

      예: 통역을 ─────── 맡다

      a. 회사를   맺다
      b. 최선을   사양하다
      c. 초청을   운영하다
      d. 계약을   다하다

2. 알맞은 단어를 골라 넣으십시오. 답이 하나 이상 있을
   수도 있습니다.

   ┌───┐
   │ 간단하게, 자세하게, 맞게, 틀리게 │
   └───┘

   a. 질문에 _____ 대답하세요.
   b. 미국의 교통법을 쉽고 _____ 설명해 주세요.
      (법 law)
   c. 그 서류를 _____ 읽어 보니까 틀린 것이 많이
      있었다.
   d. 그 분이 시간을 _____ 말해 주는 바람에 약속에
      늦었다.

3. 알맞은 명사를 골라 넣으십시오.

   ┌─────────────────────────────┐
   │ 계약, 환율, 가격, 품질 │
   └─────────────────────────────┘

   a. 수입 회사는 _____이 높아지면 운영이 어려워진다.
   b. 물건 값을 _____라고 한다.
   c. 그 배우는 텔레비전 영화에 나오는 _____을
      맺었다. (맺다 to close, to conclude)
   d. 상품이 잘 팔리려면 우선 _____이 좋아야 한다.
      (상품 merchandise)

D. 이야기하기

1. 수출품 값이 비싸지는 이유를 알아보고 이야기해 보십시오.
2. 방송이나 텔레비전을 통해 무슨 판매 광고를 들었습니까?
   방송을 듣고 써 오십시오.
3. 여러분은 통역을 해 본 적이 있습니까? 무엇이 제일
   어려웠습니까?

제 23 과

컴퓨터 정보 센터에서

현배는 인터넷을 사용하기 위해 학교의 *컴퓨터 정보 센터*에 찾아 갔다. 기말 보고서 작성을 하려면 인터넷을 통해[1] 자료를 찾아야 하기 때문이다. 학교에 간 김에 *컴퓨터* 매장에도 가 보기로 했다.

(컴퓨터 정보 센터에서)

현배: 안녕하세요? 인터넷을 사용하려고 왔는데요.

담당자: 학생증 가져 오셨어요?

현배: 여기 있습니다. 저는 지금 교환 학생으로 와 있는데 학교 *컴퓨터*를 사용하려면 어떻게 해야 되지요?

담당자: 이 신청서를 작성해 주세요.

현배: 죄송하지만 제 한국어가 서툴러서 이 신청서에 있는 말을 잘 모르겠는데 좀 가르쳐 주시겠어요?

담당자: 네, 도와 드릴게요. 어디나 신청서에는 어려운 말이 많기 마련이지요.[2]

현배: 감사합니다. 한국에 온 지 오래됐지만 아직 신청서 는 잘 못 쓰겠어요.

담당자: 가지고 계신 개인용 *컴퓨터*에 대한 내용을 여기에 자세히 적어 주세요.

현배: 지금은 친구 것을 빌려쓰고 있는데 그것에 대해 써도 괜찮을까요?

담당자: 그럼 그 부분은 비워 두시고 여기 사용자 이름과 비밀 번호만 적어 주세요.

현배: 그런데 학교에서 *컴퓨터*를 살 수 있나요?

담당자: 학생 회관 구내 매장에 가면 사실 수 있어요. 값도
              할인 가격이라 시중 가격보다 쌀 거예요.

(학생 회관 구내 매장에서)

현배: *컴퓨터*를 사고 싶어서 왔는데요.

매점 직원: 이 쪽에 새로 나온 *컴퓨터*가 몇 종류 있습니다. 주로
              어떤 목적으로 사용하실 건데요?

현배: *데이터 베이스*와 통계 프로그램을 주로 사용해야
              돼요. 인터넷도 자주 사용하고요.

매점 직원: 그럼 이 *컴퓨터*를 한번 보시죠. 성능에 비해[3] 가격이
              아주 싼 편이에요.

현배: *하드 디스크* 용량이 좀 작군요. 좀 큰 것으로 바꿀
              수 있을까요?

매점 직원: 아시다시피[4] 기본 옵션을 바꾸시려면 비용이 더
              듭니다.

현배: *애프터 서비스*는 어떻게 됩니까?[5]

매점 직원: 3년 동안입니다. *컴퓨터*를 가져오시기만 하면[6] 바로
              고쳐 드립니다.

현배: 감사합니다. 생각해 보고 다시 오겠습니다.

단어   **VOCABULARY**

개인용	personal use, private use; 개인용 *컴퓨터* personal computer
구내 매장	school store, campus store
기말; 학기말	end-of-term; 기말 보고서 term paper; 기말 시험 final exam
기본	basic; 기본 옵션 basic option
내용	content
담당자	person in charge; 담당하다 to be in charge
데이터; 자료	data
데이터베이스	database

매장	sales floor
목적	purpose, objective, goal
보고서; 리포트	report, paper; 보고하다 to report
부분	part; 일부분 one part of
비밀 번호	password, secret number
비워 두다	to leave empty/blank; 비우다 to empty
빌려 쓰다	to borrow and use; 빌리다 to borrow
사용자	user
성능	performance, capability
센터	center; 정보 센터 information center
시중 가격	market price
신청서	application form; 신청하다 to apply (for)
애프터 서비스	service under warranty
용량	capacity
인터넷	Internet
작성하다	to prepare (document), to draw up, to fill in; 작성 drawing up
적어 주다	to write and submit; 적다 to write down, to jot down
정보	information
찾아 가다	to visit
통계	statistical data, statistics
하드 디스크	hard disk
학생증	student identification card
학생회관	student hall
할인 [하린]	discount; 할인하다 to give a discount

읽기 컴퓨터 신세대와 통신 문화   EXTRA READING

컴퓨터와 전자 우편, 그리고 인터넷은 젊은 세대를 상징한다.
인터넷 사용자들이 급속히 늘고 있고, 하루라도 통신을 하지
못하면 병이 나는 통신 신드롬도 나타났다. 인터넷을 통해 친구도
사귀고 필요한 정보도 교환한다. 독특한 표현 방식과 언어들을
써 가며 자신들만의 세계를 만든다.

인터넷을 통해 소설이나 만화를 발표하는 작가들이 나와 크게
성공하기도 한다. 컴퓨터 통신망은 신세대들의 여론을 이끌어 가는
가장 중요한 매체가 되고 있다. 관심 있는 사건에 대해서 열렬한
토론이 그치지 않는다.

교환하다	to exchange; 교환 exchange
그치다	to cease, to stop; 비가 그치다 to stop raining
급속히 [급쏘키]	quickly, rapidly
독특한 [독트칸]	unique, peculiar; 독특하다 to be unique, to be peculiar
매체	medium, intermediary
병	disease, illness; 병이 나다/들다 to get sick
사건 [사껀]	event
상징하다	to symbolize
성공하다	to be successful; 성공 success
세대	generation, era
여론	public opinion
열렬한	passionate; 열렬하다 to be passionate
이끌어 가다	to lead; 이끌다 to pull, to draw
작가	author
전자 우편; 이메일	e-mail
토론하다	to debate, to discuss; 토론 debate, discussion
통신 문화	culture of communication
통신망	communication network
표현 방식	form of expression
하루라도	for even one day

문형과 문법　　PATTERNS AND GRAMMAR NOTES

1. N. + 을/를 통하여(서)　　　"by way of," "through"

　-을/를 통하여(서) or -을/를 통해(서) indicates a conduit or a medium that can be either abstract or concrete.

Abstract

한국 전쟁을 통해 사람들은 　People learned the value of peace
　평화의 소중함을 알게　　　　through the Korean War.
　되었다.

기숙사 생활을 통해 친구를 　I made many friends through living
　많이 만나게 되었다.　　　　in the dormitory.

Concrete

부산을 통해 수출입품들이 　Imports and exports are coming in
　들어오고 나간다.　　　　　and going out through Pusan.

친구를 통해 그 사람을 소개받았다.	He was introduced to me by my friend.
보고서 작성을 하려면 인터넷을 통해 자료를 찾아야 한다.	To make a report, we have to find the material through the Internet.

2. V. + 기/게 마련이다

"it is expected,"
"it is only natural that . . . "

-기 마련이다 and -게 마련이다 are used interchangeably, although
-게 마련이다 is considered to be the standard form.

이긴 사람이 한턱 내기 마련이다.	The winner is expected to treat (others).
금요일에는 교통이 복잡하게 마련이다.	It's expected that the traffic will be congested on Fridays.
학생은 시간이 없기 마련이야.	Students are expected to be busy.

3. N. + 에 비해(서) . . .
   (V. + ㄴ/은/는 편이다)

"compared with . . . , (it is on the
side of) . . . "

This comparative construction indicates that something is "somewhat
better / worse / more / less than . . . ," and -편이다 indicates a small de-
gree of difference.

기차표는 비행기표에 비해 값이 싼 편이다.	Train tickets are somewhat cheaper than airplane tickets.
일본에 비해 미국은 물가가 싸요.	Compared with those in Japan, the prices are cheaper in the United States.
이 컴퓨터는 가격에 비해 성능이 좋은 편입니다.	Considering the price, this com- puter performs relatively well.
헨리는 나이에 비해 어려 보여.	Henry looks young for his age.

4. V. + 다시피

"as you (know, see, hear)"

-다시피 means "as things are" or "as (the way it is)" and is most often
used in the following expressions:

알다시피	"as you know"
아시다시피	"as you know" (HON.)
보다시피	"as you can see"
듣다시피	"as you can hear"
들었다시피	"as you heard"
너도 알다시피 내일이 마이야의 생일이야.	As you know, tomorrow is Maya's birthday.
선생님께서도 아시다시피 요즘 거리가 복잡해요.	As you (HON.) know, the streets are crowded these days.
너도 보다시피 여기는 의자가 없지 않니.	As you can see, there are no chairs here.
너도 들었다시피 에릭이 내일 온대.	As you heard, (they say) Eric is coming tomorrow.

Note that when -다시피 is used with -하다, the -다시피하다 expression has the idiomatic meaning of "almost" or "nearly."

오늘 바빠서 굶다시피 했어.	I was so busy today I almost starved.
늦을 까봐 학교까지 뛰다시피 해서 갔어.	Afraid that I might be late, I almost ran all the way to school.

5. 어떻게 됩니까? or   "how is . . . ?," "what is . . . ?"
어떻게 되지요?

어떻게 and 무엇 are generally translated as "how" and "what" in English, but they do not always correspond to their respective translations.

성함이 어떻게 되세요?	What is your name? (HON.)
오늘 환율은 어떻게 되지요?	What is today's exchange rate?
이 *컴퓨터*는 가격이 어떻게 되지요? (or 얼마나 하지요? 어떻게 하지요?)	How much is this computer?
오늘 미국행 비행기 *스케줄*이 어떻게 되나요?	What's today's airplane schedule to America like?

아버님은 연세가 어떻게
되세요?

How old is your father?

6. V. + 기만 하면

"whenever," "every time," "only if"

This connective has two meanings. One indicates that "whenever"
one does something, something else invariably happens; it is similar to
-ㄹ/을 때마다. The other indicates the conditional "only if."

    a. "whenever"

        친구는 술을 마시기만   Whenever he drinks, my friend falls
        하면 졸아요.   asleep.

        나는 차를 타기만 하면   Whenever I am in a car, I get
        잠이 와요.   sleepy.

    b. "only if"

        돈을 벌기만 하면   Only if I make money will I buy
        컴퓨터를 하나   a computer.
        살 거야.

        컴퓨터의 용량을   Only if I add more memory to the
        늘리기만 하면 한글   computer can I use the Korean
        소프트웨어를 쓸 수   software.
        있다.

연습   EXERCISES

A. 본문을 읽고 질문에 대답하십시오.

    1. 컴퓨터 정보센터는 무엇을 하는 뎁니까?
    2. 신청서에는 무엇을 써야 됩니까?
    3. 어떻게 해야 하드 디스크의 용량을 늘릴 수 있습니까?
    4. 컴퓨터가 고장이 나면 어떻게 합니까?

B. 주어진 문형을 사용하여 대답하십시오.

    1. 그 집을 어떻게 알게 되었어요? (-통해)
    2. 새로 산 옷이 어때요? (-비해 -ㄴ/은/는 편이다)
    3. 왜 전기 자동차를 사셨어요? (-다시피)
    4. 성함이 어떻게 되십니까? 주소는요? 오늘 날짜가 어떻게
        되지요? (제 이름은, 제 주소는, 오늘은)

5. 이 제품은 고장나면 애프터 서비스를 받을 수 있습니까?
   (-기만 하면)

주어진 문형을 사용하여 문장을 바꾸십시오.

6. -기/게 마련이다

   예: 여름에는 비가 온다. ──→ 여름에는 비가 오기
                                        마련이다.

   a. 겨울에는 해가 짧다.
   b. 문장을 여러 번 읽으면 외울 수 있다.
   c. 수출이 늘면 경기가 좋아진다.

7. -비해 -ㄴ/은/는 편이다

   예: 현배는 은주에 비해 ──→ 현배는 은주에
       키가 크다.   비해 키가 큰 편이다.

   a. 지방은 서울에 비해 생활비가 싸다.
   b. 이 컴퓨터는 저 노트북에 비해 성능이 좋다.
   c. 영식이가 영희보다 밥을 빨리 먹는다.

C. 단어 연습

1. 알맞은 단어를 골라 넣으십시오.

   ┌───┐
   │ 비밀 번호, 학생증, 통계, 목적, 자료, 할인 │
   └───┘

   a. 은행에서 돈은 찾으려면 _____를 알고 있어야 한다.
   b. 운전 면허증이 없으면 _____이라도 보여 주세요.
      (운전 면허증 driver's license)
   c. 이번 여행의 _____은 제주도의 식물을 연구하려는
      것이다. (식물 plants)
   d. 우리 회사에서 1인당 종이를 얼마나 사용하는지
      _____를 내 주세요. (-당 per)
   e. 통계학자가 연구를 하기 위해서는 _____가
      필요하다.
   f. 요즘 세일이니 _____해 드릴게요.

2. 알맞은 동사를 골라 넣으십시오.

> 작성하다, 빌려쓰다, 비워두다

　　a. 친구가 늦게 올 테니 그 자리는 _____자.
　　b. 그 사람은 은행에서 돈을 많이 _____다고 한다.
　　c. 그 과학자는 자료를 분석한 후 보고서를 _____했다.

D. 이야기하기

1. 자기가 갖고 있는 *컴퓨터*에 대해서 자세히 설명해
　 보십시오.
2. *컴퓨터* 사용의 장점(좋은 점)과 단점(나쁜 점)을
　 써보십시오.
3. 앞으로 *컴퓨터*를 이용하여 무엇을 할 수 있으면 좋겠습니까?

제 24 과

미국에서 온 소식

집에 와 보니 현배 앞으로 편지가 한 통 와 있었다. 눈에 익은[1] 글씨라서 보니 어머니께서 보내 주신 것이었다. 현배는 궁금해서 신발도 벗는 둥 마는 둥 하면서[2] 편지 봉투를 뜯어 봤다.

어머니는 안부 편지와 함께 재미있는 신문 기사를 같이 보내 주셨다. 어머니는 가끔 미국 신문 중에서 흥미 있는 기사가 있으면 보내 주시곤 한다. 이번 기사는 이민에 관한 기사였다.

미국은 이민자들에 의해서 세워진 나라이다. 한국뿐만 아니라 세계 곳곳에서 많은 사람들이 미국으로 이민을 왔다. 그러나 다음 기사를 읽어보면 이제는 미국에서 다른 나라로 이민을 가는 사람들도 많다는 것을 알 수 있다.

"멕시코에 사는 미국인 1백만 명"
미국 사람들이 가장 많이 살고 있는 외국은 어디일까? 정답은 멕시코이다. 멕시코 사람들만 미국으로 이민 오는 것이 아니라 미국 사람들도 1백만 명 이상이 멕시코로 갔다. 최근 나온 잡지 『멕시코에서 쉽게 사는 법』에 따르면[3] 많은 미국인들이 은퇴한[4] 후에 멕시코에서 편하게 살 계획을 하고 있다고 한다. 그렇다면 왜 많은 미국인들이 멕시코로 가려는 지 그 이유를 알아보자.

첫째, 생활비가 적게 든다. 최근 멕시코 페소화의 가치가 떨어져서 세계적으로 볼 때 멕시코는 생활비가 가장 적게 드는 나라 중의 하나다. 달러의 가치가 높아짐에 따라 미국인들이 멕시코에서 살기가 더 쉬워졌다.

둘째, 기후가 좋다. 멕시코는 일년 내내 날씨가 따뜻하다. 특히 깨끗한 물과 아름다운 자연, 그리고 신선한 공기가 미국인들의 관심을 끈다.

셋째, 지리적으로 미국과 가깝다. 비록 멕시코에 살고 있다
하더라도[5] 두 시간이면 캘리포니아나 텍사스 같은 곳에 갈 수
있다. 또 미국인들끼리[6] 살고 있는 마을도 있는데 미국과 별로
다른 것이 없다.

이 잡지는 "적은 생활비로, 수영장이 있는 넓은 집에서,
요리사가 만들어 주는 맛있는 음식을 먹고, 정원사가 가꾼 정원에서
쉰다. 그리고 경비원이 당신의 안전을 책임져 준다"고 선전을 한다.

이 기사를 읽으면서 현배는 한국에서 미국으로 가는 이민이나
미국에서 멕시코로 가는 이민이나, 같은 이민이지만 그들의 동기와
목적이 천지차이[7]라고 생각했다.

단어　VOCABULARY

가꾸다	to take care of (plants)
가치	value
경비원	security personnel, guard
곳곳	here and there, everywhere
기후	climate
기사	news item;　신문 기사 newspaper account, newspaper article
끌다	to draw;　관심을 끌다 to draw interest
내내	throughout a time period;　일년 내내 all through the year
동기	motive
들다	to cost;　학비가 싸게 든다. Tuition costs little.
따뜻하다 [따뜨타다]	to be warm
떨어지다	to fall, to go down
뜯어 보다 [뜨더보다]	to open to see or read;　뜯다 to tear off
백만	million
봉투	envelope
비록	even if
생활비	living expenses
선전하다	to advertise
수영장	swimming pool
쉬다	to take a rest;　쉬면서 while relaxing
신선한	refreshing, fresh;　신선하다 to be refreshing, to be fresh

안부 편지	letter to find out if one is well
안전	safety, security; 안전하다 to be safe or secure
앞으로 [아프로]	for, named to
-에 따르면	according to; 따르다 to follow
요리사	a cook; 요리 cooking; 요리하다 to cook
은퇴하다	to retire; 은퇴 retirement
이민	immigration; 이민자 immigrant
이민 오다	to immigrate; 이민 가다 to emigrate
이상	more than, above, over
익다	to be familiar, to be accustomed to
정답	correct answer
정원	garden; 정원사 gardener
지리적	geographic; 지리적으로 geographically; 지리 geography
책임지다	to take responsibility, to be responsible; 책임 responsibility
천지차이	big difference (as if between heaven and earth); 천지차이이다 to be worlds apart
최근	recent
통	classifier for letters and documents; 편지 한 통 one letter; 이력서 두 통 two copies of resume
페소화	(Mexican) peso currency

문형과 문법   PATTERNS AND GRAMMAR NOTES

1. Idiomatic use of -에 익다   "to be familiar with"
   or -이 익다

While 익다 means "to ripen" or "to be well done," its idiomatic use means "to be familiar with" and is used with 낯 "face," 눈 "eye," 귀 "ear," or 손 "hand."

이 노래는 귀에 익다.	This song sounds familiar.
그 사람의 얼굴이 눈에 익다.	His face looks familiar.
저 남자는 낯이 익은 사람이다.	The man has a familiar face.

일이 손에 익었다. I am familiar with the work. / I'm
used to the job.

2. V. + 는 둥 마는 둥 (하고) "hurriedly," "haphazardly," "barely,"
"hardly"

This expression describes the subject's hurried action or motion in doing things incompletely or haphazardly. It is often used with -하고 to connect two sentences, but, colloquially, -하고 is frequently dropped.

샤워를 하는 둥 마는 둥 I hurriedly took a shower and
(하고) 뛰어 나갔다. ran out.

아침을 먹는 둥 마는 둥 I hardly ate breakfast and then
(하고) 학교에 왔다. came to school.

잠을 자는 둥 마는 둥 I had barely slept when I woke up.
(하고) 일어났다.

약속이 있어서 인사를 하는 Because I had an appointment, I
둥 마는 둥하고 아저씨 left my uncle's house in a
집을 나왔다. hurry, barely saying good-bye.

3. N. + 에 따르면 "according to," "on the basis of"

This construction is from the verb 따르다 "to follow" and literally means "if (you) follow," but it is translated as "according to" or "based on."

최근 나온 잡지에 따르면 According to the latest magazine,
많은 미국인들이 은퇴한 many Americans move to
후에 멕시코로 간다. Mexico after their retirement.

그 연구에 따르면 한국 On the basis of the research,
사람은 오래 사는 we can say that Koreans are
사람들 중의 하나라고 among those who live long.
하겠다.

4. Verbs with -하다 and -되다

Sino-Korean nouns are made into verbs usually ending in -하다 or -되다, with each ending having a different meaning. -하다 turns a noun into a transitive action verb; -되다 makes the action verb intransitive/passive or indicates that something is done, happens, or operates "automatically." The descriptive verb endings for the plain present form remain unchanged—for example, 그 분은 언제나 행복하다, not 그 분은 언제나 행복한다.

Descriptive Verbs		*Action Verbs*		
(-하다 only)		(-하다)		(-되다)
복잡하다	to be crowded	공부하다	to study	공부되다
충분하다	to be plenty	건설하다	to build	건설되다
침착하다	to be calm, composed	연구하다	to research	연구되다
행복하다	to be happy	도착하다	to arrive	도착되다
불행하다	to be unhappy	고생하다	to have hardship	고생되다

100원이면 충분해요.	100 won is enough.
큰 도시는 어느 나라나 복잡해요.	A big city in any country is crowded.
동생이 공부를 열심히 해요.	My younger brother is studying very hard.
아침에 공부가 잘 돼요.	Studies go well in the morning (automatically)./I can study well in the morning.
제주도에 새 공항을 건설했어요.	We built a new airport on Cheju Island.
그 회사의 도움으로 새 회관이 건설돼요.	The conference hall is being built with company assistance.
암에 대하여/암을 연구해요.	I am doing research on cancer.
AIDS가 많이 연구되고 있어요.	A lot of research is being done on AIDS.

5. V. + (ㄴ/는)다 하더라도   "even if," "although," "no matter (what, who, and so on)"

This connective indicates a hypothetical or factual supposition.

미국과 지리적으로 가깝다 하더라도 멕시코는 경제적으로 차이가 많이 난다.	Although Mexico is close to the United States, they are quite different economically.
같은 미국에 살고 있다	Even if we both live in the United

하더라도 멀리 떨어져 살면 자주 만날 수가 없지요.	States, if we're far apart, we can't see each other often.
한국으로 간다 하더라도 너를 잊지 않을게.	Even if you go to Korea, I'll not forget you.
*비타*민을 먹는다 하더라도 식사는 잘 해야 돼요.	Even if you take vitamins, you should eat well.

6. Animate N. + (들)끼리   "among/by themselves"

Attached to a human or an animal noun, this expression indicates exclusiveness in a group activity or gathering.

우리끼리	"among us," "by ourselves"
친구끼리(만)	"(only) with friends"
새들끼리	"among the birds by themselves"
같은 인종들끼리만 모여 산다면 다른 문화를 배울 수 없어요.	If we live only among the same race, we can't learn about other cultures.
플로리다에 가면 노인들끼리 사는 동네가 있다.	If you go to Florida, there is a town where older people live by themselves.
*파티*에 가서 아는 친구 끼리만 놀면 재미없어.	It's no fun to be only with your friends at a party.

7. 천지차이(라고 생각하다)   "(I think) it's a world apart"

There are many four-syllable words of Sino-Korean origin with specific idiomatic meanings. Their literal translation does not always indicate their true meaning. 천지차이(天地差異) means literally "the difference between heaven and earth."

통일에 대한 남한과 북한의 의견은 천지차이에요.	The opinions of the South and North Koreans on unification are a world apart.
저희 할머니께서는 여자와 남자는 천지차이라고 생각하세요.	My grandmother thinks the difference between men and women is huge.

신세대와 어른들의 생각은 천지차이입니다.   The new generation and the older generation think quite differently.

Some commonly used expressions are these:

일석이조 (一石二鳥)	"one stone, two birds"
만장일치 (滿場一致)	"unanimously"
십중팔구 (十中八九)	"eight or nine out of ten," "most likely"
백발백중 (百發百中)	"a hundred hits to a hundred shots"
금시초문 (今時初聞)	"hearing it for the first time"

연습   EXERCISES

A. 본문을 읽고 질문에 대답하십시오.

1. 가끔 어머니께서 현배에게 무엇을 보내주십니까?
2. 미국은 어떤 사람들에 의해서 세워졌습니까?
3. 많은 미국 사람들이 멕시코에 가서 사는 이유 세 가지가 무엇입니까?
4. 멕시코에서는 왜 생활비가 적게 듭니까?

B. 주어진 문형을 사용하여 대답하십시오.

1. 그 분을 아세요? (-에 익다)
2. 어제 잘 잤어요? (-는 둥 마는 둥)
3. 대통령 선거는 어떻게 됐어요? (-에 따르면)
4. 요즘 컴퓨터 값이 내렸다는데 하나 사시지요? (-다 하더라도)
5. 영식이 오빠하고 영화구경 안 갔니? (-들끼리)
6. 영식이와 영희는 노래 실력이 비슷하니? (천지차이)

주어진 문형을 사용하여 문장을 바꾸십시오.

7. -다 하더라도

예: 한국은 미국에서 지리적으로 멀다, 비행기로 12 시간 밖에 안 걸린다. ⟶ 한국이 미국에서 지리적으로 멀다 하더라도 비행기로 12 시간 밖에 안 걸린다.

    a. 요즘 바쁘다, 친구에게 편지를 쓰다.
    b. 뉴욕은 생활비가 비싸다, 뉴욕은 신나는 도시이다.
    c. 한자가 어렵다, 나는 꼭 배우고 싶다.

C. 단어 연습

  1. 알맞은 동사와 연결하십시오.

    예: 글씨가 눈에 ——— 익다.

a. 비용이	진다.
b. 신문 기사에 친구가	든다.
c. 나라가	세워졌다.
d. 책임을	나왔다.

  2. 알맞은 "-지다" 동사와 연결하십시오. 그리고 그 뜻을 말해 보십시오.

    예: 온도가 (temperature) ——— 높아지다

a. 회사가	싸지다
b. 한국어가	유명해지다
c. 값이	세워지다
d. 배우가	쉬워지다

  3. 알맞은 동사를 골라 문장을 완성하십시오.

> 깨끗하다, 신선하다, 알아 보다, 선전하다, 들다

    a. 이곳은 생활비가 비싸서 돈이 적게 _____는 도시로 이사가야겠다.
    b. 장학금을 신청하는 기간이 언제인지 _____아 주시겠어요?
    c. 그 물건을 무료로 준다고 _____는 광고를 봤어요.
    d. 정원에서 길러서 먹는 야채는 언제나 _____.
    e. 새로 산 세탁기로 옷을 _____게 빨아 입었다.
       (세탁기 washing machine)

  4. 알맞은 명사를 골라 문장을 완성하십시오.

> 동기, 가치, 답, 정답, 안전, 은퇴

a. 그 사람이 한국어를 배우게 된 _____가 무엇인지 궁금하다.

b. 아버지께서는 _____ 후에 한국에 돌아가셔서 사실 계획이다.

c. 이 문제에는 _____이 여러 개 있을 수 있습니다. 그러나 _____은 하나 뿐입니다.

d. 나는 어른이 되면 사회에 도움이 되는 _____있는 일을 하고 싶다.

e. 일방 통행 *사인*을 안 보고 다니면 큰 사고가 날 수 있다. 언제나 교통 _____에 주의해야 한다. (사고 accident)

5. 알맞은 부사를 골라 대화를 완성하십시오. 그리고 이 대화를 해보십시오.

> 가끔, 내내/계속, 더, 밖에

낸시: 학교에서 집까지 멀어요?
짐: 아니오, 걸어서 10 분 _____ 안 걸려요.
낸시: 여름에는 일이 좀 한가하세요?
짐: 아니오, 일년 _____ 바빠요.
낸시: 친구들은 요즘 자주 만나세요?
짐: 아니오, _____ 만나요.
낸시: 바빠서 운동하는 것이 이제는 어렵겠어요.
짐: 아니오, 운동은 하면 할 수록 _____ 쉽고 재미있어요.
낸시: 짐은 "아니오" 밖에 모르세요?
짐: 아니오, "네"도 알아요.

D. 이야기하기

1. 이민 온 친구나 친척에게 이민 온 동기를 알아보십시오.
2. 학생이 다른 나라로 이민 간다면 어느 나라를 선택하겠습니까? 그 이유를 말해 보십시오.
3. 여러 나라에서 많은 사람들이 미국으로 이민을 와서 좋은 점이 있다고 생각합니까? 좋은 점이 무엇인지 이야기 해보십시오.

제 25 과

바보 온달과 평강 공주

기숙사 룸 메이트가 조카 생일에 무슨 선물을 사면 좋겠냐고 물어
봤다. 현배는 어렸을 때 동화책을 재미있게 읽던 생각이 나서 한국
동화책을 한권 사주라고 했다. 친구와 같이 서점에 가 보니 이야기
책들이 너무 많아서 정하기가 힘들었지만, 그 중에서『바보 온달과
평강 공주』를 골랐다.

옛날 삼국 시대 고구려에 평강왕이라는 왕이 있었습니다. 그
왕에게는 예쁘고 어린 평강 공주가 있었습니다. 그런데 이 공주는
너무 많이 울어서 사람들이 걱정을 했습니다. 아버지 평강왕은
공주가 울 때면,[1] "그렇게 자꾸 울면 다음에 커서 바보 온달에게
시집가게 하겠다"[2]고 놀렸습니다.
    바보 온달은 그 나라에서 너무나 유명한 바보라서 모르는
사람이 없었습니다. 온달은 어머니와 같이 사는데 집이 너무
가난해서 떨어진 옷을 입고 떨어진 신발을 신었습니다. 그런데
온달은 사람들이 '바보 온달'이라고 놀려도 항상 웃고 다녔습니다.
    시간이 지나서 평강 공주가 열 여섯 살이 되자 왕은 공주를
시집 보내려고 훌륭한 사윗감을[3] 찾기 시작했습니다. 그러나 평강
공주는 좋은 신랑감 이야기를 들을 때마다 관심을 보이기는 커녕[4]
"아버지께서 저에게 바보 온달에게 시집보낸다고 하셨으니 저는
바보 온달에게 시집을 가겠어요" 라고 했습니다. 왕은 놀라서 "그건
농담이었지. 네가 그 말을 정말이라고 생각할 줄 나는 몰랐다"[5]
라고 설명을 했습니다. 하지만 공주는 "왕이 거짓말을 하면 안
됩니다"고 대답했습니다. 왕은 고집을 부리는 공주에게 너무 화가
나서 공주를 쫓아냈습니다. 그러자 공주는 궁전을 나와서 바보
온달의 집을 찾아 갔습니다. 온달은 아주 놀랐지만 공주의 사정을
듣고 공주와 결혼을 했습니다.

공주는 가지고 온 패물로 좋은 말을 사서 온달에게 줬습니다.
그리고 날마다 온달에게 글읽기를 가르쳐 주었습니다. 온달은
부인의 정성에 감동해서 매일 열심히 공부하고 말 타는 연습을
했습니다.

해마다 봄 3월 3일에 온 나라의 국민들을 모아 놓고 왕이
무술 대회를 열었습니다. 온달도 그 대회에 나갔는데 아무도
온달보다 무술을 잘 하는 사람이 없었습니다. 왕은 온달에게
"훌륭한 무술이구나. 그대의 이름은 무엇인가?" 하고 물었습니다.
"네, 제 이름은 온달입니다." 대답을 들은 왕은 깜짝 놀랐습니다.
왕은 기뻐하며 온달에게 벼슬을 주었습니다. 그 후 나라에 전쟁이
있을 때마다 온달은 전쟁에 나가 용감하게 싸웠습니다.

몇 년 후에 신라가 고구려에 쳐들어왔습니다. 이번에도 온달은
제일 앞에 나가서 싸웠습니다. 그러나 온달은 용감하게 싸우다가
적의 화살에 맞아 죽게 되었습니다. 죽은 온달의 몸을 넣은 관을
옮기려고 하는데 온달의 관은 꼼짝도 하지 않았습니다. 이 소식을
듣고 평강 공주는 울며 전쟁터로 달려왔습니다. 공주가 온달의
관을 잡은 채,[6] 이렇게 말했습니다. "생사가 이미 결정되고 전쟁이
끝났으니 돌아갑시다. 제가 모시고 가겠어요." 그러자 꼼짝도 안
하던 관이 움직이기 시작했습니다. 이것을 보고 있던 사람들도 모두
같이 슬프게 눈물을 흘렸습니다.

단어   VOCABULARY

감동	impression, excitement, emotion; 감동하다/되다 to be moved, to be impressed by
결정되다	to be decided; 결정하다 to decide
고구려	Koguryŏ (37 B.C.–668 A.D., one of the Three Kingdoms)
고집	stubbornness, obstinacy; 고집 부리다 to be stubborn
공주	princess
관	coffin
국민	people of the country
궁전	palace, royal residence
그대	you, thou (used in poems and letters)
그러자	and then, when it's done, as soon as (something) happens/is done
글읽기	reading and studying (classics)
놀리다	to tease; 놀림 teasing, making fun of

눈물 흘리다	to shed tears
달려오다	to come running
동화책	children's storybook
떨어진	worn-out; 떨어진 신 worn-out shoes; 떨어지다 to be worn out, to fall off
맞다	to get hit; 화살을 맞다 to be shot by an arrow
모으다	to gather, to collect
바보	idiot, stupid person
벼슬	government position, official rank
사윗감	prospective son-in-law
사정	circumstances, the state of things
생사	life and death
소식	news
슬프게	sadly; 슬프다 to be sad
시집 보내다	to marry off (woman); 시집 marriage (for woman); in-law's house (literally); 시집가다 to get married
신랑 [실랑]	groom; 신랑감 prospective groom
싸우다	to fight
옮기다	to move to
움직이다	to move
자꾸	repeatedly, frequently
적	enemy
전쟁	war; 전쟁터 battlefield
조카	nephew and niece
쫓아 내다	to drive off
쳐들어 오다	to invade, to attack
패물	jewelry
평강왕	King Phyŏnggang
해마다; 매년	every year
화나다	to be mad, to be angry
화살	arrow

문형과 문법   PATTERNS AND GRAMMAR NOTES

1. V. + ㄹ/을 때면   "when," "whenever," "by the time"

공주가 울 때면 왕은   When the princess cried, the king
   농담을 했다.   teased her.

진달래꽃이 필 때면 고향을 생각한다.

Whenever azaleas bloom, I think of my hometown.

내년에 다시 만날 때면 너는 대학생이 되어 있겠지?

By the time I see you again, you will be a college student, won't you?

2. V. + 게 하다

"make (someone) do," "cause something to happen"

This causative construction makes or causes someone to do something or makes something happen. (See L17, GN3 and 7.)

학생들에게 한국어만 말하게 해요.

I make the students speak only in Korean.

에디슨은 전깃불을 발명해 사람들을 놀라게 했어요.

Edison surprised people by inventing the light bulb.

의사들은 당뇨병 환자에게 사탕을 못 먹게 한다.

Doctors make diabetic patients stop eating candy.

3. N. + 감

"prospective (person noun)"

감 literally means "material," but when used idiomatically, it means a "prospective" personal position, either a kinship or an occupational position. It comes from the original meaning of "material," as in 이불감, 양복감, 반찬감, and the like.

사윗감

"prospective son-in-law"

며느릿감

"prospective daughter-in-law"

신랑감

"prospective bridegroom"

대통령감

"(suitable for) a future president"

4. a. V. + 기는 커녕

"far from doing . . ."

   b. N. + 은/는 커녕 . . . 도

"not even . . . , let alone"

     (a) 다른 남자에게 관심을 보이기는 커녕 온달에게 시집간다고 했어요.

Far from showing interest in other men, she said she would marry only Ondal.

아버님은 노하시기는 커녕 칭찬해 주셨다.	Far from being angry, my father praised me.
끝마치기는 커녕 시작도 안 했다.	Far from finishing it, I haven't even started.
(b) 만 원은 커녕 십 원도 없어요.	I have not even 10 *won*, let alone 10,000 *won*.
외국어는 커녕 영어도 잘 못해요.	I don't speak even English well, let alone a foreign language.

5. V. + ㄴ / 은 / 는 / ㄹ / 을 줄   "expected that," "knew that"
    알았다

    V. + ㄴ / 은 / 는 / ㄹ / 을 줄   "did not expect that,"
    몰랐다   "did not know that"

This construction in the past tense is used to indicate "did or did not expect something would happen." (Compare with -ㄹ/을 줄 알다 "being capable of" in L15, GN5.) 줄 알았다 is also used to confirm a fact or an event, as in 민우가 일등을 할 줄 알았다 "I knew Min-wu would take first place." 줄 몰랐다 indicates it is contrary to the speaker's expectations.

신화가 그렇게 재미있는 줄 몰랐어요.	I didn't expect mythology would be so interesting.
밤에 비가 이렇게 많이 온 줄 몰랐어요.	I didn't know it rained so much last night.
오늘 비가 올 줄 몰랐어요.	I didn't know it would rain today.
시험이 쉬울 줄 알았어요. (그런데 어려웠어요.)	I expected the exam would be easy. (But it was difficult.)

6. A.V. + ㄴ / 은 채 (로)   "just as it is," "(while) doing,"
                                      "being in the state of"

This construction indicates a state or a condition in which an action occurs.

안경을 쓴 채 목욕탕에 들어갔다.	I got into the bathtub with my glasses on.

차 속에 앉은 채로
  3 시간을 보냈다.

I spent three hours (while) sitting
  in the car.

신발을 신은 채로 방에
  들어가지 마.

Don't enter the room with shoes on.

우리 할머니는 신랑 얼굴도
  모른 채 결혼했대요.

My grandmother said she got
  married to the bridegroom
  without having seen him
  beforehand.

연습   EXERCISES

A. 본문을 읽고 질문에 대답하십시오.

1. 평강왕은 공주가 울 때마다 뭐라고 말했습니까?
2. 평강왕은 왜 공주를 쫓아냈습니까?
3. 공주는 남편에게 무엇을 가르쳤습니까?
4. 온달은 어떻게 죽었습니까?
5. 온달 장군의 관은 어떻게 해서 움직이게 됐습니까?

B. 주어진 문형을 사용하여 대답하십시오.

1. 비가 올 때 무엇이 생각나세요? (-ㄹ/을 때면)
2. 우리 아이가 자꾸 공부는 안하고 잠 만 자서 걱정이에요.
   (-게 하다)
3. 다음 선거에는 누가 대통령에 나올까요? (-감이 많다)
4. 제주도 여행 재미있게 했어요? (-기는 커녕)
5. 주식을 사서 돈을 많이 벌었어요? (-기는 커녕)
6. 왜 감기에 걸렸어요? (-ㄴ/은/는 채로)

주어진 문형을 사용하여 문장을 바꾸십시오.

7. -줄 알았다/몰랐다

   예: 주식 값이 올랐어요. ——→ 주식 값이 오를 줄
                              알았어요 / 몰랐어요.

   a. 수출이 늘었다.
   b. 공주는 아버지 말을 안 들었다.
   c. 바보 온달은 사실은 바보가 아니다.

C. 단어 연습

1. 알맞은 동사와 연결하십시오.

   예: 사정을 ─────── 듣다

a. 벼슬을	흐르다
b. 관심을	부리다
c. 고집을	가다
d. 시집을	보이다
e. 눈물이	맞다
f. 화살에	주다

2. 알맞은 동사를 골라 문장을 완성하십시오.

   > 맞다, 잡다, 쫓아내다, 달려오다, 이끌다,
   > 움직이다, 감동하다

   a. 놀부가 흥부를 _____서 흥부는 집을 나갔다.
   b. 흥부는 집을 나가면서 대문을 _____고 울었습니다.
   c. 그 분의 정성에 모든 사람이 _____다.
   d. 그 장군은 전쟁에서 화살을 _____다.
   e. 대통령은 나라를 _____는 사람이다.
   f. 시동을 켰는데도 자동차가 _____지 않는다.
   g. 친구에게 전화를 걸자마자 친구가 우리 집으로
      _____다.

3. 알맞은 부사를 골라서 문장을 완성하십시오.

   > 기쁘게, 슬프게, 급하게, 용감하게, 정성스럽게

   a. 많은 청중 앞에서 떨렸지만 _____ 무대로 나갔다.
      (떨리다 to shake)
   b. 요즘 어머니가 편찮으시다고 친구가 _____ 말했다.
   c. 오래간만에 만나는 손님을 _____ 맞았다.
   d. 약속 시간에 늦어서 _____ 뛰어 왔다.
   e. 어머님 생신에 맛있는 음식을 _____ 만들어 드렸다.

4. 알맞은 단어를 골라 '-게 하다'로 끝마치십시오. 그리고
    그 뜻을 말해 보십시오.

    > 슬프다, 기쁘다, 웃다, 놀라다, 공부하다, 이기다

    a. 아이가 착한 일을 해서 부모님을 _____게 했다.
    b. 아이가 거짓말을 해서 부모님을 _____게 했다.
    c. 선생님이 시험을 위해서 학생을 _____게 했다.
    d. 온달을 전쟁에 보내서 _____게 하다.
    e. 그 친구가 갑자기 전화를 걸어서 우리들을 _____게
        했다.
    f. 그 사람은 농담을 잘 해서 사람들을 _____게 한다.

5. 다음 단어의 뜻을 알아보고 알맞은 단어를 골라 문장을
    완성하십시오.

    > 왕비, 공주, 왕자, 임금님, 왕실

    왕의 부인을 _____라고 한다. 딸은 _____, 아들은
    _____라고 한다. 왕을 부를 때 _____이라고 한다.
    왕의 가족과 식구들을 _____이라고 한다.

D. 이야기하기

1. 아버지나 어머니에게서 들은 농담을 이야기해 보십시오.
    언제, 왜 그런 농담을 들었습니까?
2. 홍길동 이야기와 온달 이야기를 비교해 보십시오.

제 26 과

북한에 대하여

현배가 교환 학생으로 온 지 벌써 일년이 다 되었다. 현배가 듣는
한국사 시간에서는 기말 시험을 칠 뿐만 아니라 보고서도 내야
한다. 현배는 "북한에 대해서"라는 제목으로 보고서를 썼다.

현재 한반도는 남한과 북한으로 나뉘어져 있다.[1] 두 나라로 나뉘기
전에 한국은 조선이라는 이름을 가진 한 나라였다. 그러다가 1910
년부터 일본의 지배를 받게 되었으며 1945년에 이차 세계 대전이
끝나면서 일본으로부터 독립을 했다. 그러나 한반도의 위치를
중요하게 생각한 소련과 미국이 한반도를 차지하고자 했다.[2] 그
결과 삼팔선을 경계로 북쪽은 소련이 남쪽은 미국이 관리하게
되었다. 그래서 남쪽에는 자본주의 국가인 '대한민국'이 세워지고,
북쪽에는 '조선 민주주의 인민공화국'이라는 공산주의 국가가
세워지게 되었다.

　　그 후 1950 년에 한국 전쟁이 일어났다. 이 전쟁은 6 월 25
일에 일어났기 때문에 '육 이오'라고 불리기도 한다.[3] 이 전쟁으로
군인을 비롯하여[4] 남과 북의 많은 사람들이 목숨을 잃었다. 이
전쟁은 삼 년 동안 계속되다가 유엔군에 의해서[5] 휴전을 하게
되었다. 한국 전쟁 이후로 휴전선은 남한과 북한을 나누는 경계가
되었다.

　　지리적으로 북한에는 산이 많다. 애국가에 나오는 백두산이나
그 모습이 아름답기로 유명한 금강산도 북한에 있다. 한국과 중국의
경계 지역에 있는 백두산은 역사적 전설이 많은 산이다. 압록강도
이 산에서 시작하여 흐르기 시작하여 서해로 들어간다.

　　북한의 수도는 평양이다. 육 이오 때 부서졌던 건물들은 다
복구되어 지금은 현대적 대도시가 되었다. 평양 시내를 지나가는
대동강은 역사적으로나 경제적으로 중요한 강으로 서울의 한강에
비유할 수 있다.

　　북한의 언어는 낱말 사용이나 발음 등에서 남한의 말과 좀
다르지만 서로 알아 듣기에 별로 어려움이 없다. 남한에서는
외국에서 들어온 외래어가 많고 한글과 함께 한자도 사용한다.
하지만 북한에서는 한자를 전혀 쓰지 않고 모든 책을 한글로만
인쇄한다는 것이 다른 점이다.
　　한 민족이 두 나라로 나뉘어 있다는 것은 슬픈 일이 아닐 수
없다.[6] 그래서 한국 국민들은 남한과 북한이 하나로 통일되는 날을
기다리고 있다.

단어　　　　　　　　VOCABULARY

같은	same;　같다 to be the same
결과	result
경계	border, boundary
공산주의	communism;　공산주의자 communist
관리하다 [괄리하다]	to control, to manage, to be in charge of
군인	soldier, military
금강산	Kŭmgang Mountains
나뉘다	to be divided;　나누다 to divide
남한	South Korea
독립하다 [동닙하다]	to become independent;　독립 independence
듣다	to take (course)
목숨	life, breath of life;　목숨을 잃다 to be dead or killed
민족	ethnic group, race, (ethnically identical) people
민주주의	democracy;　민주주의(의) democratic
백두산	Paektu Mountain
복구되다	to be reconstructed, to be restored; 복구하다 to reconstruct, to restore; 복구 reconstruction, restoration
부서지다	to be destroyed, to be demolished, to be broken;　부수다 to destroy, to demolish, to break
불리다	to be called
-을/를 비롯하여	including, beginning with, along with
삼팔선; 삼십팔도선	thirty-eight degrees north latitude (literally), thirty-eighth parallel (dividing Korea)

서해	West Sea (also known as Yellow Sea)
세워지다	(Vi.) to be founded; 세우다 (Vt.) to found, to set up
소련	Russia (former Soviet Union)
애국가	Korean national anthem; 국가 national anthem
위치	location
유엔군	U.N. troops
육 이오 (6 . 25)	Korean War (began June 25, 1950)
이차 세계 대전	World War II; 일차 세계 대전 World War I
인쇄하다	to print; 인쇄 printing
잃다 [일타]	to lose
자본주의	capitalism
전설	legend; 전설적(인) legendary
제목	title
지배	ruling; 지배하다 to rule, to govern
차지하다	to occupy
치다	to take (test); to hit
통일되다	to become unified; 통일하다 to unify; 통일 unification
하나로	as one (entity)
한국사; 국사	Korean history
한반도	Korean Peninsula
휴전선	truce line; 휴전하다 to make a truce; 휴전 truce, armistice

문형과 문법 PATTERNS AND GRAMMAR NOTES

1. V. + (어/아)져 있다   "being in (changed state or position of)"

This helping verb describes the changed state of an object or an event. All verbs that end in -(어/아)지다 can have this construction, but not all verbs can end in -(어/아)져 있다. (See L5, GN3 and L12, GN2.)

나누어져 있다   "something was divided and is still divided"

세워져 있다	"something was established and is still established"
떨어져 있다	"something was separated and is still separated"
넘어져 있다	"something fell down and is in the down position"
엎어져 있다	"something fell and is flat on its face"
부서져 있다	"something is broken"
빠져 있다	"something came off and is still off"

Note the differences between 졌다 and 져 있다:

졌다	*져 있다*
나무가 넘어졌다.	나무가 넘어져 있다.
A tree fell.	A tree has fallen (and is still there).
전쟁 때 한강대교가 부서졌다.	그 다리가 아직도 부서져 있다.
During the war, the Han River Bridge was destroyed.	The bridge remains destroyed.
나사가 빠졌다.	나사가 빠져 있다.
The screw came off.	The screw is off.
길이 좁아졌다.	길이 좁아져 있다.
The road became narrow.	The road got narrow (and is still narrow).

2. A.V. + 고자 하다   "to try to," "to plan to," "would like to"

This expression is used in a more formal context than -(으)려고 하다.

다들 한반도를 가보고자 한다.	Everyone tries to visit the Korean Peninsula.
오늘은 여러분의 의견을 듣고자 합니다.	I would like to hear your opinions today.
그 국회 의원은 법을 고쳐서	The congressman tried to change

평등한 사회를 만들고자 했습니다.	the law and make a fair society.
내일부터는 저녁 먹기 전에 꼭 운동을 하고자 한다.	I plan to exercise before dinner, starting tomorrow for sure.

3. V. + 기도 하다 "it is also . . ."

한국 전쟁은 '육 이오' 라고 불리기도 한다.	The Korean War is also known as (the war of) "June twenty-fifth."
여름에 보통 덥지만 가끔 춥기도 하다.	It is usually warm, but sometimes it is cold in the summer.
그 반도는 무역에 중요한 위치이기도 하다.	The peninsula is also an important location for commercial transportation.

4. N. + 을/를 비롯하여 "including," "beginning with"

This pattern is often followed by -까지(도) and expresses the inclusion of "even that item."

그분은 책읽기를 좋아해서 소설책을 비롯하여 만화책까지 다 읽어요.	Because she/he loves to read, she/he reads all kinds of books from novels to comics.
대전과 부여를 비롯하여 충청남도를 다 둘러봤다.	We toured all of the South Ch'ungch'ŏng Province, including Taejŏn and Puyŏ.
북한에는 금강산을 비롯하여 아름다운 산들이 많이 있다.	There are many beautiful mountains in North Korea, including the Kŭmgang Mountains.

5. N. + 에 의해(서) "by," "in accordance with"

법에 의해서 남녀 평등이 보장되어 있다.	In accordance with the law, male-female equality is guaranteed.
적군에 의해 전쟁이 시작되었다.	The war was started by the enemy.
선거에 의해 새 대통령이 뽑혔다.	The president was elected by voting.

6. N. + 이/가 아닐 수 없다   "it cannot be anything but,"
                                         "it is such a . . . "

두 나라로 나뉘어 있다는   Having a country divided cannot
것은 비극이 아닐 수   be anything but a tragedy.
없다.

그 때 그 물건을 안 산   Not buying the item at the time
것은 잘못이 아닐 수   was such a mistake.
없어요.

태권도는 한국의 대표적   Tae kwon do can't be anything
무술이 아닐 수 없지.   but a representative Korean
                                         martial art.

연습   EXERCISES

A. 본문을 읽고 질문에 대답하십시오.

1. 한국은 지금 어떻게 나누어져 있습니까?
2. 1950 년 6 월 25 일에 한반도에 무슨 일이 있었습니까?
3. 현재 남한과 북한의 경계는 어디입니까?
4. 북한의 수도는 어디입니까?
5. 세계에서 한 민족이 나뉘어 있는 나라는 어디입니까?

B. 주어진 문형을 사용하여 대답하십시오.

1. 창밖에 있던 나무가 안 보이네. (-(어/아)져 있다.)
2. 통일을 위해 어떤 일을 하고 싶어요? (-고자 한다)
3. 외국에 있는 친구들에게 편지로만 연락해요? (-기도 한다)
4. 어느 나라를 여행해 보셨어요? (-을/를 비롯하여)

C. 단어 연습

1. 알맞은 동사와 연결하십시오.

예: 세계가 미국의 정치에 ———— 주목한다

a. 그 전쟁은 육 이오라고   목숨을 잃었다
b. 그 분은 회사를   세워졌다
c. 1948 년에 남한이   관리한다
d. 전쟁에서 군인들이   불린다

2. 알맞은 동사를 골라 문장을 완성하십시오.

> 관리하다, 주목하다, 나뉘다, 지배하다,
>   차지하다, 독립하다, 계속되다

   a. 한국이 남한과 북한으로 나뉘어 진 것은 1950 년에
      일어난 한국 전쟁과 그 이후의 휴전선 때문이지만
      그 이전에 삼팔선으로 남과 북이 _____어 있었다.
   b. 우리 하숙집에는 방이 세 개 있는데 가장 큰 방은
      그 선배가 _____고 있다.
   c. 이차 세계 대전은 사 년 동안 _____었어요.
   d. 그 분이 이 *아파트* 단지를 _____하는 분이다.
   e. 저는 대학교에 들어가면 *아르바이트*를 해서 부모님으로
      부터 경제적으로 _____려고 해요.
   f. 힘 센 나라가 힘이 약한 나라의 땅을 차지하고 그
      나라를 _____하는 것은 옳지 않다.
   g. 어느 팀이 이번 경기에서 이길지 모든 사람이
      _____고 있어요.

3. 다음 표를 보고, 각 나라의 특성을 표시하십시오.

	대한민국	조선민주주의 인민공화국	일본	중국	미국	러시아 (소련)
자본주의 국가이다	√					
공산주의 국가이다						
왕이 있다						
대통령이 있다	√					
이차대전 때 전쟁을 했다						
한 민족이 사는 나라이다	√					

4. 알맞은 명사를 골라 문장을 완성하십시오.

> 결과, 경계, 위치, 독립, 발음, 인쇄

    a. 어제 시험을 봤는데 어떤 _____가 나올 지 궁금해.

    b. 일차 대전과 이차 대전 이후 많은 소수 민족들이
       _____을 이루었다.

    c. 남한과 북한은 무엇을 _____로 나뉘어져 있니?

    d. 한국어를 열심히 공부했더니 한국어 _____이
       정확해졌다. (정확하다 to be accurate)

    e. 지금 계신 _____를 알려 주시면 곧 마중
       나가겠어요.

    f. 새로 나온 제품을 광고하려고 하는데요, 어디에서
       _____를 하면 좋을까요?

D. 이야기하기: 다음 제목에 대하여 말해 보십시오.

  1. 한반도가 남과 북으로 갈라진 이유
  2. 한반도의 지리적 조건 (조건 condition, circumstances)
  3. 남한과 북한의 언어의 다른 점
  4. 요즘 뉴스에서 들은 북한에 대한 소식

제 27 과

시를 감상하며

진달래 꽃

김소월

나 보기가 역겨워
가실 때에는
말없이 고이 보내 드리우리다.

영변에 약산
진달래꽃
아름 따라 가실 길에 뿌리우리다.

가시는 걸음걸음
놓인 그 꽃을
사뿐히 즈려 밟고 가시옵소서.

나 보기가 역겨워
가실 때에는
죽어도 아니 눈물 흘리우리다.

캥거루

고 은

호주 땅 점령한 영국인들이
원주민더러
저 껑충거리는 짐승이 뭐냐고 물었더니
원주민 말로
모른다 했다
모른다는 말 캥거루

그것이 이름이 되어 버렸다.
아, 아는 것보다 모르는 것의 거룩함이여

내가 꽃이라면

강옥구

내가 꽃이라면
호젓한 산골
이끼로 덮인 바위 곁에
솔잎으로 가리워진
이름 모를 들꽃으로 피어
바쇼같은
외로운 나그네의
눈길을 모으고 싶다.

달팽이

김경년

달팽이는
동그란 집을
등에 지고
길쭉하고
물렁한,
온몸을
움직여
길가에
끈끈한
체액(體液)으로
끊어 질 듯
말 듯
가느다란
선(線)을
그어 놓는다.
그가 지나간
자욱을.

단어   VOCABULARY

진달래 꽃

걸음	step, walking
고이; 곱게	beautifully, delicately
뿌리다	to scatter
사뿐히	lightly (in steps or motion)
-(시)옵소서	I pray . . . (HON.)
아니; 안	not
아름	armful, bundle
약산	place in Yŏngbyŏn region that is famous for azaleas
역겹다	to feel disgusted
영변	place in North Pyŏngan Province (North Korea)
-(으)오리다	old humble future ending of -겠다
즈려 밟다	to step on carefully, to step lightly
진달래꽃	azalea flower
흘리다	to shed (tears); 눈물 흘리다 to shed tears, to weep

캥거루

거룩함	holiness, greatness; 거룩하다 to be holy, to be great
껑충거리는	jumping; 껑충거리다 to jump up and down
-더러	to (a person) (colloquial)
원주민	natives
점령하다[점녕]	to occupy
짐승	beast, animal
캥거루	kangaroo

내가 꽃이라면

가리워진	concealed, hidden; 가리워지다 to get concealed; 가리다 to conceal, to hide
나그네	wanderer
눈길	line of vision; attention

덮인 [더핀]	covered; 덮이다 to be covered; 덮다 to cover
들꽃	wildflower
바쇼	Basho (sixteenth-century Japanese haiku master)
바위	rock, boulder
솔잎	pine needles
외로운	lonely; 외롭다 to be lonely
이끼	moss
호젓한	lonely, desolate; 호젓하다 to be lonely, to be desolate

달팽이

가느다란	slender, very thin; 가느다랗다 to be slender, to be very thin
그어놓다	to draw or mark to leave (a line); 긋다 to draw (a line)
길쭉하다	to be longish; 길쭉한 longish
끈끈한	sticky, gluey; 끈끈하다 to be sticky, to be gluey
끊어지다 [끄너지다]	to break, to be cut, to come to an end
달팽이	snail
등에 지다	to carry on the back
물렁한	soft and squishy; 물렁하다 to be soft and squishy
선(線)	line
자욱; 자국	trace
지나가다	to pass by
체액(體液)	body fluid

연습   EXERCISES

1. "진달래 꽃"을 읽고

   a. 이 시인은 님이 떠나가면 어떻게 하겠다고 합니까?
      (시인 poet, 님 love, lover)
   b. 진달래꽃은 어느 계절에 핍니까? 색깔은 어떻습니까?

c. "진달래 꽃"을 쉽고 간단하게 이야기로 써 보십시오.
d. 이 시나 자기가 좋아하는 시를 외워 오십시오.

2. "캥거루" 를 읽고

   a. 캥거루에 대하여 백과 사전에 설명을 쓰려고 합니다.
      어떻게 쓰겠습니까? (백과 사전 encyclopedia)
   b. 캥거루와 비슷하게 생긴 영어의 낱말들의 예를 찾아
      보십시오.
   c. "아는 것보다 모르는 것의 거룩함"이란 무슨 뜻이라고
      생각합니까?

3. "내가 꽃이라면"을 읽고

   a. 이 시에 나오는 꽃을 상상하여 그려보십시오.
   b. 이 시를 읽고 어떤 감정을 느꼈는지 독후감을 써 보십시오.
      (감정 emotions, 독후감 one's impressions of a book,
      reading appreciation)
   c. "내가 _____이라면"으로 짧은 글을 써 보십시오.

4. "달팽이" 를 읽고

   달팽이를 한 번도 못 본 사람에게 달팽이를 어떻게 설명해
   주겠습니까?

   a. 생긴 모양은 어떻습니까? (색 color, 크기 size, 모양
      shape 기타)
   b. 돌아다니는 동작은 어떻습니까?
   c. 식성은 어떻습니까? (식성 preference in food)
   d. 달팽이를 많이 볼 수 있는 곳은 어디입니까?
   e. 달팽이의 이용 가치는 무엇입니까? (이용 가치 usefulness)
   f. 달팽이가 자연에 주는 이익이나 해는 무엇입니까?
      (이익 profitability, advantage, 해 damage, harm)

Appendix 1:
Case Markers and Postpositions
격조사와 후치사

Case markers, postpositions, or particles indicate the grammatical relationships of the words in a sentence and often come in pairs, one for after the consonant-ending nouns and the other for after the vowel-ending nouns. Some come in honorific forms as well. The following list gives most of the markers that are found in everyday speech.

이/가/께서   This subject marker indicates the subject of a sentence.

-이	comes after a consonant	책이, 학생이, 교수님이
-가	comes after a vowel	교포가, 강의가, 문화가
-께서	honorific subject marker	선생님께서, 어머니께서, 하나님께서

은/는   This topic marker indicates the topic of a sentence.

-은	comes after a consonant	책 내용은 좋다.
-는	comes after a vowel	강의는 재미있다.

-을/를   This form is a direct object marker.

-을	comes after a consonant	영사관을 찾았다.
-를	comes after a vowel	서울 가는 고속도로를 잊어 버렸다.

-에	a. This marker indicates "at," "in," or "on" (time and space).	학교에 있다. 책상위에 있다. 9 월에 개학한다. 1 시에 왔다.
	b. It indicates "to" (direction or destination).	학교에 간다.

에서 a. This marker indicates "at," "in,"   집에서 책을 읽는다.
         or "on" for an action verb.   서울에서 심청전
                                                  영화를 봤다.

      b. It means "from" a place or a time.   한국에서 온다.
                                                  1시에서 2시까지
                                                  연구실에 있었다.

에게/께/한테   This marker indicates "to" a person (indirect object, dative marker).

  -에게   means "to (a person)"   친구에게 책을 주었다.

  -께   honorific form of 에게   아버지께 책을 드렸다.

  -한테   (colloquial) means "to   선생님한테 물어봤다.
           (a person)"

  -더러   (colloquial) means "to   나더러 오라고 그랬다.
           (a person)"

에게서/한테서/(으)로 부터   This marker indicates "from" a person (ablative).

  -에게서 means "from (a person)"   과장님에게서 선물을 받았다.

  -한테서 (colloquial) means "from   친구한테서 전화가 왔다.
         (a person)"

-(으)로부터   means "from"   창수로부터 소포가 왔다.

(으)로 a. This marker indicates   연필로 편지를 썼다. 망치로
         "with (something)."   못을 박는다.
      b. It indicates "by means of."   차로 시골에 내려갔다.
                                             비행기로 온다.

      c. It indicates "by way of."   하와이로 해서 서울에 간다.

      d. It indicates "as."   유학생으로 미국에 왔다.

      e. It indicates "in the   저쪽으로 가세요. 학교
         direction of."   옆으로 갑니다.

와/과   This marker means "and" and connects two nouns. It must be remembered that this pair does *not* follow the rule of "consonant after a vowel and vowel after a consonant." Instead, the vowel 와 comes after a vowel, and the consonant 과 comes after a consonant.

-와	comes after a vowel	교수와 학생
-과	comes after a consonant	개학식과 졸업식
-하고	means "and, with, together"	수진이는 창수하고 집에 갔다.
-(이)랑	(colloquial) means "and"	동생이랑 언니랑 같이 놀았다.

의 This marker is pronounced [에] when used as a possessive ("'s" or "of").

친구의 방	pronounced [칭구에 방]
나라의 역사	pronounced [나라에 역사]

Appendix 2:
Easily Misspelled Words
틀리기 쉬운 철자법

1. 안 versus 않 "not"

    않다 and 않는다 are verbs that always follow -지.

    학교에 안 간다.　　　학교에 가지 않는다.

    꽃이 안 예쁘다.　　　꽃이 예쁘지 않다.

2. 이다 "to be" versus 아니다 "not to be" (안이다 is wrong.)

    죤은 학생이다.　　　영희는 학생이 아니다.

3. 없다 "there is not," "not to have" versus 안 있다 "not to be"

    집에 아무도 없다.　　나는 집에 안 있고 기숙사에 있다.

    나는 차가 없다.

4. 도 "also," "too" versus 또 "again," "in addition"

    나도 간다.　　　　　나는 또 학교에 간다.

5. 되다 verb "to become" with 되 versus 돼 (되 + 어 ⟶ 돼)

곧 여름이 된다	벌써 여름이 되었다 ⟶	됐다
되니	벌써 여름이 되어요 ⟶	돼요
되려면	벌써 여름이 되어서 ⟶	돼서
되겠다	벌써 여름이 되어도 ⟶	돼도
되면	벌써 여름이 되었으나 ⟶	됐으나
되지만	벌써 여름이 되었어도 ⟶	됐어도

6. ㅐ versus ㅔ

There are no rules for the use of ㅐ or ㅔ. One must memorize the spelling of these words since they may sound the same.

ㅐ		ㅔ	
개	"dog"	게	"crab"
애기	"baby"	세계	"world"
내	"my"	네	"yes," "your"
새	"birds," "new"	세 (명)	"three (persons)"
애인	"lover"	-에게	"to (a person)"
		갈데	"a place to go"

공부한대요.　　　　　　　　　공부하는데 (전화가 왔다).
They say he is studying.　　　As I was studying, (the phone rang).

그래, 갈래.
Yeah, I will go.
먹을래요.
I'll eat.

ㅐ		ㅔ	
걔 (from 그 아이)		계	"credit club"
쟤 (from 저 아이)		은혜	"blessing"
얘기 (from 이야기 "story")		예	"yes"
하냬요 (from 하냐고 해요)		옛날	"old days"
		시계	"watch"
		지혜	"wisdom"

7. -데 versus -대

-데	-대
a. "place"	a. "they say," from -다고 해
친구 만나는 데가 어디지?	친구가 온대.
b. connective	b. "versus," "to"
친구를 만났는데 반가웠어.	3 대 1로 이겼어.

8.   ㅅ받침 versus ㅆ받침

ㅆ-받침 usually appears in verb endings, as with the past tense markers 았 and 었 and the future 겠; ㅅ받침 is usually for nouns or verb stems.

ㅅ		ㅆ	
것	"thing, item"; 것 "this (thing)"	갔다	"went"
곳	"place"	왔었다	"had come"
무엇	"what, some"	가겠다	"will go"
옷	"clothes"	없었다	"was not there"
옛날	"old days"	있다	"there is"
윗동네	"upper village"	했다	"did"
웃다	"to laugh"	주었다	"gave"
깨끗하다	"to be clean"	어려웠다	"was difficult"
씻다	"to wash (body parts)"	갔었었다	"had gone"

9.   Verb endings -세요 and -(으)십시오

-세요   polite informal request   어서 오세요. 읽으세요.

-(으)   polite formal honorific   어서 오십시오. 읽으십시오.
십시오 request

10.   ㅂ verbs

Some verbs change to 워 or 와 when a vowel follows. See the irregular verb chart for ㅂ verbs in Appendix 4.

워
가깝다   ⟶ 가까워요, 가까워서
괴롭다   ⟶ 괴로워요, 괴로워서
고맙다   ⟶ 고마워요, 고마워서
아름답다   ⟶ 아름다워요, 아름다워서
쉽다   ⟶ 쉬워요, 쉬워서
와
돕다   ⟶ 도와요, 도와서
곱다   ⟶ 고와요, 고와서

11.   ㅁ/음으로 "by means of" versus (으)므로 "because," "therefore"

ㅁ/음으로	(으)므로
친구의 도움으로 일을 끝냈다.	사람이 부족하므로 일을 못 끝 냈다.
I finished the job with a friend's help.	We could not finish the job because we didn't have enough people.
스위스는 경치의 아름다움으로 유명하다.	스위스는 경치가 아름다우므로 많은 관광객이 찾아온다.
Switzerland is famous for its scenic beauty.	Many tourists visit Switzerland because its scenery is beautiful.

12.   N. + (으)로(서) "as," "in the role of" versus N. + (으)로(써) "with," "by means of"

(으)로(서)	(으)로(써)
사람으로(서) 그럴 수가 없다.	나는 신념과 용기로(써) 일을 끝마쳤다.
As a human being, how could it be possible!	I finished the work with determination and courage.
교환학생으로(서) 한국에 갔다.	친구의 도움으로써 그 일을 끝냈다.
I went to Korea as an exchange student.	With my friend's help, I got the work done.

13.   Here are some confusing words and homonyms:

곧	"immediately"	곧 가겠어요.
곳	"place"	저 곳에서 누가 살아요?
것	"thing"	어제 산 것을 잊고 안 가져왔어요.
낫	"sickle"	낫으로 김을 맨다.
낮	"daytime"	그 사람은 낮에 자고 밤에 공부한다.

낯	"face"	낯이 붉어진다.
빗	"comb"	빗이 없어서 머리를 못 빗었다.
빚	"debt"	학교 다닐 때 빚을 많이 졌다.
빛	"light," "ray of sun"	빛이 없으면 풀이 못 자란다.
잃다	"to lose"	여권을 잃어 버렸어요.
잊다	"to forget"	전화 번호를 잊어 버렸어요.
가르치다	"to teach"	이 선생님이 학생들을 가르쳐요.
가리키다	"to point at," "to finger"	시계 바늘이 열두 시를 가리켜요.

Appendix 3: Spacing
between Words 띄어 쓰기

1. Words are written separately, spacing after each word, but postpositions, case markers, and some dependent nouns are not separated from the preceding words.

보기:	학교	선생님	이것	학생때
	학교에	선생님께	이것만	오늘부터
	학교로	선생님과 같이	이것으로	내일까지

2. Helping verbs, such as (어/아)보다, (어/아)주다, and (어/아)있다 are written either with or without a space.

읽어보다 or 읽어 보다

읽어주다 or 읽어 주다

앉아있다 or 앉아 있다

3. Personal names in general are written closed up unless it is not clear which is the family name and which is the given name.

김영식   남궁 현

한금숙   선우 진

4. Sino-Korean proper nouns may be written with or without spacing.

대한 중학교 or 대한중학교	"Tae-han Middle School"
인공 위성 or 인공위성	"satellite" (literally "man-made satellite")
농업 협동 조합 or 농협협동조합	"farmers cooperative association"

275

5. Numbers are written separated by ten thousands.

십육만 삼천오백   163,500
백오십팔만 칠천구   1,587,009

Appendix 4: Verb Charts   동사표

1. Present and Past Formal Endings

		Present 현재		Past 과거	
Dictionary Form		*Polite/Formal*	*Plain*	*Polite/Formal*	*Plain*
가다	non-hon.	갑니다	간다	갔습니다	갔다
to go	hon.	가십니다	가신다	가셨습니다	가셨다
가르치다	non-hon.	가르칩니다	가르친다	가르쳤습니다	가르쳤다
to teach	hon.	가르치십니다	가르치신다	가르치셨습니다	가르치셨다
다니다	non-hon.	다닙니다	다닌다	다녔습니다	다녔다
to attend	hon.	다니십니다	다니신다	다니셨습니다	다니셨다
(공부, 일,	non-hon.	합니다	한다	했습니다	했다
사업)하다	hon.	하십니다	하신다	하셨습니다	하셨다
to do (study, work, business)					
오다	non-hon.	옵니다	온다	왔습니다	왔다
to come	hon.	오십니다	오신다	오셨습니다	오셨다
보다	non-hon.	봅니다	본다	봤습니다	봤다
to see	hon.	보십니다	보신다	보셨습니다	보셨다
쓰다	non-hon.	씁니다	쓴다	썼습니다	썼다
to use, to write	hon.	쓰십니다	쓰신다	쓰셨습니다	쓰셨다
읽다	non-hon.	읽습니다	읽는다	읽었습니다	읽었다
to read	hon.	읽으십니다	읽으신다	읽으셨습니다	읽으셨다
살다	non-hon.	삽니다	산다	살았습니다	살았다
to live	hon.	사십니다	사신다	사셨습니다	사셨다
이다	non-hon.	입니다	이다	이었습니다	이었다
to be	hon.	이십니다	이시다	이셨습니다	이셨다

Dictionary Form		Present 현재		Past 과거	
		Polite/Formal	*Plain*	*Polite/Formal*	*Plain*
있다	non-hon.	있습니다	있다	있었습니다	있었다
to have	hon.	있으십니다	있으시다	있으셨습니다	있으셨다
to exist	hon.	계십니다	계시다	계셨습니다	계셨다
없다	non-hon.	없습니다	없다	없었습니다	없었다
to have	hon.	안 계십니다	안 계시다	안 계셨습니다	안 계셨다
not					
좋다	non-hon.	좋습니다	좋다	좋았습니다	좋았다
to be good	hon.	좋으십니다	좋으시다	좋으셨습니다	좋으셨다
많다	non-hon.	많습니다	많다	많았습니다	많았다
to be	hon.	많으십니다	많으시다	많으셨습니다	많으셨다
many					
어렵다	non-hon.	어렵습니다	어렵다	어려웠습니다	어려웠다
to be	hon.	어려우십니다	어려우시다	어려우셨습니다	어려우셨다
difficult					

2. Polite Informal Endings

Dictionary Form		Present 현재	Past 과거	Future 미래
가다	non-hon.	가요	갔어요	가겠어요
to go	hon.	가세요	가셨어요	가시겠어요
가르치다	non-hon.	가르쳐요	가르쳤어요	가르치겠어요
to teach	hon.	가르치세요	가르치셨어요	가르치시겠어요
다니다	non-hon.	다녀요	다녔어요	다니겠어요
to attend	hon.	다니세요	다니셨어요	다니시겠어요
하다 to do	non-hon.	(공부, 일, 사업) 해요	(공부, 일, 사업) 했어요	(공부, 일, 사업) 하겠어요
(study, work, business)	hon.	(공부, 일, 사업) 하세요	(공부, 일, 사업) 하셨어요	(공부, 일, 사업) 하시겠어요
오다	non-hon.	와요	왔어요	오겠어요
to come	hon.	오세요	오셨어요	오시겠어요
보다	non-hon.	봐요	봤어요	보겠어요
to see	hon.	보세요	보셨어요	보시겠어요
쓰다	non-hon.	써요	썼어요	쓰겠어요
to use,	hon.	쓰세요	쓰셨어요	쓰시겠어요
to write				

Dictionary Form		Present 현재	Past 과거	Future 미래
읽다	non-hon.	읽어요	읽었어요	읽겠어요
to read	hon.	읽으세요	읽으셨어요	읽으시겠어요
살다	non-hon.	살아요	살았어요	살겠어요
to live	hon.	사세요	사셨어요	사시겠어요
이다	non-hon.	이에요	이었어요	이겠어요
to be	hon.	이세요	이셨어요	이시겠어요
있다	non-hon.	있어요	있었어요	있겠어요
to have	hon.	있으세요	있으셨어요	있으시겠어요
to exist	hon.	계세요	계셨어요	계시겠어요
없다	non-hon.	없어요	없었어요	없겠어요
to have not	hon.	없으세요	없으셨어요	없으시겠어요
좋다	non-hon.	좋아요	좋았어요	좋겠어요
to be good	hon.	좋으세요	좋으셨어요	좋으시겠어요
많다	non-hon.	많아요	많았어요	많겠어요
to be many	hon.	많으세요	많으셨어요	많으시겠어요
어렵다	non-hon.	어려워요	어려웠어요	어렵겠어요
to be	hon.	어려우세요	어려우셨어요	어려우시겠어요
difficult				

3. Verbal Modifiers

	Descriptive Verbs	
	Dictionary Form	*Past/Present Verbal Modifier* (ㄴ / 은)
to be refreshing	상쾌하다	상쾌한
to be cool	시원하다	시원한
to be	이다	인
to be fast	빠르다	빠른
to be big	크다	큰
to be small	작다	작은
to be far	멀다	먼
to be cold	춥다	추운
to be difficult	어렵다	어려운
to be good	좋다	좋은
to be red	빨갛다	빨간
to be yellow	노랗다	노란
to be blue	파랗다	파란
to be white	하얗다	하얀
to be black	까맣다	까만

	Descriptive Verbs	
	Dictionary Form	*Past/Present Verbal Modifier* (ㄴ/은)
to be in some manner	어떻다	어떤
to be plenty	많다	많은
to be clear	맑다	맑은

	Action Verbs		
Dictionary Form	*Past* (ㄴ/은)	*Present* (는)	*Future* (ㄹ/을)
가다	간	가는	갈
오다	온	오는	올
먹다	먹은	먹는	먹을
읽다	읽은	읽는	읽을
살다	산	사는	살
들다	들은	들는	들을

4. Irregular Verbs

A. ㄹ verbs

All verb stems ending in ㄹ are irregular in that the ㄹ drops when followed by ㄴ/는, ㅂ/습, or 시.

	ㄹ Drops			**ㄹ Remains**
	-ㅂ니다	-십니다	-는	-고, 겠, -지, -면, -어/아
살다	삽니다	사십니다	사는	살고, 살겠다
놀다	놉니다	노십니다	노는	놀고, 놀겠다
팔다	팝니다	파십니다	파는	팔고, 팔지
알다	압니다	아십니다	아는	알고, 알면
들다	듭니다	드십니다	드는	들고, 들어요

B. ㅂ verbs

In some ㅂ verbs, ㅂ changes to 우 when followed by a vowel.

	Change to 우				**ㅂ Remains**		
	-어요	-었어요	-으면	-어도	-겠다	-고	-지만	-기 때문에
춥다	추워요	추웠어요	추우면	추워도	춥겠다	춥고	춥지만	춥기 때문에
쉽다	쉬워요	쉬웠어요	쉬우면	쉬워도	쉽겠다	쉽고	쉽지만	쉽기 때문에
덥다	더워요	더웠어요	더우면	더워도	덥겠다	덥고	덥지만	덥기 때문에

Alternating verbs		*Nonalternating verbs*	
덥다	"to be warm"	잡다	"to catch"
어렵다	"to be difficult"	접다	"to fold"
아름답다	"to be beautiful"	집다	"to pick up"
뜨겁다	"to be hot"	입다	"to dress"
즐겁다	"to be merry"	뽑다	"to select"
무섭다	"to be afraid"	업다	"to carry on one's back"
무겁다	"to be heavy"	씹다	"to chew"
깁다	"to mend"	좁다	"to be narrow"

C. ㄷ/ㄹ alternating verbs

In some verbs with the stems ending in ㄷ, ㄷ changes to ㄹ when a vowel suffix such as -었/았, -으시, or -으면 follows. ㄷ remains when a consonant suffix follows.

(1) With vowel suffixes

	-은 (past verbal modifier)	-았/었 (past)	-으시 (honorific)	-으면 (if)	-으러 (in order to)
듣다 to hear	들은	들었다	들으시	들으면	들으러
걷다 to walk	걸은	걸었다	걸으시	걸으면	걸으러
묻다 to ask	물은	물었다	물으시	물으면	물으러

(2) With consonant suffixes

	-기 (nominalizer)	-겠 (future)	-는 (present verbal modifier)
듣다 to hear	듣기	듣겠다	듣는
걷다 to walk	걷기	걷겠다	걷는
묻다 to ask	묻기	묻겠다	묻는

(3) The regular verbs that do not alternate include 받다 "to receive," 얻다 "to obtain," and 닫다 "to close."

D. 르 verbs

Verb stems ending in -르 take another ㄹ before 어 or 아. But note that there is no change before 고.

	-았/었어요	-아/어서	-아/어요	-고
부르다 to call	불렀어요	불러서	불러요	부르고
모르다 to know not	몰랐어요	몰라서	몰라요	모르고
다르다 to be different	달랐어요	달라서	달라요	다르고
흐르다 to flow	흘렀어요	흘러서	흘러요	흐르고

E. ㅅ verbs

Some verb stems with ㅅ drop the ㅅ before a vowel suffix.

	-아/어서	-(으)면	-지
낫다 to get well	나아서	나으면	낫지
짓다 to make, to build	지어서	지으면	짓지
긋다 to draw (a line)	그어서	그으면	긋지
잇다 to connect	이어서	이으면	잇지

Some ㅅ verbs do not change.

	-아/어서	-(으)면	-지
벗다 to take off (undress)	벗어서	벗으면	벗지
웃다 to laugh	웃어서	웃으면	웃지
빗다 to comb	빗어서	빗으면	빗지
씻다 to wash (body)	씻어서	씻으면	씻지
빼앗다 to take away	빼앗아서	빼앗으면	빼앗지

F. ㅎ verbs

Some verb stems ending in ㅎ drop the ㅎ before a vowel suffix.

	-은	-(으)면	-(으)세요
노랗다 to be yellow	노란	노라면	노라세요
빨갛다 to be red	빨간	빨가면	빨가세요
까맣다 to be black	까만	까마면	까마세요
하얗다 to be white	하얀	하야면	하야세요
파랗다 to be blue	파란	파라면	파라세요
그렇다 to be in that way	그런	그러면	그러세요
어떻다 to be in a certain manner	어떤	어떠면	어떠세요

Some ㅎ verbs do not change.

	-은	-(으)면	-(으)세요
좋다 to be good	좋은	좋으면	좋으세요
넣다 to put in	넣은	넣으면	넣으세요
놓다 to place	놓은	놓으면	놓으세요
많다 to be many	많은	많으면	많으세요
낳다 to give birth	낳은	낳으면	낳으세요

Appendix 5: Connectives 접속사

거나	either . . . or	이 경기에서 이기거나 지거나 상관없다.
거니와	(and) also	그날은 날씨도 추웠거니와 눈도 왔다.
거든	if / when (colloquial)	집에 가거든 어머니께 안부 전해 주세요.
거들랑 (걸랑)	if / when (colloquial)	한국에 가거들랑 할머니 찾아 뵈라. (방언)
건마는 / 건만	although	학교에 많이 다녔건마는 아는 깃이 없다.
겠거니	expecting	지금쯤 광수가 집에 돌아 갔겠거니 하고 전화를 걸었다.
고	and	학교에도 가고 백화점에도 갔다.
고(서)	and / after (completion)	숙제를 하고(서) 텔레비전을 봤다.
기 때문에	because	손님이 오기 때문에 오늘 바빠요.
기 전에	before doing	밥 먹기 전에 손을 씻어야지.
기는. . .지만	is . . . but	날씨가 춥기는 춥지만 얼음이 얼 정도는 아니다.
기는 커녕	far from it / let alone	날씨가 춥기는 커녕 더워 죽겠다.
기에	because of	날씨가 흐리기에 비가 올 줄 알았다.
길래	because (colloquial)	아무도 없길래 안 들어가고 집으로 돌아왔다.

ㄴ/는 동안에	while, during	내가 없는 동안에 전화가 왔다.
ㄴ/는 사이에	while	네가 학교 간 사이에 전화가 왔어!
ㄴ/는/인 지라	because	학생인지라 방학 때밖에는 여행을 못한다.
ㄴ/은 끝에	as a result of	일을 열심히 한 끝에 부자가 되었다.
ㄴ/은 후에	after doing	영화를 본 후에 비평을 썼어요.
ㄴ/은/는 채로	as it is / the way it is	모자를 쓴 채로 갔다.
ㄴ/은/는 탓에	due to / because of (blame)	물가가 오르는 탓에 생활이 어려워졌다.
ㄴ/은/는/ㄹ/을 듯이	as if	머리가 깨질 듯이 아프다.
ㄴ/은/는데	and / but	오늘 노는 날인데 일을 하니?
ㄴ/은들	even if	지금 간들 벌써 늦었겠지?
느니 차라리	rather than doing . . .	비오는 날 소풍을 가느니 차라리 집에서 잠이나 자겠다.
느라(고)	for / in order to	공부하느라(고) 늦게 잤다.
는 대로	as / when	영국에 가는 대로 전화해.
는 대로	following / after	내가 하는 대로 해.
는 바람에	because of / in the midst of	떠드는 바람에 무슨 소린지 들리지가 않았다.
는/은지라	because	버스가 안 오는지라 걸어왔다.
는지	if / whether	잘 있는지 궁금하다. 동생이 왔는지 모르겠다.
다가	while doing	집에 가다가 친구를 만났다.
다 못해	couldn't . . . anymore	기다리다 못해 혼자 집에 갔다.
다 보면	as you do (something)	외국에 살다 보면 별 일이 다 있다.
더니	as (he) was doing . . .	동생이 TV를 보더니 어디론가 가버렸다.

더라도	just doing / if only . . .	편지만 보더라도 그의 계획을 알 수 있다.
던들	if not (past / subjunctive)	내가 운전을 안 했던들 사고가 안 났을텐데.
도	but / although	머리는 좋아도 공부를 안 한다.
도 . . . 도	either . . . or / neither . . . nor	와도 안 와도 좋다.
도록	until (to the point)	날이 새도록 책을 읽었다.
되	though	돈은 있되 쓸 줄을 모른다.
든(지)	either / or	가든지 안가든지 연락을 하겠어요.
ㄹ / 을 때	when	낮잠을 잘 때 전화가 왔다.
ㄹ / 을 때마다	whenever	한국에 갈 때마다 그 친구를 만난다.
ㄹ / 을 때쯤	around / about (time)	친구가 올 때쯤 됐다.
ㄹ / 을 망정	even if	굶을 망정 부모에게 돈을 안 받는다.
ㄹ / 을 무렵 (에)	about when	해가 질 무렵에 철수가 찾아왔다.
ㄹ / 을 뿐 (이지)	only / just (followed by negative)	말을 잘 할 뿐이지 글은 못쓴다.
ㄹ / 을 줄	how to	영어 할 줄 아세요? 할 줄 몰라요.
ㄹ / 을 줄 모르면	if . . . don't know how	대답할 줄 모르면 잠자코 있어라.
ㄹ / 을 줄 알면	if . . . know how	태국어를 할 줄 알면 통역해 주세요.
ㄹ / 을 것 같으면	if it seems	눈이 올 것 같으면 운전하지 마라.
ㄹ / 을까 봐	afraid that, lest	버스를 놓칠까 봐 뛰어 왔다.
ㄹ / 을대로	as much as possible / one can	그 여자는 화가 날대로 났다.
ㄹ / 을 뿐더러	not only	말을 잘 할 뿐더러 글도 잘 쓴다.
ㄹ / 을 뿐만 아니라	not only . . . but	불어를 잘 할 뿐만 아니라 독어도 잘 한다.

ㄹ/을수록	the more . . . the better	사람은 공부를 많이 하면 할수록 겸손해 진다.
ㄹ/을지라도	even if	아무도 안 갈지라도 나는 가겠다.
ㄹ/을지언정	(not) even	굶을지언정 그런 일은 안한다.
ㄹ/을진대	if	일이 어려울진대 어찌 혼자 하겠는가.
ㄹ/을테니까	since / as it's expected	내가 곧 갈테니까 기다려.
라/다고는 . . . 는데	do what one can	한다고는 했는데 일이 안 끝났다.
라/다고 해(서)	just because	부모라고 해서 자식을 때리면 큰일난다.
ㅁ/음에 따라	following	남북이 통일됨에 따라 법도 바뀌었다.
ㅁ/음으로 (인)해서	due to, because	장학금을 받음으로 해서 나는 대학교에 갈 수 있었다.
ㅁ/음으로써	by doing	노력함으로써 목적을 달성할 수 있다.
(아무리) . . . 지만	no matter how	아무리 어렵지만 한번 해 봐라.
(아무리) . . . (이)지만	no matter who /what	아무리 친구지만 같이 살 수는 없다.
(어/아) 가지고	after doing	돈을 은행에서 찾아 가지고 책방에 갔다.
(어/아) 가지고	because of (colloquial)	돈이 없어 가지고 걸어왔지.
(어/아) 보았자	even if	지금 학교에 가 보았자 아무도 없을 것이다.
(어/아)서	and /after	집에 가서 숙제를 했다.
(어/아)서	because	추워서 집에 일찍 왔다.
(어/아)야(만)	only if	조용해야(만) 일이 잘 된다.
(어찌나) 던지	It was so . . . that . . .	그 차가 어찌나 빨리 가던지 못 따라 갔어요.
었/았다가	and then (interruption)	그의 손을 잡았다가 놓았다.

었/았다가	while at it	외출했다가 친구를 우연히 만났다.
(으)나	although /but	꽃은 피었으나 향기가 없다.
(으)나 ... (으)나	either ... or	여행을 가나 안 가나 마찬가지다.
(으)나마	even if / although	비싼 것은 아니나마 이 선물을 받아 주세요.
(으)니 ... (으)니	saying this ... and that ...	돈이 적으니 많으니 다투었다.
(으)니(까)	as /when	책을 읽어보니까 사실을 알겠다.
(으)니(까)	because	시간이 없으니까 못 가겠다.
(으)러	in order to (followed by 가다, 오다, 다니다)	돈을 벌러 멕시코에 갔어요.
(으)려고	in order to	외교관이 되려고 정치학을 공부해요.
(으)려니	expecting	시험에 붙으려니 믿었다.
(으)려면	if (one) intends to	내일 학교에 안늦으려면 일찍 일어나라.
(으)련마는(만)	probably but	어머니가 살아계시면 좋으련마는.
(으)며	in addition	값도 비싸며 품질도 나쁘다.
(으)면	if /when	일이 끝나면 곧 다방으로 오세요.
(으)면 ... ㄹ/을수록	the more ... the more	공부를 하면 할수록 재미있다.
(으)면서	while, at the same time	해가 나면서 비가 온다.
(으)므로	since /as	내일이 주말이므로 시내가 한가할거야.
이(라)든지	either ... or	책이든지 연필이든지 다 필요해요.
(이)라(서)	because ... is	저는 학생이라 극장 할인을 받아요.
자(마자)	as soon as	서울에 도착하자(마자) 환전소에 갔다.
지만	although /but	교실로 뛰어 갔지만 늦었다.
커녕	far from it / let alone	100불은 커녕 10불도 없다.

Patterns and Grammar Notes Index
문형과 문법 색인

In this index, L17 means that the term or concept appears in Lesson 17. The index is arranged according to the *hangul* alphabetical order, referring to the last element both with and without the verbal modifiers (ㄴ/은/는/ㄹ/을), tenses (었/았), case markers (을/를), and the inserting vowels. For example, ㄹ/을까봐 is listed under -ㄹ/을까 봐 and -까 봐, and ㄴ/는/었/았단다 is listed under -ㄴ/는/었/았단다, -었/았단다, and -단다. The English entries in the beginning of the index are the grammar notes items that did not have Korean terms given, as for the charts and some special terms.

Adverb with negative   L20
Causative infixes 이, 히, 리, 기, 우, 구, and 추   L17
Causative verbs chart   L17
Epenthetic ㅅ   L14
Expressions for "any" or "every"   L5
Helping verbs chart   L14
Indirect speech endings chart   L9
Intimate speech style   L2
Mathematical terms   L12
Nominalization   L15
Non-polite speech style   L2
Passive verbs chart   L15
Question word -든지   L10
Reported speech   L9 (*See* Indirect speech endings chart)
Verbs for involuntary action   L19
-가다   "to do . . . and take"   L2
-가요?   "is it . . . ?"   L5

Glossary 단어 색인

In this glossary, L21 means that the word or term appears for the first time in Lesson 21; L7r means that the word or term appears in the Extra Reading section of Lesson 7. Double citations, such as L2r, L8, mean that the word or term appears for the first time in the Extra Reading of Lesson 2 and later appears in the main text of Lesson 8.

(ㄱ)

가격	price L21
가고파	"Longing to Go" (song title) L15
가깝다	to be close, to be near 가까운 near L2
가꾸다	to take care of (plants) L24
가끔	sometimes, once in a while L5
가난하다	to be poor L18r
가느다란	slender, very thin 가느다랗다 to be slender, to be very thin L27
가능성	possibility L17
가능하다	to be possible, it's possible 가능하면 if possible L19
가득	full, fully L19r
가락	tune, melody, song (archaic expression of 곡) L12
가르치다	to teach, to instruct L4
가리워진	concealed, hidden 가리워지다 to get concealed 가리다 to conceal, to hide L27
가사	lyrics L15
가운데	in the middle (of) L2r

가을	autumn L6
가장; 제일	the most L6
가족	family L9r
가지고 오다	to bring L1
가치	value L24
각; 각각	each L15
각자	each person, individual, individually L3r
-간	between L19r
간단히	briefly, simply 간단하다 to be simple L3
갈등	conflict, tension 갈등(이) 있다 to have conflict or tension L19r
갈아 입다	to change clothes L14r
감각	sense 유머감각 sense of humor L16r
감동	impression, excitement, emotion 감동하다/되다 to be moved, to be impressed by L25
갑자기	suddenly L4r
강	river L2r
강릉 [강능]	city of Kangnŭng in Kangwŏn Province L6
강의	lecture L3
강의실	lecture hall, classroom L3
강조하다	to emphasize, to stress 강조 emphasis L18
같다	to be identical, to be equal -것 같다 it seems, it looks L3
같은	same 같다 to be the same L26
같이 [가치]	together (with) L2
개발하다	to develop L22r
개인용	personal use, private use 개인용 컴퓨터 personal computer L23
개학식	orientation 개학하다 to begin (semester) L3
거룩함	holiness, greatness 거룩하다 to be holy, to be great L27

거리	streets 서울 거리 streets of Seoul L6
거의	almost, mostly L1
거절하다	to refuse L18r
걱정하다	to worry 걱정 concern, worry L2
건강한	healthy 건강하다 to be healthy 건강 health L14
건국	founding a nation 건국하다 to found a nation L10
건물	building L2
건수	Geon-su (man's name) L5
걷다	to walk L2
걸리다	to take (time) L2
걸음	step, walking L27
게다가	in addition, moreover (short form of 거기에다가) L6
겨레	(nation's) people L15
결과	result L26
결국	finally, in the end L18r
결심하다	to determine 결심 determination L14
결정하다	to decide, to decide on 결정 decision L5
결정되다	to be decided L25
결혼하다	to marry L9r
겹겹이	in many layers (of mountains, fabric, clothes) L12
경계	border, boundary L26
경기	(sports) game, tournament L18; state of economy, business conditions L22r
경부 고속 도로	Seoul-Pusan Expressway L11r
경비원	security personnel, guard L24
경영학	study of business administration 경영 business administration L9
경우	occasion, case L9r
경유하여	through, by way of 경유하다 to pass through, to go by way of L13
경제	economy L22

경제적	economical L16r
경주	city of Kyŏngju (Silla's capital city) L10
경찰관	police officer L9
경치	scenery L6
경험	experience 경험하다 to experience L13
계속	continuously 계속하다 to continue 계속되다 to be continued L2r
계약	contract L22
계획	plan L9
고개	neck L19r
고객	customer L16
고구려	Koguryŏ (37 B.C.–668 A.D., one of the Three Kingdoms) L25
고기; 물고기	fish 고기 잡다 to fish L11
고등학교	high school L9
고려	Koryŏ dynasty (918–1392) L10
고르다	to select, to choose L21
고속 버스	express bus L7
고속 페리	high-speed ferry L11
고이; 곱게	beautifully, delicately L27
고장	breakdown 고장나다 to be out of order L21
고전	classics, classical literature L18
고집	stubbornness, obstinacy 고집 부리다 to be stubborn L25
고치다	to repair, to fix L21
고향	hometown L15
곡	tune, piece (of music) L15
곡식	grains, food L6
곤란하다 [골란]	to be difficult, to be hard, to be tough L17
곧	immediately L1
곳곳	here and there, everywhere L24
공사	construction work L7r

공산주의	communism 공산주의자 communist L26
공연	performance (music, drama, or dance) L19
공장	factory L22
공주	princess L25
공항	airport L1
과일	fruit L6
과장님	department head (HON.) 과장 manager, section chief L22
과학	science L8
관	coffin L25
관공서	government or public office L11
관광	tour, tourism 관광 산업 tourist industry L7
관광객	tourist L7r
관광지	tourist place L7r
관리 [괄리]	bureaucrat, government official L18r
관리하다 [괄리하다]	to control, to manage, to be in charge of L26
관습	custom, usual practice L9r
관심	interest 관심 있다 to be interested L5
관직	government position L18r
관한	regarding, concerning, about L17
광고	advertisement 광고하다 to advertise L8
광화문 역	Kwang-hwa-mun stop or station L18
괜찮다	to be all right 괜찮아요. That's OK. No problem. L1
굉장히	very, enormously, wonderfully 굉장하다 to be grand L2
교내	on campus 교내 식당 campus cafeteria L4
교수	professor L3
교육학 [교유칵]	study of education 교육 education L9

교통	traffic, transportation L2
교포	Koreans residing abroad, overseas Koreans L3r, L20
교환 교수	exchange professor L12
교환하다	to exchange 교환 exchange L23r
교환 학생	exchange student 교환하다 to exchange L5
구경하다	to see, to sightsee 구경 sightseeing L2
구내 매장	school store, campus store L23
구렁이	boa, large snake L19r
구름	cloud L1
구입하다	to purchase 구입 purchase, buying L21
구하다	to look for, to seek L9r
국가	state, nation L10
국경선	national border line 국경 national border L20r
국립 [궁닙]	national, government-established L10
국민	people of the country L25
국산	domestic, made in Korea 국산품 Korean/domestic product L21
국제	international 국제 학생 기숙사 international student dormitory L3r
국제 전화	international phone call L14
국회 의원	member of the Korean National Assembly L17
-군	Mr. — (to young man by superior) L22
군인	soldier, military L26
굴	grotto, cave L10
궁금하다	to be curious about L16
궁전	palace, royal residence L25
권	volume (book) L18
귀걸이	earring 목걸이 necklace L10
귀국하다	to return to one's home country L14

그 동안	in the mean time L7r
그냥	for no reason, as it is, as it stands L9
그대	you, thou (in poems and letters) L25
그대로	as it is L16
그래	Yes, Sure, It'll be . . . , I'll do so. 그래? Is that so? L2
그래서 그런지	maybe that is why L18
그러기를; 그렇게 되기를	hoping it would turn out so L22
그러다가	while doing so, meanwhile L18r
그러자	and then, when it's done, as soon as (something) happens / is done L25
그런데	by the way L5
그럼	Yeah, Sure, Certainly, Of Course, If so, Well then L2
그리다	to draw, to paint L7
그리워라	(I) miss, (I) long for L15r
그림	drawing, painting L7
그립다	to long for, to miss L15
그만두다	to quit L9r
그믐날	the last day of the month L14
그어놓다	to draw or mark to leave (a line) 긋다 to draw (a line) L27
그저께	the day before yesterday L16
그치다	to cease, to stop 비가 그치다 to stop raining L23r
근무 시간	work hour L8
근처	vicinity, nearby place L6
글	writing L7
글쎄	Well, Let me see L7
글읽기	reading and studying (classics) L25
금강산	Kŭmgang (Diamond) Mountains L26
금반지	gold ring L10
금성	Gold Star (name of company) L21
금연	no smoking L4
급속히 [급쏘키]	quickly, rapidly L23r

급하다	to be in a hurry, to have an emergency 급히 in a hurry, urgently L22
급한 [그판]	urgent 급하다 to be urgent L4
기간	time period L3r
기계	machine, machinery L21r
기다리다	to wait (for) L2
기르다	to raise (a child), to grow L7
기름	gas, oil L12
기말; 학기말	end-of-term 기말 보고서 term paper 기말 시험 final exam L23
기본	basic 기본 옵션 basic option L23
기분	feeling, mood L12
기사	news item 신문 기사 newspaper account, newspaper article L24
기선	liner, large ship, steamship L11
기술	technology, skill 과학 기술 대학 institute or college of science and technology L8r
기억나다	to recall, to remind 기억 memory L10
기웃기웃	craning, peeking in 기웃기웃하다 to crane, to peek in L3
기원 전	B.C. 기원 후 A.D. L10
기회	opportunity, chance L9r, L15
기후	climate L24
길	way, street 가는 길 on the way to L1
길쭉하다	to be longish 길쭉한 longish L27
깜빡	momentarily, in an instant of time L14
깨끗하다	to be clean L10
깨다	(Vt.) to break; (Vi.) to wake up 깨우다 (Vt.) to wake up L10
꺼내다	to take out (of box, envelope, or the like) L21
껑충거리는	jumping 껑충거리다 to jump up and down L27
꼭	for sure L10

꼴 보기 싫다	hate to see (the face of a person) L19r
꼼짝 못하다	can't move a bit 꼼짝하다 to budge, to stir L6
꽉	fully, tightly L6
꽤	quite, rather L6
꾸지람	scolding, rebuke 꾸지람하다 to scold 꾸지람 듣다 to be scolded L21r
꿈	dream 꿈꾸다 to dream L9
꿈엔들	even in (my) dreams L15r
끄다	to switch off, to turn off, to extinguish L21
끈끈한	sticky, gluey 끈끈하다 to be sticky, to be gluey L27
끊어지다 [끄너지다]	to break, to be cut, to come to an end L27
끊임없이	endlessly 끊다 to sever, to cut off L11
끌다	to draw 관심을 끌다 to draw interest L24
끝	end point 끝까지 to the end L4
끝나다 [끈나다]	(Vi.) to end, to be over 끝내다 (Vt.) to finish L4
끝마치다 [끈마치다]	(Vt.) to finish, to complete L3r, L4
-끼리	together with, in a group, by themselves 우리끼리 by ourselves L16
(ㄴ)	
나그네	wanderer L27
나누어 주다	to distribute L18r
나뉘다	to be divided 나누다 to divide L26
나란히	side by side, in line, in a row L19
나머지	the rest, the remaining L4
나쁜	bad, wicked 나쁘다 to be bad, to be wicked L18r
나오다	to come out L7
나이 든	old 나이 들다 to get mature or old L16r
나타나다	to appear L5

날	day (used only with modifiers, as in 생일 날 birthday) L2
날다	to fly L1
날씨	weather L2
날으리 [나르리]	(I imagine/fancy it will) fly L15r
날짜	(due) date 날짜가 급하다 to be in a rush, time is running out L22
남	others, other person, stranger L16
남녀 평등	gender equality, women's equality L9
남다	to be left over L8
남미	South America L3
남산	Nam-san Mountain L2
남아 있다	to still exist, to remain L9r
남자	man, male L5
남쪽 바다	southern sea L15r
남편	husband 부인 wife L7
남한	South Korea L26
낭비하다	to waste 낭비 waste L16, L21r
낮잠	noon nap L1
낯익다 [난닉따]	to be familiar with (a face) L5
낱말 [난말]	word, vocabulary L16r
내내	throughout a time period 일년 내내 all through the year L24
내다보다	to look out from L12
내려 가다	to go down 올라 오다 to come up, to rise L6
내용	content L4r, L23
내쫓다	to expel, to chase out L19r
냉커피	iced coffee 냉수 iced water L19
너도나도	everyone L16
너무	too (much, little) L2
넉넉하다 [넝너카다]	to be sufficient, to have enough (time, space, or money) L22r

넓다	to be wide 넓은 wide L1
넘다 [넘 따]	to exceed, to be more than L2r
-네	family (of someone) 홍부네 Hŭngbu's family or home L2
노래자랑	song contest L15
노력하다	to make an effort 노력 effort, endeavor L20r
논밭	rice paddy and fields 논 rice paddy 밭 field, farm L11
놀라다	to be surprised, to be startled L11
놀리다	to tease 놀림 teasing, making fun of L25
농담	joke L5
농부	farmer L12
높이다	to raise L22
놓치다	to miss, to fail to catch L12
눈길	line of vision; attention L27
눈물 흘리다	to shed tears L25
눈썹	eyebrows L14r
늘다	to increase L7r
늘리다	to widen, to make it increase L7r
늦다	to be late L3
늦어지다	to become late L6
(ㄷ)	
다가 오다	to approach, to near L17
다니다	to come and go; to walk around, to go around L2
다르다	to be different L2r
다리	bridge; leg L2r
다방	tearoom L10
다수결	majority decision 다수 majority L15
다스리다	to govern, to rule L18r
다양하게	variously 다양하다 to be various L21
다하다	to exhaust 최선을 다하다 to do one's best L22

다행이다	to be fortunate L13
단지	complex, compound 마산 공업 단지 Masan Industrial Park L8
단풍	fall colors; maple (leaves) 단풍철 fall season L7
단풍이 들다	to change to fall colors L6
달	month L6
달	moon 달이 뜨다 the moon rises L7
달려오다	to come running L25
달팽이	snail L27
담당자	person in charge 담당하다 to be in charge L23
담배 피우다	to smoke a cigarette L4
답답하다	to be frustrated L1
닷새	five days 닷새 안에 within five days L21
당선되다	to be elected, to win election L17
당시	at that time L7
당연하다	to be expected, natural 당연히 naturally, justly L9
당장	immediately, right now L19r
닿다	to arrive at, to reach L11
대	to, versus 천 대 일 1000 : 1 L1
대강	roughly, generally L14
대개; 대개는	mostly, in general L3r
대궐	palace L15
대덕	city of Taedŏk (south of Seoul and next to Taejŏn) 대덕 과학 연구 단지 Taedŏk Science Town L8
대부분	almost all, for the most part, mostly L11r
대신	instead of, substitution, substitute 대신하다 to take the place of, to replace L12
대여섯	about five or six 한두 시간 three or four houses 두세 명 two or three persons 서너 집 a couple of hours L11r

대전	city of Taejŏn (south of Seoul) L8
대통령	president LI7
대화	dialogue, conversation L3
대회	meeting, conference, competition L15
-댁	house, residence (HON.) L7
-더러	to (a person) (colloquial) L27
더군다나	furthermore L22r
-덕택에	owing to, thanks to L20
덮인 [더핀]	covered 덮이다 to be covered 덮다 to cover L27
데려다가	having brought L10
데리고	accompanying L18r
데리고 가다	to take along 데리고 오다 to bring together L19
데이터; 자료	data L23
데이터베이스	database L23
도둑; 도적	thief, burglar 도둑질하다 to steal L18r
도로	(paved) road L7r, L12
도시	city L2r, L8
도착하다	to arrive 도착 arrival L1
독립 [동닙]	independence 독립 운동 independence movement L20r
독립하다	to become independent 독립 independence L26
독창	solo (singing) L15
독특한 [독트칸]	unique, peculiar 독특하다 to be unique, to be peculiar L23r
돈	money L8
돌	stone, rock L13
돌보다	to look after L9r
돌아 오다	to return, to come back 돌아 가다 to return, to go back L5
돕다	to help 도움 help, aid L7
동기	motive L24
동네	village, town L15

동무	friend, chum L15r
동아리	club, group L18
동양화	Oriental painting 동양 the Orient, Oriental L12
동지	winter solstice L14r
동화책	children's storybook L25
둘러보다	to look around, to make a survey L18
둘러싸다	to surround, to wrap around L13
둥지	nest L19r
드나들다	to go in and out L11
드문	scarce, rare, unusual 드물다 to be scarce, to be rare L18
듣다	to take (course) L26
들꽃	wildflower L27
들다	to cost 학비가 싸게 든다. Tuition costs little. L24
들르다	to drop by, to stop by L12
들여다 보다	to look into, to peek in L3
등	et cetera, and so on L6
-등	place (in contest) 일등 first place 이등 second place L15
등에 지다	to carry on the back L27
따다	to pick L19r
따뜻하다 [따뜨타다]	to be warm L24
따라가다	to follow, to go with, to accompany, to follow in one's steps L16
따라서	therefore L8r
따오다	to pick off (a tree) and bring 따다 to pick off L13
땅	earth, land, ground L19r
떠나다	to leave L6
떡국	rice-cake soup L14
떨어뜨리다	(Vt.) to drop 떨어지다 (Vi.) to drop L19r, L21
떨어지다	to fall, to go down L24

떨어진	worn-out 떨어진 신 worn-out shoes 떨어지다 to be worn out; to fall off L25
또래	of the same age group, of the peer group L16
뚜렷하다 [뚜려타다]	to be clear, to be sure L9
뚫다 [뚤타]	to make a hole L19r
뛰놀던	used to romp/frolic L15r
뛰어나다	to be outstanding L7
뜨다	to rise, to come up, to float L7
뜯다	to take apart, to tear apart (and open) L21
뜯어보다 [뜨더보다]	to open to see or read 뜯다 to tear off L24
뜻밖에 [뜯빠께]	unexpectedly L5
(ㄹ)	
러시아	Russia L11
로빈훗	Robin Hood L18
(ㅁ)	
-마다	each, every L6
마을	village L10
마음	heart, mind, thought L14
마음씨	mind, heart 마음씨 착한 good-hearted, good-natured L19
마찬가지이다	to be the same, to be similar L20
마치	as if, just as L10
마침	just at the right time, just at the right moment L22
막히다	(Vi.) to be blocked 막다 (Vt.) to block, to stop L6
만들다	to make L2r
만철	Man-chul (man's name) L20
-만큼	to the extent, as much as, as well as L9
만화	cartoon, comics L18
말	horse L10

말다	not to do 하지 말아. Don't do. 가지 마세요. Don't go. L5
맞다	to fit, to be suitable, to be correct L9; to get hit 화살을 맞다 to be shot by an arrow L25
맞벌이 부부	working couple L9r
맞선	meeting prospective mate face to face (맞)선보다 to meet face to face (for marriage purposes) L5
맞아. [마자]	You are right. L8
맞이하다	to welcome, to face L6
맡기다	to entrust, to charge with a duty L17
맡다	to be in charge of, to take on (responsibility) L15
매년; 매해	every year L14
매일	everyday L9
매장	sales floor L23
매진이다; 매진되다	to be sold out 매진 sold-out L8
매체	medium, intermediary L23r
매표원	ticket agent 매표구 ticket window 매표소 box office L8
머물다	to stay (from 머무르다) L3r
멀다	to be far L2
멋있다 [머시따]	to be stylish, to be cool, to be chic L10
명령 [명녕]	order, command 명령을 내리다 to order, to command L18r
명절	holiday L6
모두	all, in all, all together L3
모레	the day after tomorrow L16
모르다	not to know L2
모범	model, good example L7
모아 두다	to accumulate L18r
모셔 놓다	to set up, to place (respectfully) 모시다 to serve L10
모습	appearance, figure, look L2r

모으다	to gather, to collect L25
모임	meeting, gathering L15
모자라다	to lack, to be insufficient L21r
목숨	life, breath of life 목숨을 잃다 to be dead or killed L26
목적	purpose, objective, goal L23
몸	body L14
-못지 않게	as good as L15
몽고군	Mongolian army 몽고 Mongolia L13
무겁다	to be heavy 가볍다 to be light L10
무늬	pattern, figure 꽃무늬 floral pattern L16
무덤	grave, tomb L10
무덥다	to be humid and hot L6
무료(로)	free (with no charge) L21
무섭게	awfully 무섭다 to be awful, to be fearful, to be terrible 닿기가 무섭게 as soon as it arrives L11
무술	martial arts L18
무역	trade, import and export L22
무척	very, immensely, highly L10
-문고	bookstore 서울 문고 Seoul Bookstore L18
문법	grammar L4r
문제	problem 문제 없다 No problem. L22
문화	culture L3r, L10
물렁한	soft and squishy 물렁하다 to be soft and squishy L27
물론	of course L3r
물새	water bird L15r
물어 보다	to try asking 묻다 to ask L3
뭐하러	for what L13
뮤지컬	a musical L19
미래	future L8
미루다	to postpone, to put off L14

미리	ahead, in advance L13
미소	smile L10
미술전	art exhibition L19
민박	homestay 민박하다 to stay with a family L3r
민족	ethnic group, race, (ethnically identical) people L20r, L26
민주주의	democracy 민주주의(의) democratic L26
밀가루	flour L14r
(ㅂ)	
바꾸다	to change, to exchange L1
바꿔 주다	to change (for someone) 전화를 바꿔주다 to put (someone) on the phone L14
바닷가; 해변	beach L7
바라다	to wish, to hope L22
바람	wind 바람이 불다 wind blows L13
바람에	as the result of, because of L16
바로	just, cxactly 바로 이것 exactly this one 곧바로 immediately L7
바보	idiot, stupid person L25
바쇼	Basho (sixteenth-century Japanese haiku master) L27
바위	rock, boulder L27
바이어	buyer L22
박	gourd 박 씨 gourd seed 박 꽃 gourd flower L19r
박물관 [방물관]	museum L2r
박수	applause 박수 치다 to applaud L15
밖	outside L1
반	class L15
반가워하다	(Vt.) to be glad, to rejoice 반갑다 (Vi.) to be glad L7
반갑게	gladly 반갑다 (Vi.) to be glad (to see, to hear, or to meet) L5

반도체	semiconductor L22r
반주	accompaniment (in music) 반주하다 to accompany (in music) 반주자 accompanist L15
받다	to receive L1
발달하다 [발딸하다]	to develop 발달되다 to be developed 발달 development L7
발렌타인 데이	Saint Valentine's Day L16
발음	pronunciation 발음하다 to pronounce L20
발전하다	to make progress 발전 progress, advancement L10
발표하다	to present, to announce 발표 presentation, announcement L15
밥	cooked rice, meal L3
밥하다	to cook L13
방법; 법	method, means L4r
방식	way, method, manner 생활 방식 way of life L13
배우	actor or actress L9
배우다	to learn L1
백	hundred L1
백두산	Paektu Mountain L26
백만	million L24
백제	Paekche (one of the Three Kingdoms) L8
백화점 [배콰점]	department store L16
-번째	rank or position in a series 첫 번째 first place 두 번째 second place L2r
벌다	to earn 돈을 벌다 to make money L8
법관	judge L9
법대	law school L9
법학 [버팍]	study of law L9
벗기	taking off 벗다 to take off 옷을 벗다 to take off clothes L15

베스트셀러	best-seller L18
벼슬	government position, official rank L25
변하다	to change, to become different, to turn into L9
변호사	lawyer L9
별 일	strange event, unexpected thing 별- strange, unexpected L14
별로	(not) very, (not) much (followed by negative verb) L2
병	disease, illness 병이 나다/들다 to get sick L23r
보고서; 리포트	report, paper 보고하다 to report L23
보고파라	(I) wish to see, (I) miss seeing L15r
보내다	to spend (time) L8; to send L11
보람있다	to be rewarding 보람 worthwhile, rewarding L4
보물	treasure, valuables L19r
보석	jewel, gem, precious stone L19r
보이다	to be seen 보다 to look at, to watch L1
보통	ordinary, common, usual, average L3r, L10
보통이다	to be usual, to be common L7r
복 받다	to be blessed 복 blessing L14
복구되다	to be reconstructed, to be restored 복구하다 to reconstruct, to restore 복구 reconstruction, restoration L26
복숭아꽃	peach blossom 복숭아 peach L15
복잡하다	to be complex, to be crowded L2
본토	mainland L13
볼트	volt L21
봉투	envelope L24
봐 두다	to inspect, to see ahead L13
부담하다	to pay, to bear the expense 부담이 크다 to cost a lot L21
부러지다	(Vi.) to break 부러뜨리다 (Vt.) to break L19r

부분	part 일부분 one part of L23
부서지다	to be destroyed, to be demolished, to be broken 부수다 to destroy, to demolish, to break L26
부여	city of Puyŏ L8
부자	rich person L19r
부지런하다	to be diligent L11
부처님	the Buddha (HON.) L10
부탁	request, favor 부탁하다 to request, to ask a favor L22
북경	Beijing L20
북미	North America L3
북한	North Korea L20
분야 [부냐]	field L9
분위기 [부뉘기]	ambience, atmosphere L5
-불; 달러 [딸라]	dollar L1
불교	Buddhism L10
불국사	Pulguk-sa temple in Kyŏngju L10
불다	(Vt.) to blow (trumpet, bugle), to play on (flute); (Vi.) to blow 바람이 불다 The wind blows. L9
불리다	to be called L26
불만	discontent 불만을 품다 to be discontent, to have a grudge L18r
불상	Buddha statue L10
불편하다	to be uncomfortable, to be inconvenient L7r, L21
불평	complaint 불평하다 to complain L19r
불평등	inequality L9r
붐비다	to be crowded L16
붙어 있다	to be stuck on, to be fastened to, to be posted L17
붙이다 [부치다]	to acquire, to glue 취미를 붙이다 to find pleasure in L9
비	rain 비가 오다 to rain L2

비교	comparison 비교하다 to compare L12
비록	even if L24
비밀 번호	password, secret number L23
비슷하다	to be similar, to be alike L6
비용	expense L21
비워 두다	to leave empty/blank 비우다 to empty L23
비행기	airplane L1
빈	empty 비다 to be empty L1
빌려 쓰다	to borrow and use 빌리다 to borrow L23
빨리	quickly, hurriedly L2
빵집; 제과점	bakery L10
빼다	to pull out 점잔을 빼다 to act dignified L5
빼앗다	to snatch, to take away L18r
뽑다	to choose, to select, to elect L17
뽑히다 [뽀피다]	(Vi.) to be selected 뽑다 (Vt.) to select L15
뿌리다	to scatter L14r, L27
뿌리치다	to shake off, to leave L15r
뿐만 이니라	not only 뿐 only L13
(ㅅ)	
사건 [사껀]	event L23r
성장	growth 성장하다 to grow, to expand 경제 성장 economic growth L16r
사귀다	to make (a friend) L4
사내	man 사내 아이 boy L10
사라	Sarah L9
사라지다	to disappear L18
사랑하다	to love L12
사뿐히	lightly (in steps or motion) L27
사양하다	to decline, to turn down (politely) L22
사용	use 사용하다 to use L21r

사용자	user L23
사용하다	to use L20
사윗감	prospective son-in-law L25
사이	between, gap; relationship L7
사정	circumstances, state of things L25
사진	photo L17
사촌	cousin L14
사회	society L9r
산	mountain L2r
산골 [산꼴]	mountain valley, mountain village L15
산소	graves, cemetery (HON.) L6
산업	industry 수산업 marine industry L7
살고 지고	live and die L15r
살구꽃	apricot blossom 살구 apricot L15
살다	to live, to be inhabited L2r
살리다	to revive, to save, to let live 살다 to live L15
-살 먹다	to get to be . . . years old (colloquial) L14r
살아 계시다	to be alive (HON.) L9
삼국	Three Kingdoms (Silla, Koguryŏ, Paekche) L10
삼팔선; 삼십팔도선	thirty-eight degrees north latitude (literally), thirty-eighth parallel (dividing Korea) L26
상	table L12; prize, award 상을 받다 to win a prize L15
상대하다	to deal with L8
상원 의원	senator L17
상자	box L21
상징하다	to symbolize L23r
상품	merchandise L22r
새끼	chick, baby (animal) L19r
새로	newly L8r
새로운	new 새롭다 to be new, to be fresh L13

새벽	dawn, early in the morning L11
새우다	to stay up 밤을 새우다 to stay up all night L14r
새해	new year L6
생각없이	without thinking L21r
생각이 나다	to occur to one, to think of, to remember 생각 thoughts L6
생기다	to happen, to occur L4
생사	life and death L25
생산비	production cost L22r
생산품	products, manufactured goods L22
생선	(caught food) fish 물고기 live fish L11
생신	birthday (HON.) 생일 birthday (plain) L16
생활비	living expenses L24
생활하다	to live, to exist 생활 life, livelihood L3r
샤워하다	to take a shower L3
서구	western Europe 서양 the West 동구 eastern Europe L20
서로	mutually, to each other L5
서류	document, paper L22
서비스 센터	service center L21
서양	occidental, the Occident, Western world 동양 Orient L16
서울	city of Seoul L1
서울역	Seoul Station 역 stop, station L2
서점	bookstore L18
서투르다	to be clumsy, to be unskilled 서투른 영어 broken English L2
서해	West Sea (also known as Yellow Sea) L26
-석	seat (for tickets) A 석 A-class ticket L19
석 달	three months L5
석굴암	Sŏkkuram Grotto (where stone Buddha was built) L10

석탑	stone pagoda 탑 tower 시계탑 clock tower L10
섞다	to mix (with) L4
선 (線)	line 127
선거	election 선거 운동 election campaign L17
선물	gift, present L16
선박	boat, ship L11
선배	senior classmate 후배 junior classmate L8
선전하다	to advertise L24
섣달 그믐날	the year's last month's last day, New Year's Eve L14r
설 쇠다	to celebrate New Year's Day L14r
설; 설날	New Year's Day L6
설명	explanation 설명하다 to explain L3
설빔	New Year's Day attire L14r
설악산	Sŏrak Mountains on the eastern coast L6
섬	island L13
성 (姓)	last name L10
성공하다	to be successful 성공 success L23r
성능	performance, capability L23
성묘하다	to visit grave to pay respect to ancestor L6
성악가	concert singer L12
성장하다	to grow 성장 growth L20
세계	world L2r
세계적으로	internationally, worldwide L21r
세관	customs office L1
세기	century 2 세기 second century L10
세대	generation, era L23r
세배	*sebae* (formal bow of respect to elders on New Year's Day) 세배 가다 to pay visit of respect on New Year's Day 세배 드리다; 세배하다 to perform *sebae* L14

세우다	to erect, to build, to found L10
세워지다	(Vi.) to be founded 세우다 (Vt.) to found, to set up L26
센터	center 정보 센터 information center L23
셀 수 없이	innumerably, countlessly L12
-셈이다	it is as though L21
소개하다	to introduce 소개 introduction L3
소나무	pine tree L7
소련	Russia (former Soviet Union) L26
소리	sound, word 무슨 소리야? What's this sound?, What do you mean? L20
소리 지르다	to yell, to shout L4
소비	consumption 소비하다 to consume L21r
소비자	consumer 소비하다 to consume L21
소설	fiction, novel L18
소설가	novelist, fiction writer L12
소수	minority 다수 majority 소수 민족 ethnic minority L20r
소식	news L25
소원	wish L15
손 들다	to raise a hand L4
손님	customer L16
솔잎	pine needles L27
솜씨	skill (mostly manual skills) L7
송편	rice cake (sweet-filled) 떡 rice cake (any kind) L6
수도	capital city (Sino-Korean, formal word for nation's capital) L2
수력 발전 [발쩐]	hydroelectric power generation L21r
수산업	marine industry L11r
수양	mind cultivation 수양하다 to train one's mind L18

수업	instruction, lessons, class L3
수영	swimming 수영하다 to swim L7
수영장	swimming pool L24
수입	import L22
수입품	import (trade goods) L11r
수준	level 생활 수준 living standard L22r
수줍어하다 [수주버하다]	to feel shy 수줍다 to be shy L5
수출	export L22
수출품	export (trade goods) L11r
순간	moment, instant L11
숲	forest L10
쉬다	to take a rest 쉬면서 while relaxing L24
쉽게	easily L16
스무(개)	twenty (items) L2r
스카프	scarf L16
스포츠	sport L18
슬프게	sadly 슬프다 to be sad L25
습관	habit, custom L14
시	poem, poetry L7
시끄럽다	to be loud, to be noisy L1
시내	downtown, within city limits L18
시대	time, age L2
시범	example, demonstration 시범 경기 exhibition game or match L18
-(시)옵소서	I pray . . . (HON.) L27
시인	poet L12
시작하다	to begin, to start 시작 beginning, starting L1
시장하다	to be hungry (HON.) 배가 고프다 to be hungry (plain) L12
시중 가격	market price L23
시집 보내다	to marry off (woman) 시집 marriage (for woman), in-law's house (literally) 시집가다 to get married L25

시차	time difference L14
시키다	to order (food), to make (a person) do 알아서 시키다 to figure out and order (food), to make (a person) do L5
시합	competition, match L15
식구	immediate family member L9
식물 [싱물]	plants L13
신나게	happily, elatedly, excitedly 신나다 to be exciting L21
신나다	to be exciting L18
신난다!	Exciting! Super! Cool! 신나다 to be exciting L6
신년 계획	New Year's plan L14
신라 [실라]	Silla dynasty L10
신랑 [실랑]	groom 신랑감 prospective groom L25
신발; 신	shoes L2
신발업	shoe industry L11r
신선한	refreshing, fresh 신선하다 to be refreshing, to be fresh L24
신세대	new generation L16r
신중하게	prudently, cautiously, discreetly L17
신청서	application form 신청하다 to apply (for) L23
신형	new style L21
신혼여행	honeymoon L13
신화	myth, mythology L10
실력	knowledge 영어 실력 command of English L4r
실례이다	to not follow proper etiquette 실례지만 Excuse me, . . . L3
실리콘 밸리	Silicon Valley L8r
실수하다	to make a mistake 실수 mistake, blunder L16

심다	to plant L19r
심리학	psychology 심리 state of mind, mentality L8
심사 위원	judge (for contest) 심사하다 to judge, to assess L15
심술쟁이	grouch, ill-tempered person L19r
싱싱하다	to be fresh L11
싸우다	to fight L25
쏟아지다 [쏘다지다]	to pour out, to gush out L19r
쓸쓸히	lonely 쓸쓸하다 to be lonely L14
씨디 플레이어	CD player *씨디* CD L21
씨앗; 씨	seed L19r
(ㅇ)	
아기	baby (애기 for colloquial) L1
아기 진달래	fresh spring azalea L15
아뇨	contraction of 아니오 L1
아니; 안	not L27
아르바이트	student's part-time job *아르바이트하다* to work part-time L4
아름	armful, bundle L27
아름답다	to be beautiful L1
아마	maybe L2
아무	any 아무 질문 any question L4
아시아	Asia L3
아이	child, kid L7
아이구	My goodness! Oh my! L17
아주	very L1
아직	still, yet L1
아차	Oops! L14
아틀리에	atelier, studio L19
안내	guide, information L22
안부 편지	letter to find out if one is well L24
안전	safety, security 안전하다 to be safe or secure L24

안팎에 [안파께]	in the inside and outside 안팎 the inside and the outside L20r
앉다 [안따]	to sit L1
알	egg L10
알아 듣다	to understand L4
알아 보다	to find out, to look up, to check out L3r
알아주다	to recognize, to appreciate L21
압록강	Apnok River (also known as Yalu River) L20r
앞마당 [암마당]	front yard L19r
앞으로 [아프로]	for, named to L24
앞자리	front seat 자리 seat L19
애국가 (愛國歌)	Korean national anthem 국가 (國歌) national anthem L26
애인	girlfriend or boyfriend, lover L16
애프터 서비스	service under warranty L23
액센트	accent L20
약	approximate, about L2r
약산	place in Yŏngbyŏn region that is famous for azaleas L27
약속	promise, appointment 약속하다 to promise L5
얌전하다	to be well-mannered, to be poised, to be demure L5
양력 [양녁]	western calendar L6
양반	*yangban* class, nobility L7
얘기	story, tale, talk, news (short form of 이야기) 얘기하다 to say L7
어댑터	adapter L21
어디	where L3
어디가나	wherever one goes L11
어디 간들	wherever (I) go L15r
어려움	difficulty, hardship L16r
어렵다	to be hard, to be difficult L2r
어른	adult, older person L5

어리다	to be very young, to be immature 어려서 부터 from the time of youth L9
어리둥절하다	to feel confused, to be bewildered or at a loss L20
어렸을 때	when (one) was young L7
어머!	expression of surprise (usually used by female) L5
어색하다	to be unfamiliar, to be unnatural, to be awkward L5
어선	fishing boat L11
어시장	fish market L11
어이타가	why, what (went wrong) (short form of 어찌 하다가) L15r
언덕	hill L10
언어	language L13
얼리다	to join, to mingle (short form of 어울리다) L15r
얼마나	so (good, bad, hard, or the like), how much L4
없어지다	to disappear, to vanish L9r
-에 관한	regarding, concerning, about L17
-에 대해(서)	about, concerning L3
-에 따르면	according to 따르다 to follow L24
에어콘; 냉방기	air conditioner L20
-에 의하면	according to 의하다 to be based on L13
-에 의해서	by means of, in accordance with L13
엑스포	exposition L8r
엘리베이터; 승강기	elevator L20
엘셋	LSAT L9
-여	more than 십 여 개의 식당 more than ten restaurants L20r
여가	leisure L3r
여기 저기	here and there L2
여러 가지	different kinds, various kinds L2r
여론	public opinion L23r

여름 방학	summer vacation L1
여성	female 남성 male L9
여자	woman, female L5
여행	travel L1
여행자 수표	traveler's check L1
여행하다	to travel L13
역겹다	to feel disgusted L27
역사	history L10
역사적으로	historically L7
연구	research 연구 단지 research complex L8
연구소	research institute L8r
연극	drama, play L9
연기	performance, acting 연기하다 to act L19
연락 [열락]	connection, contact 연락하다 to get in touch with, to contact L5
연락하다	to contact, to get in touch with 연락 contact L14
연변	Yŏnbyŏn (northeastern region in China near North Korean border) L20
연수	study and training L3
연습	exercise, practice 연습하다 to practice L15
열렬한	passionate 열렬하다 to be passionate L23r
열리다	to be held L8r
열심히	diligently, hard L4
염려하다 [염녀]	to worry 염려하지 마세요. Don't worry. L21
영	completely, not at all L20
영동 고속 도로	Yŏngdong Expressway (from Seoul to Kangnŭng) L7r
영변	place in North Pyŏngan Province (North Korea) L27
영향	influence L22r

예	example 예를 들면 for example L9r
예매처	booth for advance sales L19
예매하다	to sell/buy in advance L19
예쁜	pretty 예쁘다 to be pretty L7
예술	art 예술적 artistic L12
예외	exception L9r
예절	etiquette, manners 예절 바르다 to have a good manner L5
옛날 [옌날]	ancient times, old days L2
오두막집	hut L19r
오디오	audio system, stereo set L21
오래간만에	after a long time L17
오래되다	to be old, to be a long time (since) L2
오른쪽; 바른쪽	right side L1
오염되다	to be polluted L21r
오전	A.M., morning L3r, L4
오페라	opera L12
오후	P.M., afternoon L2
온	all, entire 온 나라 all over the country 온 집안 entire family/home L18r
온갖	all kinds L15r
온통	all, entirely, altogether L17
올리다	to raise L21r
올해; 금년	this year L17
옮기다	to move to L25
옳다 [올타]	to be right, to be correct L18r
왕관	(royal) crown L10
왕릉 [왕능]	king's grave L10
왕복표	round-trip ticket L8
왕복	round-trip 왕복하다 to make a round trip L11
왕비	queen L10
외국인	foreigner 외국 foreign country L3r
외동딸	only daughter 외동아들/외아들 only son L7

외래어	word of foreign origin, loanword L20
외로운	lonely 외롭다 to be lonely L27
외우다	to memorize, to recite L15
왼쪽	left side L1
요리사	cook 요리 cooking 요리하다 to cook L24
요새; 요즘	these days L13
욕심장이	greedy person L19
용감하다	to be brave L10
용량	capacity L23
용산	Yongsan (district in Seoul) L21
우두머리	head, leader, chief L18r
우선	first of all, before other things L1
우애	brotherly or friendly love L19r
운영하다	to manage, to administer 운영 management, administration L22
운전하다	to drive (a car) L2r
울긋불긋	colorful, variegated L15
울다	to cry L1
울부짖는 [울부진는]	crying 울부짖다 to cry out L19r
움직이다	to move L25
원자력	nuclear power L21r
원주민	natives L27
원하다	to want, to wish L22
월급	monthly salary L8
웬만큼	tolerably, acceptably 웬만하다 to be at an acceptable level L14
위치	location L26
위하여	for, for the sake of L3r
위해서	for, for the sake of L22r
윗사람	superior person, elderly person L5
유럽	Europe L3
유머	humor 유머(가) 있다 to be humorous L16r

유명하다	to be famous L7
유미	Yu-mi (woman's name) L5
유언	last words, dying wish 유언하다 to express dying wish L19r
유엔군	U.N. troops L26
유학 오다	to come to study abroad 유학하다 to study abroad L9
유행	trend, fashion 유행이다/유행하다 to be trendy, to be in fashion L16
육 이오 (6 . 25)	Korean War (began June 25, 1950) L26
육지	land, the shore L13
윷놀이하다	to play *yut* game 윷놀이 *yut* game, Four-Stick Game L14
-(으)오리다	old humble future ending of -겠다 L27
은영	Eun-young (woman's name) L2
은퇴하다	to retire 은퇴 retirement L24
-을/를 비롯하여	including, beginning with, along with L26
-을/를 빼고	without, except, leaving out 빼다 to take out, to leave out L12
음력 [음녁]	lunar calendar L6
음식	(cooked) food 음식 솜씨 cooking skill L12
음악	music 음악가 musician L9
의논하다	to discuss 의논 discussion Ll9
의로운	righteous 의롭다 to be righteous L18r
의복	clothes L22r
의학	medical study, medicine L9
이기다	to win L15
이끌어 가다	to lead 이끌다 to pull, to draw L23r
이끼	moss L27
-(이)나	either . . . or, and, as well L6
이때	at this time, at that moment L5
이렇게	like this L1

이루다	to establish, to achieve L15
이름	name L10
이모	mother's sister 고모 father's sister L5
이미	already L13
이민	immigration 이민자 immigrant L24
이민 오다	to immigrate 이민 가다 to emigrate L24
이상	more than, above, over L7r, L24
이상하다	to be odd or strange L21
이야기	story, tale 이야기하다 to converse L2r
이야기하다	to have a conversation 이야기 story, conversation L4
이외에도	additionally, besides 이외 others L20r
이용하다	to utilize, to make use of, to use -을/를 이용하여 by utilizing L3
이유 없이	without reason 이유 reason LI6
이전	(from) the previous, before 이후 after this L20r
이제; 인제	by now, now L14
이주하다	to move, to immigrate 이주 moving, immigration L20r
이차 세계 대전	World War II 일차 세계 대전 World War I L26
이틀	two days L8
이해시키다	to make someone understand 이해 understanding L22
이해하다	to understand 이해 understanding L17
이후	after this (point), since L16r
익다	to be familiar with, to be accustomed to L24
인구	population L11
인기이다; 인기가 있다	to be popular 인기 [인끼] popularity L15
인내심	patient mind, endurance 인내 patience L18

인력 [일력]	human power 인력자원 human resources L22r
인류학 [일류학]	anthropology L5
인사	greeting 새해 인사 New Year's greeting 인사하다 to greet L14
인상	impression 인상을 주다 to give an impression L11r
인상적	impressive L7
인쇄하다	to print 인쇄 printing L26
인천	city of Inch'ŏn L11
인터넷	Internet L23
일어나다	to get up (from seat or bed); to happen, to occur, to break out L4
일제시대 [일쩨시대]	Japanese occupation period L20r
일종의	a kind of, a sort of 일종 a kind, a sort L18
일찍	early L5
잃다 [일타]	to lose L26
임금	wages L22r
임금님	king L10
잊어버리다; 잊다 [이저버리다]	to forget completely, to forget L2
잊으리오	how (can I) forget L15r
(ㅈ)	
자기	self, one's own L1
자꾸	repeatedly, frequently L25
자라다	to grow up, to be raised L16r, L20
자랑	pride, boast, self-conceit 자랑하다 to be proud of, to show off L8
자리	seat, place, room L1
자본주의	capitalism L26
자부심	pride L20r
자신	self 자신의 of one's own L20r
자연	nature L7

적지 않은	not a few 적다 to be few L20r
전공하다	to major in 전공 major, specialty L5
전국	the whole country (nation) L11
전기	electricity L21r
전라도	Chŏlla Provinces L12
전문 용어	technical terms L22
전설	legend 전설적(인) legendary L26
전시되다	to be exhibited 전시하다 to exhibit 전시 exhibition L21
전압 [저납]	voltage L21r
전자 상가	mall of electronics stores L21
전자 제품	electrical or electronic item L21
전자 공학	electronic engineering L8
전자 우편; 이메일	e-mail L23r
전쟁	war 전쟁터 battlefield L25
전통	tradition L12
전해 드리다	to relay (for someone) (HON.) L22
전혀	entirely (not), completely (not) L20
절	Buddhist temple L10
절대로 [절때로]	never, don't ever, absolutely (not) L4
절약하다 [저랴카다]	to save, to be thrifty L21r
젊은 [절믄]	young 젊다 to be young L1
점	point, issue 다른 점 different point 좋은 점 good point L13
-점	piece (of artwork) 그림 한 점 one piece of painting L12
점령[점녕]하다	to occupy L27
점심	lunch L4
점원	shop clerk L16
점잔을 빼다	to put on dignified air L5
점점	gradually L9r, L18
점차	gradually L22r
정가 [정까]	regular price, sticker price L21

정답	correct answer L24
정도	extent, degree L12
정돈	order, proper arrangement 정돈되다 to be put in order L10
정말	really, indeed L2
정보	information L8r, L23
정복하다	to conquer L13
정성	devotion, care, sincerity 정성을 다하다 to devote all strength to L15
정성껏	with care, with devotion L19r
정신	mind, consciousness, mentality L18
정원	garden 정원사 gardener L24
정월; 일월(一月)	January L6
정치	politics L17
정하다	to decide on, to choose L5
정해지다	(Vi.) to be set, to be decided 정하다 (Vt.) to decide on, to choose L20r
-제	made in or by 독일제 made in Germany L21
제목	title L26
제비	swallow L19r
제주도	Cheju Island (south of Korean Peninsula), Cheju Province L13
제주시	city of Cheju (on Cheju Island) L13
제품	product, goods L21
조선	Chosŏn dynasty (1392–1910) L2r
조선업	shipbuilding industry L11r
조선족	Chosŏn nationals, Korean-Chinese L20
조심하다	to be careful 조심 caution, prudence L5
조카	nephew and niece L25
존경하다	to respect 존경 [종경] respect L5
졸리다	to be sleepy 졸다 to doze off L14r
졸업하다	to graduate L8
좀	a little; please L5

좁다	to be narrow L7r
종류 [종뉴]	kind, sort, variety L11
좋다 [조타]	to be good L2
좌석	seat L1
죄송하다	to be or feel sorry 죄송하지만 Excuse me, but . . . L5
주고 받다	to share, to exchange (literally, to give and take) L3
주렁주렁	(hanging) in clusters L19r
주로	mainly, mostly L4r, L22
주문하다	to order (food) 주문 an order, ordering L5
주식; 주	stock 주가 [주까] stock price L8
주유소	gas station L12
주일	week 이 주일 two weeks L5
죽다	to die L19
준비하다	to get ready, to prepare L6
준희	Jun-hie (woman's name) L20
줄	lane, line 두 줄 two lanes, two lines L7r
줄거리	outline, plot; stalk, stem 이야기 줄거리 main plot of story L19r
줄다	to decrease 줄어들다 to (gradually) decrease L21
줍다	to pick up (from the ground) L19r
-중	during 수업 중 during class L4
-중에	among, between L7r
중국	China L11
중년	middle age L1
중심	center, core L22r
중심지	central region, core area L8r
중요한	important 중요하다 to be important L3
중학교	middle school L9
즈려밟다	to step on carefully, to step lightly L27
즐기다	to enjoy, to have fun L12

지경이다	to be at the point of 죽을 지경이다 to almost die L19
지금	present time, now L2
지나가다	to pass by L27
지도	map L7
지루하다	to be boring, to be tedious L8
지리적	geographic 지리적으로 geographically 지리 geography L24
지방	local area, region, the country L6
지배	ruling 지배하다 to rule, to govern L26
지불하다	to pay 지불 payment L19
지붕	roof L19r
지역	region L20r
지키다	to keep, to preserve, to guard L20r
지하철	subway L2
지휘	direction (music) 지휘하다 to conduct (in music) 지휘자 conductor L15
직업 [지겁]	profession, occupation 직업 여성 professional woman L9
직장	job, employment, workplace L9r
직행 [지캥]	direct route, nonstop route 직행 표 express ticket, nonstop ticket L13
진달래꽃	azalea flower L27
진학하다	to move on (to next level of school) L9
짐승	beast, animal L27
짐작하다 [짐자카다]	to guess, to estimate 짐작으로 by guessing L4
집안 일	housework L13
집중되다	to be focused 집중하다 to concentrate L17
짧다 [짤따]	to be short L8
-쪽	side, way 이 쪽 this way 저 쪽 that way L22
쫓아 내다	to drive off L25
-쯤	about L2

(ㅊ)

차다	(Vi.) to fill up (Vt.) 채우다 to fill up L19r
차례	memorial service for ancestors on New Year's Day and Ch'usŏk 차례 지내다 to have memorial service on New Year's Day and Ch'usŏk 제사 memorial service (in general) 제사 지내다 to have memorial service L6
차리인; 차린	decorated with, equipped with 차리다 to prepare (meal); to arrange, to decorate L15
차별하다	to discriminate against L9r
차지하다	to occupy L26
착하다 [차카다]	to be good-natured, to be good-hearted L1
착한 [차칸]	good-hearted, good-natured 착하다 to be good-natured, to be good-hearted L19
참	very; By the way, Say L3
참석하다	to attend, to participate 참석 attendance L3
창; 창문; 유리창	window L1
찾다	to find L9
찾아 가다	to visit L23
찾아 보다	to find, to look for, to search L8
찾아서	in search of 찾다 to search for L11
책임지다	to take responsibility, to be responsible 책임 responsibility L24
처녀	maiden, virgin L13
-처럼	like 남자처럼 like a man L7
처음	first 처음으로 for the first time L1
천대	mistreatment, ill-treatment 천대를 받다 to be mistreated L18r
천대하다	to mistreat, to treat with contempt L19r
천만	ten million L2r
천연 [처년]	natural 천연 자원 natural resources L22r

천장 ceiling   L19r

천지차이 big difference (as if between heaven and earth)   천지차이이다 to be worlds apart   L24

철강 steel   L22r

첩 concubine   L18r

첫- first   첫 날 first day   L3

청중 audience   L15

체액 (體液) body fluid   L27

쳐들어오다 to invade, to attack   L25

초가집 thatched house   L19r

초대하다 to invite   초대 invitation   L12

초등학교 elementary school (formerly 국민학교)   L9

초하루 first day of the month   L6

촌장 village chief   L10

총각 bachelor, single man   L13

최대 biggest, largest, most   L11r

최선 (one's) best   최선을 다하다 to do one's best   L22

최신 the newest   L21

추석 Harvest Festival Day (August 15 on lunar calendar)   L6

추수 harvest   추수하다 to harvest   L6

추수감사절 Thanksgiving   L6

출발하다 to start, to depart   출발 starting, departure   L1

출신 origin, birth; graduate   출신이다 to come from; to be a graduate of   L12

충고 advice   충고하다 to advise   L15

취미 interest, hobby   L9

취직하다 to get a job   취직 getting a job   L8

-층 floor   3층 third floor   L3

치다 to take (test); to hit   L26

치료하다	to treat (a patient), to give medical treatment L19r
친척	relative, family member L6
친하다	to be close (as a friend) L5
침략하다 [침냑하다]	to invade L13
(ㅋ)	
카드	credit card L19
카페	cafe, coffee shop 다방 / 찻집 tearoom L5
칼	sword, knife L10
캥거루	kangaroo L27
커다란	large, big, gigantic 커다랗다 to be large, to be gigantic L10
커피	coffee L4
켜다	to switch on L21
크게	largely, remarkably, loudly L15
크다	to be big, to be large L1
큰아버지	father's older brother L6
(ㅌ)	
타다	to ride, to get on L1
타원형	oval shape 둥글다 to be round L13
태권도	tae kwon do L18
태양; 해	sun L21r
태어나다	to be born L1
택견	form of Korean martial art L18
택시	taxi L1
터미널	bus terminal 고속 버스 터미널 express-bus terminal L7
텅 비다	totally or completely empty L6
토론하다	to debate, to discuss 토론 debate, discussion L23r
통	classifier for letters and documents 편지 한 통 one letter 이력서 두 통 two copies of resume L24
통계	statistical data, statistics L23
통과하다	to pass, to pass through L1

통신 문화	culture of communication L23r
통신망	communication network L23r
통역하다	to interpret 통역 interpretation L22
통일	unification 통일되다 to be unified L15
통일되다	to become unified 통일하다 to unify 통일 unification L26
통해서	by way of, through 통하다 to pass through L11r
투자	investment 투자 회사 investment company L8
투표하다	to vote, to take a ballot 투표 voting, balloting, a vote L15
트럼펫	trumpet L9
특별한	special 특별하다 to be special 특별히 specially L6
특이하다	to be unique, to be peculiar L13
특히 [트키]	especially L5
튼튼한	strong, healthy 튼튼하다 to be strong, to be healthy L14
틈 나다	to have spare time 틈 spare time L15
(ㅍ)	
파도	waves L13
판매원	salesperson L16
판소리	*p'ansori* (traditional Korean song) L12
팥죽	red bean porridge L14r
패물	jewelry L25
팬	fan, admirer L19
퍼센트	percentage (프로 for colloquial) L22
페소화	(Mexican) peso currency L24
-편	side, party 우리 편 our side L15
편리하다	to be convenient L8r, L16
편한	comfortable 편한 신 comfortable shoes 편하다 to be comfortable L2
편히	comfortably 편하다 to be comfortable L1

평강왕	King Phyŏnggang L25
평등	equality L9
평소	ordinary times 평소에 usually, ordinarily L16
평소에	usually, ordinarily 평소 ordinary times L22
평화스러운	peaceful 평화스럽다 to be peaceful 평화 peace L12
포도	grapes L7
표	ticket L8
표현방식	form of expression L23r
푸른	blue, azure 푸르다 to be blue, to be azure L13
풀벌레	plant insect/bug 쌀벌레 rice bugs L7
품다	to bear in mind, to harbor L18r
품질	quality (of item or merchandise) L21
풍부하다	to be plentiful, to be abundant L6
풍속	custom L5
풍습	custom, practices L16
프로그램	program L3
피서객	summer visitor, summer tourist L11r
피아노	piano 피아노를 치다 to play piano L15
피하다	to avoid L7r
필요하다	to be needed, to be necessary L1
(ㅎ)	
-하고	with (colloquial for 와/과) L2
하나로	as one (entity) L26
하늘	sky L1
하도	too (much), very L19r
하드 디스크	hard disk L23
하루	one day L8
하루라도	for even one day L23r
하얘지다	to turn white 까매지다 to turn black or dark L14r

하원 의원   congressman, congresswoman   L17

하이테크   high-tech   L8r

하지만   but   L4

학문 [항문]   learning, scholarship, academic studies
                            L7, L18r

학생증   student identification card   L23

학생회관   student hall   L23

학원   tutoring school   L11

학자   scholar   L7

한-   about   한 이삼일 about two or three days
                            L1; very   한 가운데 just in the middle of
                            L13

한 두 달   one or two months   L6

한강   Han River   L2r

한국사; 국사   Korean history   L26

한데   one place   L15r

한라산 [할라산]   Mount Halla   L13

한반도   Korean Peninsula   L26

한정식   Korean full-course meal   L12

한참   for a long while   L5

한창이다   to be in the prime of, to be in full (bloom,
                            color)   L7

한턱 내다   to treat (to a meal)   한턱 a treat (collo-
                            quial)   L15

-한테   to (a person) (indirect object marker in
                            colloquial and intimate speech)   L16

할 수 없이   having no choice, without any other choice
                            할 수 없다 can't help it   L13

할인 [하린]   discount   할인하다 to give a discount
                            L23

함께   together   L14r

합창   chorus, choir   합창하다 to sing in a choir
                            L15

항구   port   항구 도시 port city   L11

해결하다   to solve   L22r

해남	city of Haenam in South Chŏlla Province L12
해녀	woman sea diver L13
해마다; 매년	every year L25
해산물	seafood, marine product L11
해수욕장	beach (swimming area) L11r
해외	abroad, overseas L22r
해운대	Haeundae Beach in Pusan L11r
행동	behavior, act 행동하다 to behave, to act 말과 행동 words and deeds L5
행사	event L6
허리띠	waistband, belt L10
현관	front entrance L22
현금	cash L1
현대	present age, modern times L9r
현대화하다	to modernize 현대화 modernization L19
현모양처	wise mother and good wife L7
현배	Hyun-bae (man's name) L1
현재	present (time), currently L2r
호기심	curiosity L18
호수	lake L7
-호실	room number 2호실 room 2 L3
호젓한	lonely, desolate 호젓하다 to be lonely, to be desolate L27
호주	Australia L3
혹시	by any chance L21
혼내주다	to reprimand, to teach a lesson (colloquial) L18r
혼자	alone, by oneself L2
홀로	alone L13
『홍길동전』	*The Tale of Hong Kil-dong* L18
화가	painter, artist L12
화나다	to be mad, to be angry L25

화력	thermal power L21r
화산	volcano (volcanic mountain) L13
화살	arrow L25
화해	reconciliation 화해하다 to reconcile L19r
환경	environment 환경 오염 environmental pollution L21r
환율 [환뉼]	exchange rate L1
환전소	exchange office L1
활발하다	to be active, to be lively L22
회사원; 사원	company employee L4
회화	conversation 회화 시간 conversation class L3
효도	filial piety L7
후보	candidate L15
후보; 후보자	candidate L17
훌륭한	great 훌륭하다 to be great L9
훨씬	much more, by far L10
휩쓸리다	to be swept up, to be seized, to be overrun 휩쓸다 to sweep, to seize, to overrun L16
휴가 (철)	vacation (season) L7r
휴게소	rest area L12
휴전선	truce line 휴전하다 to make a truce 휴전 truce, armistice L26
흐르다	to flow, to run L2r
흔히	frequently, commonly L5
흘리다	to shed (tears) 눈물 흘리다 to shed tears, to weep L27
흥미	interest 흥미 있다 to be interested, to be interesting L8
흥부전	*The Tale of Hŭngbu* L19
힌트	hint L13
힘들다	to be difficult, to be hard L2
힘들어 하다	to feel difficult, to have difficulty with L4r

Text:	10/13 Baskerville, 10/13 KHMyungjo
Display:	Baskerville, KHMyungjo
Designer:	Sandy Drooker, Detta Penna
Compositor:	Integrated Compositions Systems
Printer:	Sheridan Books, Inc.